SUBIDA DEL MONTE CARMELO

San Juan de la Cruz

OBRA
By. Juan de la Cruz

CANCIONES

en que canta el alma la dichosa ventura que tuvo en pasar por la oscura noche de la fe, en desnudez y purgación suya, a la unión del Amado.

1. En una noche oscura,
con ansias, en amores inflamada,
¡oh dichosa ventura!,
salí sin ser notada
estando ya mi casa sosegada.

2. A oscuras y segura,
por la secreta escala, disfrazada,
¡oh dichosa ventura!,
a oscuras y en celada,
estando ya mi casa sosegada.

3. En la noche dichosa,
en secreto, que nadie me veía,

ni yo miraba cosa,
sin otra luz y guía
sino la que en el corazón ardía.

4. Aquésta me guiaba
más cierto que la luz del mediodía,
adonde me esperaba
quien yo bien me sabía,
en parte donde nadie parecía.

5. ¡Oh noche que guiaste!
¡Oh noche amable más que la alborada!
¡Oh noche que juntaste
Amado con amada,
amada en el Amado transformada!

6. En mi pecho florido,
que entero para él solo se guardaba,
allí quedó dormido,
y yo le regalaba,
y el ventalle de cedros aire daba.

7. El aire de la almena,
cuando yo sus cabellos esparcía,
con su mano serena
en mi cuello hería
y todos mis sentidos suspendía.

8. Quedéme y olvidéme,
el rostro recliné sobre el Amado,
cesó todo y dejéme,
dejando mi cuidado
entre las azucenas olvidado.

PRÓLOGO

1. Para haber de declarar y dar a entender esta noche oscura por la cual pasa el alma para llegar a la divina luz de la unión perfecta del amor de Dios, cual se puede en esta vida, era menester otra mayor luz de ciencia y experiencia que la mía; porque son tantas y tan profundas las tinieblas y trabajos, así espirituales como temporales,

por que ordinariamente suelen pasar las dichosas almas para poder llegar a este alto estado de perfección, que ni basta ciencia humana para lo saber entender, ni experiencia para lo saber decir; porque sólo el que por ello pasa sabrá sentir, mas no decir.

2. Y, por tanto, para decir algo de esta noche oscura, no fiaré ni de experiencia ni de ciencia, porque lo uno y lo otro puede faltar y engañar; mas, no dejándome de ayudar en lo que pudiere de estas dos cosas, aprovecharme he para todo lo que, con el favor divino, hubiere de decir -a lo menos para lo más importante y oscuro de entender- de la divina Escritura, por la cual guiándonos no podremos errar, pues que el que en ella habla es el Espíritu Santo. Y si yo en algo errare, por no entender bien así lo que en ella como en lo que sin ella dijere, no es mi intención apartarme del sano sentido y doctrina de la santa Madre Iglesia Católica, porque en tal caso totalmente me sujeto y resigno no sólo a su mandato, sino a cualquiera que en mejor razón de ello juzgare.

3. Para lo cual me ha movido, no la posibilidad que veo en mí para cosa tan ardua, sino la confianza que en el Señor tengo de que ayudará a decir algo, por la mucha necesidad que tienen muchas almas; las cuales, comenzando el camino de la virtud, y queriéndolas Nuestro Señor poner en esta noche oscura para que por ella pasen a la divina unión, ellas no pasan adelante; a veces, por no querer entrar o dejarse entrar en ella; a veces, por no se entender y faltarles guías idóneas y despiertas que las guíen hasta la cumbre. Y así, es lástima ver muchas almas a quien Dios da talento y favor para pasar adelante, que, si ellas quisiesen animarse, llegarían a este alto estado, y quédanse en un bajo modo de trato con Dios, por no querer, o no saber, o no las encaminar y enseñar a desasirse de aquellos principios. Y ya que, en fin, Nuestro Señor las favorezca tanto, que sin eso y sin esotro las haga pasar, llegan muy tarde y con más trabajo y con menos merecimiento, por no haber acomodádose ellas a Dios, dejándose poner libremente en el puro y cierto camino de la unión. Porque, aunque es verdad que Dios las lleva - que puede llevarlas sin ellas-, no se dejan ellas llevar; y así, camínase menos, resistiendo ellas al que las lleva, y no merecen tanto, pues no aplican la voluntad, y en eso mismo padecen más. Porque hay almas que, en vez de dejarse a Dios y ayudarse, antes estorban a Dios por su indiscreto obrar o repugnar, hechas semejantes a los niños que, queriendo sus madres llevarlos en brazos, ellos van pateando y llorando, porfiando

por se ir ellos por su pie, para que no se pueda andar nada, y, si se anduviere, sea al paso del niño.

4. Y así, para este saberse dejar llevar de Dios cuando Su Majestad los quiere pasar adelante, así a los principiantes como a los aprovechados, con su ayuda daremos doctrina y avisos, para que sepan entender o, a lo menos, dejarse llevar de Dios. Porque algunos padres espirituales, por no tener luz y experiencia de estos caminos, antes suelen impedir y dañar a semejantes almas que ayudarlas al camino, hechos semejantes a los edificantes de Babilonia que, habiendo de administrar un material conveniente, daban y aplicaban ellos otro muy diferente, por no entender ellos la lengua (Gn. 11, 1-9), y así no se hacía nada. Por lo cual es recia y trabajosa cosa en tales sazones no entenderse una alma ni hallar quien la entienda. Porque acaecerá que lleve Dios a una alma por un altísimo camino de oscura contemplación y sequedad, en que a ella le parece que va perdida, y que, estando así, llena de oscuridad y trabajos, aprietos y tentaciones, encuentre quien le diga, como los consoladores de Job (2, 11-13) o que es melancolía, o desconsuelo, o condición, o que podrá ser alguna malicia oculta suya, y que por eso la ha dejado Dios; y así, luego suelen juzgar que aquella alma debe de haber sido muy mala, pues tales cosas pasan por ella.

5. Y también habrá quien le diga que vuelve atrás, pues no halla gusto ni consuelo como antes en las cosas de Dios; y así doblan el trabajo a la pobre alma. Porque acaecerá que la mayor pena que ella siente sea del conocimiento de sus miserias propias, en que le parece que ve más claro que la luz del día que está llena de males y pecados, porque le da Dios aquella luz del conocimiento en aquella noche de contemplación, como adelante diremos; y, como halla quien conforme con su parecer, diciendo que serán por su culpa, crece la pena y el aprieto del alma sin término, y suele llegar a más que morir. Y no contentándose con esto, pensando los tales confesores que procede de pecados, hacen a las dichas almas revolver sus vidas y hacer muchas confesiones generales, y crucificarlas de nuevo; no entendiendo que aquél, por ventura, no es tiempo de eso ni de esotro, sino de dejarlas así en la purgación que Dios las tiene, consolándolas y animándolas a que quieran aquella hasta que Dios quiera; porque hasta entonces, por más que ellas hagan y ellos digan, no hay más remedio.

6. De esto habemos de tratar adelante con el favor divino, y de cómo se ha de haber el alma entonces y el confesor con ella, y qué indicios habrá para conocer si aquella es la purgación del alma, y, si lo es, si es del sentido o del espíritu, lo cual es la noche oscura que decimos, y cómo se podrá conocer si es melancolía u otra imperfección acerca del sentido o del espíritu.

Porque podrá haber algunas almas que pensarán, ellas o sus confesores, que las lleva Dios por este camino de la noche oscura de purgación espiritual, y no será, por ventura, sino alguna imperfección de las dichas; y porque hay también muchas almas que piensan no tienen oración, y tienen muy mucha; y otras, que tienen mucha, y es poco más que nada.

7. Hay otras que es lástima que trabajan y se fatigan mucho, y vuelven atrás, y ponen el fruto del aprovechar en lo que no aprovecha, sino antes estorba, y otras que con descanso y quietud van aprovechando mucho.

Hay otras que, con los mismos regalos y mercedes que Dios les hace para caminar adelante, se embarazan y estorban y no van adelante. Y otras muchas cosas que en este camino acaecen a los seguidores de él, de gozos, penas y esperanzas y dolores: unos que proceden de espíritu de perfección, otros de imperfección.

De todo, con el favor divino, procuraremos decir algo, para que cada alma que esto leyere, en alguna manera eche de ver el camino que lleva y el que le conviene llevar, si pretende llegar a la cumbre de este monte.

8. Y por cuanto esta doctrina es de la noche oscura por donde el alma ha de ir a Dios, no se maraville el lector si le pareciere algo oscura. Lo cual entiendo yo que será al principio que la comenzare a leer; mas, como pase adelante, irá entendiendo mejor lo primero, porque con lo uno se va declarando lo otro. Y después, si lo leyere la segunda vez, entiendo le parecerá más claro, y la doctrina más sana.

Y si algunas personas con esta doctrina no se hallaren bien, hacerlo ha mi poco saber y bajo estilo, porque la materia, de suyo, buena es y harto necesaria. Pero paréceme que, aunque se escribiera más acabada y perfectamente de lo que aquí va, no se aprovecharan de ello sino los menos, porque aquí no se escribirán cosas muy morales y sabrosas para todos los espíritus que gustan de ir por cosas dulces y sabrosas a Dios, sino doctrina sustancial y sólida, así para los unos como para los otros, si quisieren pasar a la desnudez de espíritu que aquí se escribe.

9. Ni aun mi principal intento es hablar con todos, sino con algunas personas de nuestra sagrada Religión de los primitivos del Monte Carmelo, así frailes como monjas, por habérmelo ellos pedido, a quien Dios hace merced de meter en la senda de este monte; los cuales, como ya están bien desnudos de las cosas temporales de este siglo, entenderán mejor la doctrina de la desnudez del espíritu.

LIBRO PRIMERO

CAPÍTULO 1

Pone la primera canción. - Dice dos diferencias de noches por que pasan los espirituales, según las dos partes del hombre, inferior y superior, y declara la canción siguiente:

(CANCIÓN PRIMERA)

En una noche oscura,
con ansias, en amores inflamada,
¡oh dichosa ventura!
salí sin ser notada
estando ya mi casa sosegada.

1. En esta primera canción canta el alma la dichosa suerte y ventura que tuvo en salir de todas las cosas afuera, y de los apetitos e imperfecciones que hay en la parte sensitiva del hombre, por el desorden que tiene de la razón. Para cuya inteligencia es de saber que, para que una alma llegue al estado de perfección, ordinariamente ha de pasar primero por dos maneras principales de noches, que los espirituales llaman purgaciones o purificaciones del alma, y aquí las llamamos noches, porque el alma, así en la una como en la otra, camina como de noche, a oscuras.

2. La primera noche o purgación es de la parte sensitiva del alma, de la cual se trata en la presente canción, y se tratará en la primera

parte de este libro. Y la segunda es de la parte espiritual, de la cual habla la segunda canción que se sigue; y de ésta también trataremos en la segunda y tercera parte, cuanto a lo activo; porque, cuanto a lo pasivo, será en la cuarta.

3. Y esta primera noche pertenece a los principiantes al tiempo que Dios los comienza a poner en el estado de contemplación, de la cual también participa el espíritu, según diremos a su tiempo.

Y la segunda noche o purificación pertenece a los ya aprovechados, al tiempo que Dios los quiere ya poner en el estado de la unión con Dios; y ésta es más oscura y tenebrosa y terrible purgación, según se dirá después.

DECLARACIÓN DE LA CANCIÓN

4. Quiere, pues, en suma, decir el alma en esta canción que salió - sacándola Dios- sólo por amor de él, inflamada en su amor, en una noche oscura, que es la privación y la purgación de todos sus apetitos sensuales acerca de todas las cosas exteriores del mundo y de las que eran deleitables a su carne, y también de los gustos de su voluntad. Lo cual todo se hace en esta purgación del sentido. Y, por eso, dice que salía, estando ya su casa sosegada, que es la parte sensitiva, sosegados ya y dormidos los apetitos en ella, y ella en ellos. Porque no se sale de las penas y angustias de los retretes de los apetitos hasta que estén amortiguados y dormidos.

Y esto dice que le fue dichosa ventura, salir sin ser notada, esto es, sin que ningún apetito de su carne ni de otra cosa se lo pudiese estorbar. Y también porque salió de noche, que (es) privándola Dios de todos ellos, lo cual era noche para ella.

5. Y esto fue dichosa ventura, meterla Dios en esta noche, de donde se le siguió tanto bien, en la cual ella no atinara a entrar, porque no atina bien uno por sí solo a vaciarse de todos los apetitos para venir a Dios.

6. Esta es, en suma, la declaración de la canción. Y ahora nos habremos de ir por cada verso escribiendo sobre cada uno, y declarando lo que pertenece a nuestro propósito. Y el mismo estilo se lleva en las demás canciones, como en el prólogo dije, que, primero, se pondrá cada canción y se declarará, y después, cada verso.

CAPÍTULO 2

Declara qué noche oscura sea esta por que el alma dice haber pasado a la unión.

En una noche oscura.

1. Por tres cosas podemos decir que se llama noche este tránsito que hace el alma a la unión de Dios.

La primera, por parte del término (de) donde el alma sale, porque ha de ir careciendo el apetito de todas las cosas del mundo que poseía, en negación de ellas; la cual negación y carencia es como noche para todos los sentidos del hombre.

La segunda, por parte del medio o camino por donde ha de ir el alma a esta unión, lo cual es la fe, que es también oscura para el entendimiento, como noche.

La tercera, por parte del término adonde va, que es Dios, el cual, ni más ni menos, es noche oscura para el alma en esta vida. Las cuales tres noches han de pasar por el alma, o, por mejor decir, el alma por ellas, para venir a la divina unión con Dios.

2. En el libro del santo Tobías (6, 18-22) se figuraron estas tres maneras de noches por las tres noches que el ángel mandó a Tobías el mozo que pasasen antes que se juntase en uno con la esposa.

En la primera le mandó que quemase el corazón del pez en el fuego, que significa el corazón aficionado y apegado a las cosas del mundo; el cual, para comenzar a ir a Dios, se ha de quemar y purificar todo lo que es criatura con el fuego del amor de Dios. Y en esta purgación se ahuyenta el demonio, que tiene poder en el alma por asimiento a las cosas corporales y temporales.

3. En la segunda noche le dijo que sería admitido en la compañía de los santos patriarcas, que son los padres de la fe. Porque pasando por la primera noche, que es privarse de todos los objetos de los sentidos, luego entra el alma en la segunda noche,

quedándose sola en fe (no como excluye la caridad, sino las otras noticias del entendimiento -como adelante diremos-) que es cosa que no cae en sentido.

4. En la tercera noche le dijo el ángel que conseguiría la bendición, que es Dios, el cual, mediante la segunda noche, que es fe, se va comunicando al alma tan secreta e íntimamente, que es otra noche para el alma, en tanto que se va haciendo la dicha comunicación muy más oscura que estotras, como luego diremos. Y pasada esta tercera noche, que es acabarse de hacer la comunicación de Dios en el espíritu, que se hace ordinariamente en gran tiniebla del alma, luego se sigue la unión con la esposa que es la sabiduría de Dios. Como también el ángel dijo a Tobías que, pasada la tercera noche, se juntaría con su esposa con temor del Señor; el cual temor de Dios cuando está perfecto, está perfecto el amor, que (es) cuando se hace la transformación por amor del alma (con Dios).

5. Estas tres partes de noche todas son una noche; pero tiene tres partes como la noche. Porque la primera, que es la del sentido, se compara a prima noche, que es cuando se acaba de carecer del objeto de las cosas. Y la segunda, que es la fe, se compara a la media noche, que totalmente es oscura. Y la tercera, al despidiente, que es Dios, la cual es ya inmediata a la luz del día. Y, para que mejor lo entendamos, iremos tratando de cada una de estas causas de por sí.

CAPÍTULO 3

Habla de la primera causa de esta noche, que es de la privación del apetito en todas las cosas, y da la razón por qué se llama noche.

1. Llamamos aquí noche a la privación del gusto en el apetito de todas las cosas; porque, así como la noche no es otra cosa sino privación de la luz, y, por el consiguiente, de todos los objetos que se pueden ver mediante la luz, por lo cual se queda la potencia visiva a oscuras y sin nada, así también se puede decir la mortificación del apetito noche para el alma, porque, privándose el alma del gusto del apetito en todas las cosas, es quedarse como a oscuras y sin nada. Porque, así como la potencia visiva mediante la luz se ceba y apacienta de los objetos que se pueden ver, y, apagada la luz no se ven, así el alma mediante el apetito se

apacienta y ceba de todas las cosas que según sus potencias se pueden gustar; el cual también apagado, o, por mejor decir, mortificado, deja el alma de apacentarse en el gusto de todas las cosas, y así se queda según el apetito a oscuras y sin nada.

2. Pongamos ejemplo en todas las potencias. Privando el alma su apetito en el gusto de todo lo que el sentido del oído puede deleitar, según esta potencia se queda el alma a oscuras y sin nada. Y privándose del gusto de todo lo que al sentido de la vista puede agradar, también según esta potencia se queda el alma a oscuras y sin nada. Y privándose del gusto de toda la suavidad de olores que por el sentido del olfato el alma puede gustar, ni más ni menos según esta potencia, se queda a oscuras y sin nada. Y negando también el gusto de todos los manjares que pueden satisfacer al paladar, también se queda el alma a oscuras y sin nada. Y, finalmente, mortificándose el alma en todos los deleites y contentamientos que del sentido del tacto puede recibir, de la misma manera se queda el alma según esta potencia a oscuras y sin nada. De manera que el alma que hubiere negado y despedido de sí el gusto de todas las cosas, mortificando su apetito en ellas, podremos decir que está como de noche, a oscuras, lo cual no es otra cosa sino un vacío en ella de todos las cosas.

3. La causa de esto es porque, como dicen los filósofos, el alma, luego que Dios la infunde en el cuerpo, está como una tabla rasa y lisa en que no está pintado nada; y si no es lo que por los sentidos va conociendo, de otra parte naturalmente no se le comunica nada. Y así, en tanto que está en el cuerpo, está como el que está en una cárcel oscura, el cual no sabe nada sino lo que alcanza a ver por las ventanas de la dicha cárcel, y si por allí no viese nada, no vería por otra parte. Y así, el alma, si no es lo que por los sentidos se le comunica, que son las ventanas de su cárcel, naturalmente por otra vía nada alcanzaría.

4. De donde, si lo que puede recibir por los sentidos ella lo desecha y niega, bien podemos decir que se queda como a oscuras y vacía; pues, según parece por lo dicho, naturalmente no le puede entrar luz por otras lumbreras que las dichas. Porque, aunque es verdad que no puede dejar de oír, y ver, y oler, y gustar, y sentir, no le hace más al caso ni le embaraza más al alma, si lo niega y lo desecha, que si no lo viese ni lo oyese, etc. Como también el que quiere cerrar los ojos quedará a oscuras, como el ciego, que no tiene potencia para ver. Y así, al propósito habla David (Sal. 87, 16),

diciendo: Pauper sum ego, et in laboribus a iuventute mea; que quiere decir: Yo soy pobre y en trabajos desde mi juventud. Llámase pobre, aunque está claro que era rico, porque no tenía en la riqueza su voluntad, y así era tanto como ser pobre realmente, mas antes, si fuera realmente pobre y de la voluntad no lo fuera, no era verdaderamente pobre, pues el ánima estaba rica y llena en el apetito.

Y por eso llamamos esta desnudez noche para el alma, porque no tratamos aquí del carecer de las cosas, porque eso no desnuda al alma si tiene apetito de ellas, sino de la desnudez del gusto y apetito de ellas, que es lo que deja al alma libre y vacía de ellas, aunque las tenga. Porque no ocupan al alma las cosas de este mundo ni la dañan, pues no entra en ellas, sino la voluntad y apetito de ellas que moran en ella.

5. Esta primera manera de noche, como después diremos, pertenece al alma según la parte sensitiva, que es una de las dos que arriba dijimos, por las cuales ha de pasar el alma para llegar a la unión.

Ahora digamos cuánto conviene al alma salir de su casa en esta noche oscura de sentido para ir a la unión de Dios.

CAPÍTULO 4

Donde se trata cuán necesario sea al alma pasar de veras por esta noche oscura del sentido, la cual es la mortificación del apetito, para caminar a la unión de Dios.

1. La causa por que le es necesario al alma, para llegar a la divina unión de Dios, pasar esta noche oscura de mortificación de apetitos y negación de los gustos en todas las cosas, es porque todas las afecciones que tiene en las criaturas son delante de Dios puras tinieblas, de las cuales estando el alma vestida, no tiene capacidad para ser ilustrada y poseída de la pura y sencilla luz de Dios, si primero no las desecha de sí, porque no pueden convenir la luz con las tinieblas; porque, como dice San Juan (1, 5): Tenebrae eum non comprehenderunt, esto es: Las tinieblas no pudieron recibir la luz.

2. La razón es porque dos contrarios, según nos enseña la filosofía, no pueden caber en un sujeto. Y porque las tinieblas, que son las afecciones en las criaturas, y la luz, que es Dios, son contrarios y ninguna semejanza ni conveniencia tienen entre sí, según a los Corintios enseña san Pablo (2 Cor. 6, 14), diciendo: Quae conventio lucis ad tenebras?, es a saber: ¿Qué conveniencia se podrá dar entre la luz y las tinieblas?; de aquí es que en el alma no se puede asentar la luz de la divina unión si primero no se ahuyentan las afecciones de ella.

3. Para que probemos mejor lo dicho, es de saber que la afición y asimiento que el alma tiene a la criatura iguala a la misma alma con la criatura, y cuanto mayor es la afición, tanto más la iguala y hace semejante, porque el amor hace semejanza entre lo que ama y es amado. Que por eso dijo David (Sal. 113, 8), hablando de los que ponían su afición en los ídolos: Similes illis fiant qui faciunt ea, et omnes qui confidunt in eis, que quiere decir: Sean semejantes a ellos los que ponen su corazón en ellos. Y así, el que ama criatura, tan bajo se queda como aquella criatura, y, en alguna manera, más bajo; porque el amor no sólo iguala, mas aun sujeta al amante a lo que ama. Y de aquí es que, por el mismo caso que el alma ama algo, se hace incapaz de la pura unión de Dios y su transformación; porque mucho menos es capaz la bajeza de la criatura de la alteza del Criador que las tinieblas lo son de la luz: Porque todas las cosas de la tierra y del cielo, comparadas con Dios, nada son, como dice Jeremías (4, 23) por estas palabras: Aspexi terram, et ecce vacua erat et nihil; et caelos, et non erat lux in eis: Miré a la tierra, dice, y estaba vacía, y ella nada era; y a los cielos, y vi que no tenían luz. En decir que vio la tierra vacía, da a entender que todas las criaturas de ella eran nada, y que la tierra era nada también. Y en decir que miró a los cielos y no vio luz en ellos, es decir que todas las lumbreras del cielo, comparadas con Dios, son puras tinieblas. De manera que todas las criaturas en esta manera nada son, y las aficiones de ellas son impedimento y privación de la transformación en Dios; así como las tinieblas nada son y menos que nada, pues son privación de la luz. Y así como no comprehende a la luz el que tiene tinieblas, así no podrá comprehender a Dios el alma que en criaturas pone su afición; de la cual hasta que se purgue, ni acá podrá poseer por transformación pura de amor, ni allá por clara visión. Y para más claridad, hablaremos más en particular.

4. De manera que todo el ser de las criaturas, comparado con el infinito (ser) de Dios, nada es. Y, por tanto, el alma que en él pone su afición, delante de Dios también es nada, y menos que nada; porque, como habemos dicho, el amor hace igualdad y semejanza, y aun pone más bajo al que ama. Y, por tanto, en ninguna manera podrá esta alma unirse con el infinito ser de Dios, porque lo que no es no puede convenir con lo que es. Y descendiendo en particular a algunos ejemplos:

- Toda la hermosura de las criaturas, comparada con la infinita hermosura de Dios, es suma fealdad, según Salomón en los Proverbios (31, 30) dice: Fallax gratia, et vana est pulchritudo: Engañosa es la belleza y vana la hermosura. Y así, el alma que está aficionada a la hermosura de cualquiera criatura, delante de Dios sumamente fea es; y, por tanto, no podrá esta alma fea transformarse en la hermosura que es Dios, porque la fealdad no alcanza a la hermosura.

- Y toda la gracia y donaire de las criaturas, comparada con la gracia de Dios, es suma desgracia y sumo desabrimiento; y, por eso, el alma que se prenda de las gracias y donaire de las criaturas, sumamente es desgraciada y desabrida delante los ojos de Dios; y así no puede ser capaz de la infinita gracia de Dios y belleza, porque lo desgraciado grandemente dista de lo que infinitamente es gracioso.

- Y toda la bondad de las criaturas del mundo, comparada con la infinita bondad de Dios, se puede llamar malicia. Porque nada hay bueno sino solo Dios (Lc. 18, 19); y, por tanto, el alma que pone su corazón en los bienes del mundo, sumamente es mala delante de Dios. Y así como la malicia no comprehende a la bondad, así esta tal alma no podrá unirse con Dios, el cual es suma bondad.

- Y toda la sabiduría del mundo y habilidad humana, comparada con la sabiduría infinita de Dios, es pura y suma ignorancia, según escribe san Pablo ad Corinthios (1 Cor. 3, 19), diciendo: Sapientia huius mundi stultitia est apud Deum. La sabiduría de este mundo, delante de Dios es locura.

5. Por tanto, toda alma que hiciese caso de todo su saber y habilidad para venir a unirse con la sabiduría de Dios, sumamente es ignorante delante de Dios, y quedará muy lejos de ella. Porque la ignorancia no sabe qué cosa es sabiduría, como dice San Pablo

que esta sabiduría le parece a Dios necedad. Porque, delante de Dios, aquellos que se tienen por de algún saber son muy ignorantes; porque de ellos dice el Apóstol escribiendo a los Romanos (1, 22), diciendo: Dicentes enim se esse sapientes, stulti facti sunt, esto es: Teniéndose ellos por sabios, se hicieron necios. Y solos aquellos van teniendo sabiduría de Dios que, como niños ignorantes, deponiendo su saber, andan con amor en su servicio. La cual manera de sabiduría enseñó también san Pablo ad Corinthios (1 Cor. 3, 18-19): Si quis videtur inter vos sapiens esse in hoc saeculo, stultus fiat ut sit sapiens. Sapientia enim huius mundi stultitia est apud Deum, esto es: Si alguno le parece que es sabio entre vosotros, hágase ignorante para ser sabio, porque la sabiduría de este mundo es acerca de Dios locura. De manera que, para venir el alma a unirse con la sabiduría de Dios, antes ha de ir no sabiendo que por saber.

- 6. Y todo el señorío y libertad del mundo, comparado con la libertad y señorío del espíritu de Dios, es suma servidumbre, y angustia, y cautiverio. Por tanto, el alma que se enamora de mayorías, o de otros tales oficios, y de las libertades de su apetito, delante de Dios es tenido y tratado no como hijo, sino como bajo esclavo y cautivo, por no haber querido él tomar su santa doctrina, en que nos enseña que el que quisiere ser mayor sea menor, y el que quisiere ser menor sea el mayor (Lc. 22, 26). Y, por tanto, no podrá el alma llegar a la real libertad del espíritu, que se alcanza en su divina unión, porque la servidumbre ninguna parte puede tener con la libertad, la cual no puede morar en el corazón sujeto a quereres, porque éste es corazón de esclavo, sino en el libre, porque es corazón de hijo. Y ésta es la causa por que Sara dijo a su marido Abraham que echase fuera a la esclava y a su hijo, diciendo que no había de ser heredero el hijo de la esclava con el hijo de la libre (Gn. 21, 10).

- 7. Y todos los deleites y sabores de la voluntad en todas las cosas del mundo, comparados con todos los deleites que es Dios, son suma pena, tormento y amargura. Y así, el que pone su corazón en ellos es tenido delante de Dios por digno de suma pena, tormento y amargura. Yasí, no podrá venir a los deleites del abrazo de la unión de Dios, siendo él digno de pena y amargura.

- Todas las riquezas y gloria de todo lo criado, comparado con la riqueza que es Dios, es suma pobreza y miseria. Y así, el alma que lo ama y posee es sumamente pobre y miserable delante de Dios, y por eso no podrá llegar a la riqueza y gloria, que es el estado de la transformación en Dios (por cuanto lo miserable y pobre sumamente dista de lo que es sumamente rico y glorioso).

8. Y, por tanto, la Sabiduría divina, doliéndose de estos tales, que se hacen feos, bajos, miserables y pobres, por amar ellos esto, hermoso y rico a su parecer, del mundo, les hace una exclamación en los Proverbios (8, 4-6; 18-21), diciendo: O viri, ad vos clamito, et vox mea ad filios hominum. Intelligite, parvuli, astutiam, et insipientes, animadvertite. Audite quia de rebus magnis locutura sum. Y adelante va diciendo: Mecum sunt divitiae et gloria, opes superbae et iustitia. Melior est fructus meus auro et lapide pretioso, et genimina mea argento electo. In viis iustitiae ambulo, in medio semitarum iudicii, ut ditem diligentes me, et thesauros eorum repleam. Quiere decir: ¡Oh varones, a vosotros doy voces, y mi voz es a los hijos de los hombres! Atended, pequeñuelos, la astucia y sagacidad; los que sois insipientes, advertid. Oíd, porque tengo de hablar de grandes cosas. Conmigo están las riquezas y la gloria, las riquezas altas y la justicia. Mejor es el fruto que hallaréis en mí, que el oro y que la piedra preciosa; y mis generaciones, esto es, lo que de mí engendraréis en vuestras almas, es mejor que la plata escogida. En los caminos de la justicia ando, en medio de las sendas del juicio, para enriquecer a los que me aman y cumplir perfectamente sus tesoros.

En lo cual la Sabiduría divina habla con todos aquellos que ponen su corazón y afición en cualquiera cosa del mundo, según habemos ya dicho. Y llámalos pequeñuelos, porque se hacen semejantes a lo que aman, lo cual es pequeño. Y, por eso, les dice que tengan astucia y adviertan que ella trata de cosas grandes y no de pequeñas, como ellos; que las riquezas grandes y la gloria que ellos aman, con ella y en ella están, y no de donde ellos piensan; y que las riquezas altas y la justicia en ella moran; porque, aunque a ellos les parece que las cosas de este mundo lo son, díceles que adviertan que son mejores las suyas, diciendo que el fruto que en ellas hallará le será mejor que el oro y que las piedras preciosas; y [lo] que ella en las almas engendra, mejor que la plata escogida que ellos aman (Pv. 8, 19). En lo cual se entiende todo género de afición que en esta vida se puede tener.

CAPÍTULO 5

Donde se trata y prosigue lo dicho, mostrando por autoridades de la Sagrada Escritura y por figuras cuán necesario sea al alma ir a Dios en esta noche oscura de la mortificación del apetito en todas las cosas.

1. Por lo dicho se puede echar, en alguna manera, de ver la distancia que hay de todo lo que las criaturas son en sí a lo que Dios es en sí, y cómo las almas que en alguna de ellas ponen su afición, esa misma distancia tienen de Dios; pues, como habemos dicho, el amor hace igualdad y semejanza. La cual distancia, por echarla bien de ver san Agustín, decía hablando con Dios en los Soliloquios: Miserable de mí, ¿cuándo podrá mi cortedad e imperfección convenir con tu rectitud? Tú verdaderamente eres bueno, y yo malo; tú piadoso y yo impío; tú santo, yo miserable; tú justo, yo injusto; tú luz, yo ciego; tú vida, yo muerte; tú medicina, yo enfermo; tú suma verdad, yo toda vanidad. **Todo esto dice este Santo.**

2. Por tanto, es suma ignorancia del alma pensar podrá pasar a este alto estado de unión con Dios si primero no vacía el apetito de todas las cosas naturales y sobrenaturales que le pueden impedir, según que adelante declararemos; pues es suma la distancia que hay de ellas a lo que en este estado se da, que es puramente transformación en Dios. Que, por eso, Nuestro Señor, enseñándonos este camino, dijo por san Lucas (14, 33): Qui non renuntiat omnibus quae possidet, non potest meus esse discipulus. Quiere decir: El que no renuncia todas las cosas que con la voluntad posee, no puede ser mi discípulo. Y esto está claro, porque la doctrina que el Hijo de Dios vino a enseñar fue el menosprecio de todas las cosas, para poder recibir el precio del espíritu de Dios en sí; porque, en tanto que de ellas no se deshiciere el alma, no tiene capacidad para recibir el espíritu de Dios en pura transformación.

3. De esto tenemos figura en el Exodo (c. 16), donde se lee que no dio Dios el manjar del cielo, que era el maná, a los hijos de Israel hasta que les faltó la harina que ellos habían traído de Egipto. Dando por esto a entender que primero conviene renunciar a todas las cosas, porque este manjar de ángeles no conviene al paladar que quiere tomar sabor en el de los hombres. Y no solamente se

hace incapaz del espíritu divino el alma que se detiene y apacienta en otros extraños gustos, mas aun enojan mucho a la Majestad Divina, los que, pretendiendo el manjar de espíritu, no se contentan con sólo Dios, sino quieren entremeter el apetito y afición de otras cosas. Lo cual también se echa de ver en este mismo libro de la Sagrada Escritura (Ex. 16, 8-13), donde también se dice que, no se contentando ellos con aquel manjar tan sencillo, apetecieron y pidieron manjar de carne; y que Nuestro Señor se enojó gravemente que quisiesen ellos entremeter un manjar tan bajo y tosco con un manjar tan alto y sencillo, que, aunque lo era, tenía en sí el sabor y sustancia de todos los manjares. Por lo cual, aún teniendo ellos los bocados en las bocas, según dice también David (Sal. 77, 31): Ira Dei decendit super eos: descendió la ira de Dios sobre ellos, echando fuego del cielo y abrasando muchos millares de ellos; teniendo por cosa indigna que tuviesen ellos apetito de otro manjar dándoseles el manjar del cielo.

4. ¡Oh si supiesen los espirituales cuánto bien pierden y abundancia de espíritu por no querer ellos acabar de levantar el apetito de niñerías, y cómo hallarían en este sencillo manjar del espíritu el gusto de todas las cosas si ellos no quisieren gustarlas! Pero no le gustan; porque la causa por que éstos no recibían el gusto de todos los manjares que había en el maná era porque ellos no recogían el apetito a sólo él. De manera que no dejaban de hallar en el maná todo el gusto y fortaleza que ellos pudieran querer porque en el maná no le hubiese, sino porque ellos otra cosa querían. Así, el que quiere amar otra cosa juntamente con Dios, sin duda es tener en poco a Dios, porque pone en una balanza con Dios lo que sumamente, como habemos dicho, dista de Dios.

5. Ya se sabe bien por experiencia que cuando una voluntad se aficiona a una cosa, la tiene en más que otra cualquiera, aunque sea muy mejor que ella, si no gusta tanto de la otra. Y si de una y de otra quiere gustar, a la más principal por fuerza ha de hacer agravio, pues hace entre ellas igualdad. Y por cuanto no hay cosa que iguale con Dios, mucho agravio hace a Dios el alma que con él ama otra cosa o se ase a ella. Y pues esto es así, ¿que sería si la amase más que a Dios?

6. Esto también es lo que se denotaba cuando mandaba Dios a Moisés (Ex. 34, 3) que subiese al monte a hablar con él. Le mandó que no solamente subiese él solo, dejando abajo a los hijos de Israel, pero que ni aún las bestias paciesen de contra del monte.

Dando por esto a entender que el alma que hubiere de subir a este monte de perfección a comunicar con Dios, no sólo ha de renunciar todas las cosas y dejarlas abajo, mas también los apetitos, que son las bestias, no las ha de dejar apacentar de contra de este monte, esto es, en otras cosas que no son Dios puramente, en el cual todo apetito cesa, esto es, en estado de la perfección. Y así es menester que el camino y subida para Dios sea un ordinario cuidado de hacer cesar y mortificar los apetitos; y tanto más presto llegará el alma, cuanto más priesa en esto se diere. Mas hasta que cesen, no hay llegar, aunque más virtudes ejercite, porque le falta el conseguirlas en perfección, la cual consiste en tener el alma vacía y desnuda y purificada de todo apetito. De lo cual también tenemos figura muy al vivo en el Génesis (35, 2), donde se lee que, queriendo el patriarca Jacob subir al monte Betel a edificar allí a Dios un altar, en que le ofreció sacrificio, primero mandó a toda su gente tres cosas: la una, que arrojasen de sí todos los dioses extraños; la segunda, que se purificasen; la tercera, que mudasen vestiduras.

7. En las cuales tres cosas se da a entender a toda alma que quiere subir a este monte a hacer de sí mismo altar en él, en que ofrezca a Dios sacrificio de amor puro y alabanza y reverencia pura, que, primero que suba a la cumbre del monte, ha de haber perfectamente hecho las dichas tres cosas.

Lo primero, que arroje todos los dioses ajenos, que son todas las extrañas aficiones y asimientos.

Y lo segundo, que se purifique del dejo que han dejado en el alma los dichos apetitos con la noche oscura del sentido que decimos, negándolos y arrepintiéndose ordinariamente.

Y lo tercero que ha de tener para llegar a este alto monte es las vestiduras mudadas. Las cuales, mediante la obra de las dos cosas primeras, se las mudará Dios de viejas en nuevas, poniendo en el alma un nuevo ya entender de Dios en Dios, dejando el viejo entender de hombre, y un nuevo amar a Dios en Dios, desnuda ya la voluntad de todos sus viejos quereres y gustos de hombre, y metiendo al alma en una nueva noticia, echadas ya otras noticias e imágenes viejas aparte, haciendo cesar todo lo que es de hombre viejo (cf. Col. 3, 9), que es la habilidad del ser natural, y vistiéndose de nueva habilidad sobrenatural según todas sus potencias. De manera que su obrar ya de humano se haya vuelto en divino, que es lo que se alcanza en estado de unión, en la cual el alma no sirve de otra cosa sino de altar, en que Dios es adorado en alabanza y amor, y sólo Dios en ella está. Que, por eso, mandaba Dios (Ex. 27, 8) que el altar donde había de estar el arca del Testamento estuviese de dentro vacío, para que entienda el alma cuán vacía la quiere Dios de todas las cosas, para que sea altar digno donde esté Su Majestad. En el cual altar tampoco permitía ni que hubiese fuego ajeno, ni que faltase jamás el propio; tanto, que, porque Nadab y Abiud, que eran dos hijos del sumo sacerdote Aarón, ofrecieron fuego ajeno en su altar, enojado, Nuestro Señor, los mató allí delante del altar (Lv. 10, 1). Para que entendamos que en el alma ni ha de faltar amor de Dios para ser digno altar, ni tampoco otro amor ajeno se ha de mezclar.

8. No consiente Dios a otra cosa morar consigo en uno. De donde se lee en el libro primero de los Reyes (5, 2-4) que, metiendo los filisteos al arca del Testamento en el templo donde estaba su ídolo, amanecía el ídolo cada día arrojado en el suelo y hecho pedazos. Y sólo aquel apetito consiente y quiere que haya donde él está, que es de guardar la ley de Dios perfectamente y llevar la Cruz de Cristo sobre sí. Y así, no se dice en la sagrada Escritura divina (Dt. 31, 26) que mandase Dios poner en el arca donde estaba el maná otra cosa, sino el libro de la Ley y la vara de Moisés, que significa la Cruz. Porque el alma que otra cosa no pretendiere que guardar perfectamente la ley del Señor y llevar la cruz de Cristo, será arca verdadera, que tendrá en sí el verdadero maná, que es Dios, cuando venga a tener en sí esta ley y esta vara perfectamente, sin otra cosa alguna (cf. Núm. 17; Heb. 9, 4).

CAPÍTULO 6

En que se trata de dos daños principales que causan los apetitos en el alma, el uno privativo y el otro positivo.

1. Y para que más clara y abundantemente se entienda lo dicho, será bueno poner aquí y decir cómo estos apetitos causan en el alma dos daños principales: el uno es que la privan del espíritu de Dios, y el otro es que al alma en que viven la cansan, atormentan, oscurecen, ensucian y enflaquecen y la llagan, según aquello que dice Jeremías, capítulo segundo (v. 13): Duo mala fecit populus

meus: dereliquerunt fontem aquae vivae, et foderunt sibi cisternas dissipatas, quae continere non valent aquas; quiere decir: Dejáronme a mí, que soy fuente de agua viva, y cavaron para sí cisternas rotas, que no pueden tener agua. Esos dos males, conviene a saber: privación y positivo, se causan por cualquiera acto desordenado del apetito.

Y, primeramente, hablando del privativo, claro está que, por el mismo caso que el alma se aficiona a una cosa que cae debajo de nombre de criatura, cuanto aquel apetito tiene de más entidad en el alma, tiene ella de menos capacidad para Dios, por cuanto no pueden caber dos contrarios, según dicen los filósofos, en un sujeto, y también dijimos en el cuarto capitulo. Y afición de Dios y afición de criatura son contrarios; y así, no caben en una voluntad afición de criatura y afición de Dios. Porque ¿qué tiene que ver criatura con Criador, sensual con espiritual, visible con invisible, temporal con eterno, manjar celestial puro espiritual con el manjar del sentido puro sensual, desnudez de Cristo con asimiento en alguna cosa?

2. Por tanto, así como en la generación natural no se puede introducir una forma sin que primero se expela del sujeto la forma contraria que precede, la cual estando, es impedimento de la otra, por la contrariedad que tienen las dos entre sí, así, en tanto que el alma se sujeta al espíritu sensual, no puede entrar en ella el espíritu puro espiritual. Que, por eso, dijo Nuestro Salvador por san Mateo (15, 26): Non est bonum sumere panem filiorum et mittere canibus, esto es: No es cosa conveniente tomar el pan de los hijos y darlo a los canes. Y también en otra parte dice por el mismo evangelista (7, 6): Nolite sanctum dare canibus, que quiere decir: No queráis dar lo santo a los canes. En las cuales autoridades compara Nuestro Señor al que, negando los apetitos de las criaturas, se disponen para recibir el espíritu de Dios puramente, a los hijos de Dios; y a los que quieren cebar su apetito en las criaturas, a los perros, porque a los hijos les es dado comer con su Padre a la mesa y de su plato, que es apacentarse de su espíritu, y a los canes, las meajas que caen de la mesa.

3. En lo cual es de saber que todas las criaturas son meajas que cayeron de la mesa de Dios. Por tanto, justamente es llamado can el que anda apacentándose en las criaturas, y por eso seles quita el de los hijos, pues ellos no se quieren levantar de las meajas de las criaturas a la mesa del espíritu increado de su Padre. Y por eso

justamente, como perros, siempre andan hambreando, porque las meajas más sirven de avivar el apetito que de satisfacer el hambre. Y así, de ellos dice David (Sal. 58, 15-16): Famen patientur ut canes, et circuibunt civitatem. Si vero non fuerint saturati, et murmurabunt; quiere decir: Ellos padecerán hambre como perros y rodearán la ciudad y, como no se vean hartos, murmurarán. Porque ésta es la propiedad del que tiene apetitos, que siempre está descontento y desabrido, como el que tiene hambre. Pues, ¿qué tiene que ver el hambre que ponen todas las criaturas con la hartura (que causa el espíritu de Dios? Por eso, no puede entrar esta hartura) increada en el alma si no se echa primero esotra hambre criada del apetito del alma; pues, como habemos dicho, no pueden morar dos contrarios en un sujeto, los cuales en este caso son hambre y hartura.

4. Por lo dicho se verá cuánto más hace Dios en limpiar y purgar una alma de estas contrariedades, que en criarla de nonada. Porque estas contrariedades de afectos y apetitos contrarios más opuestas y resistentes son a Dios que la nada, porque ésta no resiste. Y esto baste acerca del primer daño principal que hacen al alma los apetitos, que es resistir al espíritu de Dios, por cuanto arriba está ya dicho mucho de ello.

5. Ahora digamos del segundo efecto que hacen en ella, el cual es de muchas maneras, porque los apetitos cansan al alma, y la atormentan, y oscurecen, y la ensucian, y la enflaquecen. De las cuales cinco cosas iremos diciendo de por sí.

6. Cuanto a lo primero, claro está que los apetitos cansan y fatigan al alma, porque son como unos hijuelos inquietos y de mal contento, que siempre están pidiendo a su madre uno y otro, y nunca se contentan. Y así como se cansa y fatiga el que cava por codicia del tesoro, así se cansa y fatiga el alma por conseguir lo que sus apetitos le piden. Y, aunque lo consiga, en fin, siempre se cansa, porque nunca se satisface; porque, al cabo, son cisternas rotas las que cava, que no pueden tener agua para satisfacer la sed (Jer. 2, 13). Y así, como dice Isaías (29, 8): Lassus adhuc sitit, et anima eius vacua est; que quiere decir: Está su apetito vacío. Y cánsase y fatígase el alma que tiene apetitos, porque es como el enfermo de calentura, que no se halla bien hasta que se le quite la fiebre, y cada rato le crece la sed. Porque, como se dice en el libro de Job (20, 22): Cum satiatus fuerit, arctabitur, aestuabit, et omnis dolor irruet super eum; que quiere decir: Cuando hubiere satisfecho

su apetito, quedará más apretado y agravado; creció en su alma el calor del apetito y así caerá sobre él todo dolor.

Cánsase y fatígase el alma con sus apetitos, porque es herida y movida y turbada de ellos como el agua de los vientos, y de esa misma manera la alborotan, sin dejarla sosegar en (un) lugar ni en una cosa. Y de tal alma dice Isaías (57, 20): Cor impii quasi mare fervens: El corazón del malo es como el mar cuando hierve; y es malo el que no vence los apetitos.

Cánsase y fatígase el alma que desea cumplir sus apetitos, porque es como el que, teniendo hambre, abre la boca para hartarse de viento, y, en lugar de hartarse, se seca más, porque aquél no es su manjar. A este propósito dijo Jeremías (2, 24): In desiderio animae suae attraxit ventum amoris sui; como si dijera: En el apetito de su voluntad atrajo a sí el viento de su afición. Y luego dice adelante (2, 25) para dar a entender la sequedad en que esta tal alma queda, dando aviso y diciendo: Prohibe pedem tuum a nuditate, et guttur tuum a siti; que quiere decir: Aparta tu pie, esto es, tu pensamiento, de la desnudez, y tu garganta de la sed, es a saber, tu voluntad del cumplimiento del apetito que hace más sequía.

Y así como se cansa y fatiga el enamorado en el día de la esperanza cuando le salió su lance en vacío, (así) se cansa el alma y fatiga con todos sus apetitos y cumplimiento de ellos, pues todos le causan mayor vacío y hambre; porque, como comúnmente dicen, el apetito es como el fuego que, echándole leña, crece, y luego que la consume, por fuerza ha de desfallecer.

7. Y aun el apetito es de peor condición en esta parte; porque el fuego, acabándose la leña, descrece; mas el apetito no descrece en aquello que se aumentó cuando se puso por obra, aunque se acaba la materia, sino que, en lugar de descrecer, como el fuego cuando se le acaba la suya, él desfallece en fatiga, porque queda crecida el hambre y disminuido el manjar. Y de éste habla Isaías (9, 20), diciendo: Declinabit ad dexteram, et esuriet; et comedet ad sinistram, et non saturabitur; quiere decir: Declinará hacia la mano derecha, y habrá hambre; y comerá hacia la siniestra, y no se hartará. Porque estos que no mortifican sus apetitos, justamente, cuando declinan, ven la hartura del dulce espíritu de los que están a la diestra de Dios, la cual a ellos no se le concede; y, justamente, cuando corren hacia la siniestra, que es cumplir su apetito en

alguna criatura, no se hartan; pues, dejando lo que sólo puede satisfacer, se apacientan de lo que les causa más hambre.

Claro está, pues, que los apetitos cansan y fatigan al alma.

CAPÍTULO 7

En que se trata cómo los apetitos atormentan al alma. Pruébalo también por comparaciones y autoridades.

1. La segunda manera de mal positivo que causan al alma los apetitos es que la atormentan y afligen a manera del que está en tormento de cordeles, abarcado a alguna parte, de lo cual hasta que se libre no descansa. Y de éstos dice David (Sal. 118, 61): Funes peccatorum circumplexi sunt me: Los cordeles de mis pecados, que son mis apetitos, en derredor me han apretado.

Y de la misma manera que se atormenta y aflige al que desnudo se acuesta sobre espinas y puntas, así se atormenta el alma y aflige cuando sobre sus apetitos se recuesta. Porque, a manera de espinas, hieren y lastiman y asen y dejan dolor. Y de ellos también dice David (Sal. 117, 12): Circumdederunt me sicut apes, et exarserunt sicut ignis in spinis; que quiere decir: Rodeáronse de mí como abejas, punzándome con sus aguijones, y encendiéronse contra mí como el fuego en espinas; por que en los apetitos, que son las espinas, crece el fuego de la angustia y del tormento.

Y así como aflige y atormenta el gañán al buey debajo del arado con codicia de la mies que espera, así la concupiscencia aflige al alma debajo del apetito por conseguir lo que quiere. Lo cual se echa bien de ver en aquel apetito que tenía Dalila de saber en qué tenía tanta fuerza Sansón, que dice la Sagrada Escritura (Jue. 16, 163) que la fatigaba y atormentaba tanto, que la hizo desfallecer casi hasta morir, diciendo: Defecit anima eius, et ad mortem usque lassata est.

2. El apetito tanto más tormento es para el alma cuanto él es más intenso. De manera que tanto hay de tormento cuanto hay de apetito, y tanto más tormentos tiene cuantos más apetitos la

poseen; porque se cumple en la tal alma, aun en esta vida, lo que se dice en el Apocalipsis (18, 7) de Babilonia por estas palabras: Quantum glorificavit se, et in deliciis fuit, tantum date illi tormentum et luctum; esto es: Tanto cuanto se quiso ensalzar y cumplir sus apetitos, le dad de tormento y angustia. Y de la manera que es atormentado y afligido el que cae en manos de sus enemigos, así es atormentada y afligida el alma que se deja llevar de sus apetitos. De lo cual hay figura en el libro de los Jueces (16, 21), donde se lee que aquel fuerte Sansón, que antes era fuerte y libre y juez de Israel, cayendo en poder de sus enemigos, le quitaron la fortaleza, y le sacaron los ojos, y le ataron a moler en una muela, adonde le atormentaron y afligieron mucho. Y así acaece al alma donde estos enemigos de apetitos viven y vencen, que lo primero que hacen es enflaquecer al alma y cegarla; y, como abajo diremos, luego la afligen y atormentan, atándola a la muela de la concupiscencia; y los lazos con que está asida son sus mismos apetitos.

3. Por lo cual, habiendo Dios lástima a éstos que con tanto trabajo y tan a costa suya andan a satisfacer la sed y hambre del apetito en las criaturas, les dice por Isaías (55, 1-2): Omnes sitientes venite ad aquas; et qui non habetis argentum, properate, emite et comedite: venite, emite absque argento vinum et lac. Quare appenditis argentum non in panibus, et laborem vestrum non in saturitate?; como si dijera: Todos los que tenéis sed de apetitos, venid a las aguas, y todos los que no tenéis plata de propia voluntad y apetitos, daos priesa; comprad de mí y comed; venid y comprad de mi vino y leche, que es paz y dulzura espiritual, sin plata de propia voluntad, y sin darme por ello (interés o) trueque alguno del trabajo, como dais por vuestros apetitos. ¿Por qué dais la plata de vuestra voluntad por lo que no es pan, esto es, del espíritu divino, y ponéis el trabajo de vuestros apetitos en lo que no os puede hartar? Venid, oyéndome a mí, y comeréis el bien que deseáis, y deleitarse ha en grosura vuestra alma.

4. Este venir a la grosura es salirse de todos los gustos de criatura, porque la criatura atormenta, y el espíritu de Dios recrea. Y así, nos llama él por san Mateo (11, 28-29), diciendo: Venite ad me, omnes qui laboratis et onerati estis, et ego reficiam vos, et invenietis requiem animabus vestris; como si dijera: Todos los que andáis atormentados, afligidos y cargados con la carga de vuestros cuidados y apetitos, salid de ellos, viniendo a mí, y yo os recrearé, y hallaréis para vuestras almas el descanso que os quitan vuestros

apetitos. Y así, son pesada carga, porque de ellos dice David (Sal. 37, 5): Sicut onus grave gravatae sunt super me.

CAPÍTULO 8

En que se trata cómo los apetitos oscurecen y ciegan al alma.

1. Lo tercero que hacen en el alma los apetitos es que la ciegan y oscurecen. Así como los vapores oscurecen el aire y no le dejan lucir el sol claro; como el espejo tomado del paño no puede recibir serenamente en sí el rostro; o como (en) el agua envuelta en cieno, no se divisa bien la cara del que en ella se mira; así, el alma que de los apetitos está tomada, según el entendimiento está entenebrecida, y no da lugar para que ni el sol de la razón natural ni el de la Sabiduría de Dios sobrenatural la embistan e ilustren de claro. Y así dice David (Sal. 39,13), hablando a este propósito: Comprehenderunt me iniquitates meae, et non potui, ut viderem, que quiere decir: Mis maldades me comprehendieron, y no pude tener poder para ver.

2. Y en eso mismo que se oscurece según el entendimiento, se entorpece también según la voluntad, y según la memoria se enrudece y desordena en su debida operación. Porque, como estas potencias, según sus operaciones, dependen del entendimiento, estando él impedido, claro está lo han ellas de estar desordenadas y turbadas. Y así dice David (Sal. 6, 4): Anima mea turbata est valde, esto es: Mi ánima está muy turbada; que es tanto como decir: desordenada en sus potencias. Porque, como decimos, ni el entendimiento tiene capacidad para recibir la ilustración de la sabiduría de Dios, como tampoco la tiene el aire tenebroso para recibir la del sol, ni la voluntad tiene habilidad para abrazar en sí a Dios en puro amor, como tampoco la tiene el espejo que está tomado de vaho para representar claro en sí el rostro presente, y menos la tiene la memoria que está ofuscada con las tinieblas del apetito para informarse con serenidad de la imagen de Dios, como tampoco el agua turbia puede mostrar claro el rostro del que se mira.

3. Ciega y oscurece el apetito al alma, porque el apetito en cuanto apetito, ciego es; porque, de suyo, ningún entendimiento tiene en sí, porque la razón es siempre su mozo de ciego. Y de aquí es que todas las veces que el alma se guía por su apetito, se ciega, pues es guiarse el que ve por el que no ve, lo cual es como ser entrambos ciegos. Y lo que de ahí se sigue es lo que dice Nuestro Señor por san Mateo (15, 14): Si caecus caeco ducatum praestet, ambo in foveam cadunt; si el ciego guía al ciego, entrambos caerán en la hoya.

Poco le sirven los ojos a la mariposilla, pues que el apetito de la hermosura de la luz la lleva encandilada a la hoguera. Y así podemos decir que el que se ceba de apetito es como el pez encandilado, al cual aquella luz antes le sirve de tinieblas para que no vea los daños que los pescadores le aparejan. Lo cual da muy bien a entender el mismo David (Sal. 57, 9), diciendo de los semejantes: Supercecidit ignis, et non viderunt solem; que quiere decir: Sobrevínoles el fuego que calienta con su calor y encandila con su luz. Y eso hace el apetito en el alma, que enciende la concupiscencia y encandila al entendimiento de manera que no pueda ver su luz. Porque la causa del encandilamiento es que, como pone otra luz diferente delante de la vista, ciégase la potencia visiva en aquélla que está entrepuesta y no ve la otra; y como el apetito se le pone al alma tan cerca, que está en la misma alma, tropieza en esta luz primera y cébase en ella, y así no la deja ver su luz de claro entendimiento, ni la verá hasta que se quite de en medio el encandilamiento del apetito.

4. Por lo cual es harto de llorar la ignorancia de algunos, que se cargan de extraordinarias penitencias y de otros muchos voluntarios ejercicios, y piensan que les bastará eso y esotro para venir a la unión de la Sabiduría divina, si con diligencia ellos no procuran negar sus apetitos. Los cuales, si tuviesen cuidado de poner la mitad de aquel trabajo en esto, aprovecharían más en un mes que por todos los demás ejercicios en muchos años. Porque, así como es necesaria a la tierra la labor para que lleve fruto, y sin labor no le lleva, sino malas hierbas, así es necesaria la mortificación de los apetitos para que haya provecho en el alma; (sin) la cual oso decir que, para ir adelante en perfección y noticia de Dios y de sí mismo, nunca le aprovecha más cuanto hiciere que aprovecha la simiente echada en la tierra no rompida. Y así, no quitan la tiniebla y rudeza del alma hasta que los apetitos se apaguen. Porque son como las

cataratas o como las motas en el ojo, que impiden la vista hasta que se echan fuera.

5. Y así, echando de ver David (Sal. 57, 10) la de éstos, y cuán impedidas tienen las almas de la claridad de la verdad, y cuánto Dios se enoja con ellos, habla con ellos diciendo: *Priusquam intelligerent spinae vestrae rhamnum: sicut viventes, sic in ira absorbet eos*, y es como si dijera: Antes que entendiesen vuestras espinas, esto es, vuestros apetitos, así como a los vivientes, de esta manera los absorberá en su ira Dios. Porque a los apetitos vivientes en el alma, antes que ellos puedan entender a Dios, los absorberá Dios en esta vida o en la otra con castigo y corrección, que será por la purgación. Y dice que los absorberá en ira, porque lo que se padece en la mortificación de los apetitos es castigo del estrago que en el alma han hecho.

6. ¡Oh si supiesen los hombres de cuánto bien de luz divina los priva esta ceguera que les causan sus aficiones y apetitos, y en cuántos males y daños les hacen ir cayendo cada día en tanto que no los mortifican! Porque no hay fiarse de buen entendimiento, ni dones que tengan recibidos de Dios, para pensar que, si hay afición o apetito, dejará de cegar y oscurecer y hacer caer poco a poco en peor. Porque ¿quién dijera que un varón tan acabado en sabiduría y dones de Dios como era Salomón, había de venir a tanta ceguera y torpeza de voluntad, que hiciese altares a tantos ídolos y los adorase él mismo, siendo ya viejo? (3 Re. 11, 4). Y sólo para esto bastó la afición que tenía a las mujeres y no tener el cuidado de negar los apetitos y deleites de su corazón. Porque él mismo dice de sí en el Eclesiastés (2, 10) que no negó a su corazón lo que le pidió. Y pudo tanto este arrojarse a sus apetitos, que, aunque es verdad que al principio tenía recato, pero, porque no los negó, poco a poco le fueron cegando y oscureciendo el entendimiento, de manera que le vinieron a acabar de apagar aquella gran luz de sabiduría que Dios le había dado, de manera que a la vejez dejó a Dios.

7. Y si en éste pudieron tanto, que tenía tanta noticia de la distancia que hay entre el bien y el mal, ¿qué no podrán contra nuestra rudeza los apetitos no mortificados? Pues, como dijo Dios al profeta Jonás (4, 11) de los ninivitas, no sabemos lo que hay entre la siniestra y la diestra, porque a cada paso tenemos lo malo por bueno, y lo bueno por malo, y esto de nuestra cosecha lo tenemos. Pues, ¿qué será si se añade apetito a natural tiniebla? sino que

como dice Isaías (59, 10): Palpavimus sicut caeci parietem, et quasi absque oculis, attrectavimus: impegimus meridie, quasi in tenebris. Habla el profeta con los que aman seguir estos sus apetitos, y es como si dijera: Habemos palpado la pared, como si fuéramos ciegos, y anduvimos atentando como sin ojos, y llegó a tanto nuestra ceguera, que en el mediodía atollamos, como si fuera en las tinieblas. Porque esto tiene el que está ciego del apetito, que, puesto en medio de la verdad y de lo que le conviene, no lo echa más de ver que si estuviera en tinieblas.

CAPÍTULO 9

En que se trata cómo los apetitos ensucian al alma. Pruébalo por comparaciones y autoridades de la Escritura sagrada.

1. El cuarto daño que hacen los apetitos al alma es que la ensucian y manchan, según lo enseña el Eclesiástico (13, 1), diciendo: Qui tetigerit picem, inquinabitur ab ea; quiere decir: El que tocare a la pez, ensuciarse ha de ella; y entonces toca uno la pez cuando en alguna criatura cumple el apetito de su voluntad. En lo cual es de notar que el Sabio compara las criaturas a la pez, porque más diferencia hay entre la excelencia del alma y todo lo mejor de ellas, que hay del claro diamante fino oro a la pez. Y así como el oro o diamante, si se pusiese caliente sobre la pez, quedaría de ella feo y untado, por cuanto el calor la regaló y atrajo, así el alma que está caliente de apetito sobre alguna criatura, en el calor de su apetito saca inmundicia y mancha de él en sí.

Y más diferencia hay entre el alma y las demás criaturas corporales que entre un muy clarificado licor y un cieno muy sucio. De donde, así como se ensuciaría el tal licor si le envolviesen con el cieno, de esa misma manera se ensucia el alma que se ase a la criatura, pues en ella se hace semejante a la dicha criatura. Y de la misma manera que pondrían los rasgos de tizne a un rostro muy hermoso y acabado, de esa misma manera afean y ensucian los apetitos desordenados al alma que los tiene, la cual en sí es una hermosísima y acabada imagen de Dios.

2. Por lo cual, llorando Jeremías (Lm. 4, 7-8) el estrago y fealdad que estas desordenadas afecciones causan en el alma, cuenta primero su hermosura y luego su fealdad, diciendo: Candidiores sunt nazarei eius nive, nitidiores lecte, rubicundiores ebore antiquo, saphiro pulchriores. Denigrata est super carbones facies eorum, et non sunt cogniti in plateis; que quiere decir: Sus cabellos, es a saber, del alma, son más levantados en blancura que la nieve, más resplandecientes que la leche, y más bermejos que el marfil antiguo, y más hermosos que la piedra zafiro. La haz de ellos se ha ennegrecido sobre los carbones, y no son conocidos en las plazas. Por los cabellos entendemos aquí los afectos y pensamientos del alma, los cuales, ordenados en lo que Dios los ordena, (que es en el mismo Dios) son más blancos que la nieve, y más claros que la leche, y más rubicundos que el marfil, y hermosos sobre el zafiro. Por las cuales cuatro cosas se entiende toda manera de hermosura y excelencia de criatura corporal, sobre las cuales, dice, es el alma y sus operaciones, que son los nazareos o cabellos dichos, los cuales, desordenados y puestos en lo que Dios no los ordenó, que es empleados en las criaturas, dice Jeremías que su haz queda y se pone más negra que los carbones.

3. Que todo este mal y más hacen en la hermosura del alma los desordenados apetitos en las cosas de este siglo. Tanto, que, si hubiésemos de hablar de propósito de la fea y sucia figura que al alma los apetitos pueden poner, no hallaríamos cosa, por llena de telarañas y sabandijas que esté, ni fealdad de cuerpo muerto, ni otra cosa cualquiera inmunda y sucia cuanto en esta vida la puede haber y se puede imaginar, a que la pudiésemos comparar. Porque, aunque es verdad que el alma desordenada, en cuanto al ser natural, está tan perfecta como Dios la crió, pero, en cuanto al ser de razón, está fea, abominable, sucia, figura y con todos los males que aquí se van escribiendo y mucho más. Porque, aun sólo un apetito desordenado, como después diremos, aunque no sea de materia de pecado mortal, basta para poner un alma tan sujeta, sucia y fea, que en ninguna manera puede convenir con Dios en una unión hasta que el apetito se purifique. ¿Cuál será la fealdad de la que del todo está desordenada en sus propias pasiones y entregada a sus apetitos, y cuán alejada de Dios estará y de su pureza?

4. No se puede explicar con palabras, ni aun entenderse con el entendimiento, la variedad de inmundicia que la variedad de apetitos causan en el alma. Porque, si se pudiese decir y dar a

entender, sería cosa admirable y también de harta compasión ver cómo cada apetito, conforme a su cuantidad y calidad, mayor o menor, hace su raya y asiento de inmundicia y fealdad en el alma, y cómo en una sola desorden de razón puede tener en sí innumerables diferencias de suciedades mayores y menores, y cada una de su manera. Porque, así como el alma del justo en una sola perfección, que es la rectitud del alma, tiene innumerables dones riquísimos y muchas virtudes hermosísimas, cada una diferente y graciosa en su manera, según la multitud y diferencia en los afectos de amor que ha tenido en Dios, así el alma desordenada, según la variedad de los apetitos que tiene en las criaturas, tiene en sí variedad miserable de inmundicias y bajezas, tal cual en ella la pintan los dichos apetitos.

5. Esta variedad de apetitos está bien figurada en Ezequiel (8, 10-16), donde se escribe que mostró Dios a este profeta en lo interior del templo, pintadas en derredor de las paredes, todas las semejanzas de sabandijas que arrastran por la tierra, y allí toda la abominación de animales inmundos. Y entonces dijo Dios a Ezequiel: Hijo del hombre, ¿de veras no has visto las abominaciones que hacen éstos, cada uno en lo secreto de su retrete? (3, 12). Y mandando Dios al profeta que entrase más adentro y vería mayores abominaciones, dice que vio allí las mujeres sentadas llorando al dios de los amores, Adonis (8, 15). Y mandándole Dios entrar más adentro y vería aún mayores abominaciones, dice que vio allí veinticinco viejos que tenían vueltas las espaldas contra el templo (8, 16).

6. Las diferencias de sabandijas y animales inmundos que estaban pintados en el primer retrete del templo, son los pensamientos y concepciones que el entendimiento hace de las cosas bajas de la tierra y de todas las criaturas, las cuales, tales cuales son, se pintan en el templo del alma cuando ella con ella embaraza su entendimiento, que es el primer aposento del alma.

Las mujeres que estaban más adentro, en el segundo aposento, llorando al dios Adonis, son los apetitos que están en la segunda potencia del alma, que es la voluntad. Los cuales están como llorando, en cuanto codician a lo que está aficionada la voluntad, que son las sabandijas ya pintadas en el entendimiento.

Y los varones que estaban en el tercer aposento, son las imágenes y representaciones de las criaturas, que guarda y revuelve en sí la tercera parte del alma, que es la memoria. Las cuales se dice que están vueltas las espaldas contra el templo porque, cuando ya según estas tres potencias abraza el alma alguna cosa de la tierra acabada y perfectamente, se puede decir que tiene las espaldas contra el templo de Dios, que es la recta razón del alma, la cual no admite en sí cosa de criatura.

7. Y para entender algo de esta fea desorden del alma en sus apetitos, baste por ahora lo dicho, porque, si hubiéramos de tratar en particular de la fealdad menor que hacen y causan en el alma las imperfecciones, y su variedad, y la que hacen los pecados veniales -que es ya mayor que la de las imperfecciones- y su mucha variedad, y también la que hacen los apetitos de pecado mortal, que es total fealdad del alma, y su mucha variedad, según la variedad y multitud de todas estas tres cosas, sería nunca acabar, ni entendimiento angélico bastaría para lo poder entender. Lo que digo y hace al caso para mi propósito es que cualquier apetito, aunque sea de la más mínima imperfección, mancha y ensucia al alma.

CAPÍTULO 10

En que trata cómo los apetitos entibian y enflaquecen al alma en la virtud.

1. Lo quinto en que dañan los apetitos al alma es que la entibian y enflaquecen para que no tenga fuerza para seguir la virtud y perseverar en ella. Porque, por el mismo caso que la fuerza del apetito se reparte, queda menos fuerte que si estuviera entero en una cosa sola; y cuanto en más cosas se reparte, menos es para cada una de ellas, que, por eso, dicen los filósofos que la virtud unida es más fuerte que ella misma si se derrama. Y, por tanto, está claro que, si el apetito de la voluntad se derrama en otra cosa fuera de la virtud, ha de quedar más flaco para la virtud. Y así, el alma que tiene la voluntad repartida en menudencias es como el agua que, teniendo por donde se derramar hacia abajo, no crece para arriba, y así no es de provecho. Que por eso el patriarca Jacob (Gn. 49, 4) comparó a su hijo Rubén al agua derramada, porque en cierto pecado había dado rienda a sus apetitos, diciendo:
Derramado estás como el agua; no crezcas; como si dijera: Porque

estás derramado según los apetitos como el agua, no crecerás en virtud. Y así como el agua caliente, no estando cubierta, fácilmente pierde el calor, y como las especies aromáticas, desenvueltas, van perdiendo la fragancia y fuerza de su olor, así el alma no recogida en un solo apetito de Dios, pierde el valor y vigor en la virtud. Lo cual entendiendo bien David (Sal. 58, 10), dijo hablando con Dios: Fortitudinem meam ad te custodiam: Yo guardaré mi fortaleza para ti, esto es, recogiendo la fuerza de mis apetitos sólo a ti.

2. Y enflaquecen la virtud del alma los apetitos, porque son en ella como los renuevos que nacen en rededor del árbol y le llevan la virtud para que él no lleve tanto fruto. Y de estas tales almas dice el Señor (Mt. 24, 19): Vae praegnantibus et nutrientibus in illis diebus!, esto es: ¡Ay de los que en aquellos días estuvieren preñados y de los que criaren! La cual preñez y cría entiende por la de los apetitos, los cuales, si no se atajan, siempre irán quitando más virtud al alma y crecerán para mal del alma, como los renuevos en el árbol. Por lo cual nuestro Señor diciendo (Lc. 12, 35) nos aconseja: Tened ceñidos vuestros lomos, que significan aquí los apetitos. Porque, en efecto, ellos son también como las sanguijuelas, que siempre están chupando la sangre de las venas, porque así las llama el Eclesiástico (Pv. 30, 15), diciendo: Sanguijuelas son las hijas, esto es, los apetitos; siempre dicen: Daca, daca.

3. De donde está claro que los apetitos no ponen al alma bien ninguno, sino quítanle el que tiene. Y, si no los mortificare, no pararán hasta hacer en ella lo que dicen que hacen a su madre los hijos de la víbora, que, cuando van creciendo en el vientre, comen a su madre y mátanla, quedando ellos vivos a costa de su madre. Así los apetitos no mortificados llegan a tanto, que matan al alma en Dios, porque ella primero no los mató; por eso dice el Eclesiástico: Aufer a me, Domine, ventris concupiscentias, et concubitus concupiscentiae ne apprehendant me (23, 6), y sólo lo que en ella vive son ellos.

4. Pero, aunque no lleguen a esto, es gran lástima considerar cuál tienen a la pobre alma los apetitos que viven en ella, cuán desgraciada para consigo misma, cuán seca para los prójimos y cuán pesada y perezosa para las cosas de Dios. Porque no hay mal humor que tan pesado y dificultoso ponga a un enfermo para caminar, o hastío para comer, cuanto el apetito de criatura hace al alma pesada y triste para seguir la virtud. Y así, ordinariamente, la

causa por que muchas almas no tienen diligencia y gana de cobrar virtud es porque tienen apetitos y aficiones no puras en Dios.

CAPÍTULO 11

En que se prueba ser necesario para llegar a la divina unión carecer el alma de todos los apetitos, por mínimos que sean.

1. Parece que ha mucho que el lector desea preguntar que si es de fuerza que, para llegar a este alto estado de perfección, ha de haber precedido mortificación total en todos los apetitos, chicos y grandes, y que si bastará mortificar algunos de ellos y dejar otros, a lo menos aquellosque parecen de poco momento; porque parece cosa recia y muy dificultosa poder llegar el alma a tanta pureza y desnudez, que no tenga voluntad y afición a ninguna cosa.

2. A esto respondo: lo primero que, aunque es verdad que no todos los apetitos son tan perjudiciales unos como otros ni embarazan al alma, (todos en igual manera se han de mortificar. Hablo de los voluntarios, porque los apetitos naturales poco o nada impiden para la unión al alma) cuando no son consentidos; ni pasan de primeros movimientos todos aquellos en que la voluntad racional antes ni después tuvo parte; porque quitar éstos, que es mortificarlos del todo, en esta vida es imposible, y éstos no impiden de manera que no se pueda llegar a la divina unión, aunque del todo no estén, como digo, mortificados; porque bien los puede tener el natural, y estar el alma, según el espíritu racional, muy libre de ellos, porque (aún) acaecerá a veces, que esté el alma en harta unión de oración de quietud en la voluntad, y que actualmente moren éstos en la parte sensitiva del hombre, no teniendo en ellos parte la parte superior que está en oración. Pero todos los demás apetitos voluntarios, ahora sean de pecado mortal, que son los más graves; ahora de pecado venial, que son menos graves; ahora sean solamente de imperfecciones, que son los menores, todos se han de vaciar y de todos ha el alma de carecer para venir a esta total unión, por mínimos que sean. Y la razón es porque el estado de esta divina unión consiste en tener el alma, según la voluntad, con tal transformación en la voluntad de Dios, de manera que no haya

en ella cosa contraria a la voluntad de Dios, sino que en todo y por todo su movimiento sea voluntad solamente de Dios.

3. Que ésta es la causa por que en este estado llamamos estar hecha una voluntad de Dios, la cual es voluntad de Dios, y esta voluntad de Dios es también voluntad del alma. Pues si esta alma quisiese alguna imperfección que no quiere Dios, no estaría hecha una voluntad de Dios, pues el alma tenía voluntad de lo que no la tenía Dios. Luego claro está que, para venir el alma a unirse con Dios perfectamente por amor y voluntad, ha de carecer primero de todo apetito de voluntad, por mínimo que sea; esto es, que advertidamente y conocidamente no consienta con la voluntad en imperfección, y venga a tener poder y libertad para poderlo hacer en advirtiendo.

Y digo conocidamente, porque sin advertirlo y conocerlo, o sin ser en su mano, bien caerá en imperfecciones y pecados veniales y en los apetitos naturales que habemos dicho; porque de estos tales pecados no tan voluntarios y subrepticios está escrito (Pv. 24, 16) que el justo caerá siete veces en el día y se levantará. Mas de los apetitos voluntarios, que son pecados veniales de advertencia, aunque sean de mínimas cosas, como he dicho, basta uno que no se venza para impedir.

Digo no mortificando el tal hábito, porque algunos actos, a veces, de diferentes apetitos, aún no hacen tanto cuando los hábitos están mortificados; aunque también éstos ha de venir a no los haber, porque también proceden de hábito de imperfección; pero algunos hábitos de voluntarias imperfecciones, en que nunca acaban de vencerse, éstos no solamente impiden la divina unión, pero el ir adelante en la perfección.

4. Estas imperfecciones habituales son: como una común costumbre de hablar mucho, un asimientillo a alguna cosa que nunca acaba de querer vencer, así como a persona, a vestido, a libro, celda, tal manera de comida y otras conversacioncillas y gustillos en querer gustar de las cosas, saber y oír, y otras semejantes. Cualquiera de estas imperfecciones en que tenga el alma asimiento y hábito, es tanto daño para poder crecer e ir adelante en virtud, que, si cayese cada día en otras muchas imperfecciones y pecados veniales sueltos, que no proceden de ordinaria costumbre de alguna mala propiedad ordinaria, no le impedirán tanto cuanto el tener el alma asimiento a alguna cosa.

Porque, en tanto que le tuviere, excusado es que pueda ir el alma adelante en perfección, aunque la imperfección sea muy mínima. Porque eso me da que una ave esté asida a un hilo delgado que a uno grueso, porque, aunque sea delgado, tan asida se estará a él como al grueso, en tanto que no le quebrare para volar. Verdad es que el delgado es más fácil de quebrar; pero, por fácil que es, si no le quiebra, no volará. Y así es el alma que tiene asimiento en alguna cosa, que, aunque mas virtud tenga, no llegará a la libertad de la divina unión.

Porque el apetito y asimiento del alma tienen la propiedad que dicen tiene la rémora con la nao, que, con ser un pece muy pequeño, si acierta a pegarse a la nao, la tiene tan queda, que no la deja llegar al puerto ni navegar. Y así es lástima ver algunas almas como unas ricas naos cargadas de riquezas, y obras, y ejercicios espirituales, y virtudes, y mercedes que Dios las hace, y por no tener ánimo para acabar con algún gustillo, o asimiento, o afición -que todo es uno-, nunca van adelante, ni llegan al puerto de la perfección, que no estaba en más que dar un buen vuelo y acabar de quebrar aquel hilo de asimiento o quitar aquella pegada rémora, de apetito.

5. Harto es de dolerse que haya Dios hécholes quebrar otros cordeles más gruesos de aficiones de pecados y vanidades, y por no desasirse de una niñería que les dijo Dios que venciesen por amor de él, que no es más que un hilo y que un pelo, dejen de ir a tanto bien. Y lo que peor es, que no solamente no van adelante, sino que, por aquel asimiento, vuelven atrás, perdiendo lo que en tanto tiempo con tanto trabajo han caminado y ganado, porque ya se sabe que, en este camino, el no ir adelante es volver atrás, y el no ir ganando es ir perdiendo. Que eso quiso Nuestro Señor darnos a entender cuando dijo: El que no es conmigo, es contra mí; y el que conmigo no allega, derrama (Mt. 12, 30).

El que no tiene cuidado de remediar el vaso por una pequeña resquicia que tenga basta para que se venga a derramar todo el licor que está dentro. Porque el Eclesiástico (19, 1) nos lo enseñó bien, diciendo: El que desprecia las cosas pequeñas, poco a poco ira cayendo. Porque, como él mismo dice (11, 34), de una sola centella se aumenta el fuego. Y así, una imperfección basta para traer otra, y aquéllas otras; y así, casi nunca se verá un alma que sea negligente en vencer un apetito, que no tenga otros muchos, que salen de la misma flaqueza e imperfección que tiene en aquél;

y así, siempre van cayendo. Y ya habemos visto muchas personas a quien Dios hacía merced de llevar muy adelante en gran desasimiento y libertad, y por sólo comenzar a tomar un asimientillo de afición -y so color de bien- de conversación y amistad, írseles por allí vaciando el espíritu y gusto de Dios y santa soledad, caer de la alegría y enterez en los ejercicios espirituales y no parar hasta perderlo todo. Y esto, porque no atajaron aquel principio de gusto y apetito sensitivo, guardándose en soledad para Dios.

6. En este camino siempre se ha de caminar para llegar, lo cual es ir siempre quitando quereres, no sustentándolos. Y si no se acaban todos de quitar, no se acaba de llegar. Porque así como el madero no se transforma en el fuego por un solo grado de calor que falte en su disposición, así no se transformará el alma en Dios por una imperfección que tenga, aunque sea menos que apetito voluntario; porque, como después se dirá en la noche de la fe, el alma no tiene más de una voluntad, y ésta, si se embaraza y emplea en algo no queda libre, sola y pura, como se requiere para la divina transformación.

7. De lo dicho tenemos figura en el libro de los Jueces (2, 3), donde se dice que vino el ángel a los hijos de Israel y les dijo que, porque no habían acabado con aquella gente contraria, sino antes se habían confederado con algunos de ellos, por eso se los había de dejar entre ellos por enemigos, para que les fuesen ocasión de caída y perdición. Y, justamente, hace Dios esto con algunas almas, a las cuales, habiéndolas él sacado del mundo, y muértoles los gigantes de sus pecados, y acabado la multitud de sus enemigos, que son las ocasiones que en el mundo tenían (sólo porque ellos entraran con más libertad en esta tierra de promisión de la unión divina) y ellos todavía traban amistad y alianza con la gente menuda de imperfecciones, no acabándolas de mortificar, por eso, enojado Nuestro Señor, les deja ir cayendo en sus apetitos de peor en peor.

8. También en el libro de Josué (6, 21) tenemos figura acerca de lo dicho, cuando le mandó Dios a Josué, al tiempo que había de comenzar a poseer la tierra de promisión, que en la ciudad de Jericó de tal manera destruyese cuanto en ella había, que no dejase cosa en ella viva, desde el hombre hasta la mujer, y desde el niño hasta el viejo, y todos los animales, y que de todos los despojos no tomasen ni codiciasen nada. Para que entendamos cómo, para entrar en esta divina unión, ha de morir todo lo que vive

en el alma, poco y mucho, chico y grande, y el alma ha de quedar sin codicia de todo ello y tan desasida, como si ello no fuese para ella ni ella para ello. Lo cual nos enseña bien san Pablo ad Corinthios (1 Cor. 7, 29-31), diciendo: Lo que os digo, hermanos, es que el tiempo es breve; lo que resta y conviene es que los que tienen mujeres, sean como si no las tuviesen; y los que lloran por las cosas de este mundo, como si no llorasen; y los que huelgan, como si no holgasen; y los que compran, como si no poseyesen; y los que usan de este mundo, como si no usasen. Esto nos dice el Apóstol, enseñándonos cuán desasida nos conviene tener el alma de todas las cosas para ir a Dios.

CAPÍTULO 12

En que se trata cómo se responde a otra pregunta, declarando cuáles sean los apetitos que bastan (a) causar en el alma los daños dichos.

1. Mucho pudiéramos alargarnos en esta materia de la noche del sentido, diciendo de lo mucho que hay que decir de los daños que causan los apetitos, no sólo en las maneras dichas, sino en otras muchas. Pero, para lo que hace a nuestro propósito, lo dicho basta; porque parece queda dado a entender cómo se llama noche la mortificación de ellos y cuánto convenga entrar en esta noche para ir a Dios. Sólo lo que se ofrece, antes que tratemos del modo de entrar en ella, para concluir con esta parte, es una duda que podría ocurrir al lector sobre lo dicho.

2. Y es lo primero, si basta cualquier apetito para obrar y causar en el alma los dos males ya dichos, es a saber: privativo, que es privar al alma de la gracia de Dios, y el positivo, que es causar en ella los cinco daños principales que habemos dicho.

Lo segundo, si basta cualquier apetito, por mínimo que sea, y de cualquiera especie que sea, a causar todos estos (cinco daños) juntos, o solamente unos causan unos y otros otros, como unos causan tormento, otros cansancio, otros tiniebla, etc.

3. A lo cual respondiendo, digo a lo primero que, cuanto al daño privativo, que es privar al alma de Dios, solamente los apetitos

voluntarios que son de materia de pecado mortal pueden y hacen esto totalmente, porque ellos privan en esta vida al alma de la gracia y en la otra de la gloria, que es poseer a Dios.

A lo segundo digo que, así estos que son de materia de pecado mortal como los voluntarios de materia de pecado venial y los que son de materia de imperfección, cada uno de ellos basta para causar en el alma todos estos daños positivos juntos. Los cuales, aunque en cierta manera son privativos, llamámoslos aquí positivos, porque responden a la conversión de la criatura, así como el privativo responde a la aversión de Dios. Pero hay esta diferencia: que los apetitos de pecado mortal causan total ceguera, tormento e inmundicia y flaqueza, etc.; y los otros de materia de venial o imperfección no causan estos males en total y consumado grado, pues no privan de la gracia, de donde depende la posesión de ellos, porque la muerte de ella es vida de ellos; pero cáusanlos en el alma remisamente, según la remisión de la gracia que los tales apetitos causan en el alma. De manera que aquel apetito que más entibiare la gracia, más abundante tormento, ceguera y suciedad causará.

4. Pero es de notar que, aunque cada apetito causa estos males, que aquí llamamos positivos, unos hay que principal y derechamente causan unos, y otros otros, y los demás por el consiguiente. Porque, aunque es verdad que un apetito sensual causa todos estos males, pero principal y propiamente ensucia al alma y cuerpo. Y, aunque un apetito de avaricia también los causa todos, principal y derechamente causa (aflicción. Y, aunque un apetito de vanagloria, no más ni menos, los causa todos, principal y derechamente causa) tinieblas y ceguera. Y, aunque un apetito de gula los causa todos, principalmente causa tibieza en la virtud. Y así de los demás.

5. Y la causa por que cualquier acto de apetito voluntario produce en el alma todos estos efectos juntos, es por la contrariedad que derechamente tienen contra todos los actos de virtud que producen en el alma los efectos contrarios. Porque, así como un acto de virtud produce en el alma y cría juntamente suavidad, paz, consuelo, luz, limpieza y fortaleza, así un apetito desordenado causa tormento, fatiga, cansancio, ceguera y flaqueza. Todas las virtudes crecen en el ejercicio de una, y todos los vicios crecen en el de uno y los dejos de ellos en el alma. Y aunque todos estos males no se echan de ver al tiempo que se cumple el apetito, porque el gusto de él entonces no da lugar, pero antes o después bien se

sienten sus malos dejos. Lo cual se da muy bien a entender por aquel libro que mandó el ángel comer a san Juan en el Apocalipsis (10, 9), el cual en la boca le hizo dulzura y en el vientre le fue amargor. Porque el apetito, cuando se ejecuta, es dulce y parece bueno, pero después se siente su amargo efecto; lo cual podrá bien juzgar el que se deja llevar de ellos. Aunque no ignoro que hay algunos tan ciegos e insensibles que no lo sienten, porque, como no andan en Dios, no echan de ver lo que les impide a Dios.

6. De los demás apetitos naturales que no son voluntarios, y de los pensamientos que no pasan de primeros movimientos, y de otras tentaciones no consentidas no trato aquí, porque éstos ningún mal de los dichos causan al alma. Porque aunque a la persona por quien pasan le haga parecer la pasión y turbación que entonces le causan que la ensucian y ciegan, no es así, antes la causan los provechos contrarios. Porque, en tanto que los resiste, gana fortaleza, pureza, luz y consuelo y muchos bienes. Según lo cual dijo Nuestro Señor a san Pablo (2 Cor. 12, 9) que la virtud se perfeccionaba en la flaqueza. Mas los voluntarios, todos los dichos y más males hacen. Y por eso el principal cuidado que tienen los maestros espirituales es mortificar luego a sus discípulos de cualquiera apetito, haciéndoles quedar en vacío de lo que apetecían, por librarles de tanta miseria.

CAPÍTULO 13

En que se trata de la manera y modo que se ha de tener para entrar en esta noche del sentido.

1. Resta ahora dar algunos avisos para saber y poder entrar en esta noche del sentido. Para lo cual es de saber que el alma ordinariamente entra en esta noche sensitiva en dos maneras: la una es activa; la otra, pasiva.

Activa es lo que el alma puede hacer y hace de su parte para entrar en ella, de lo cual ahora trataremos en los avisos siguientes.

Pasiva es en que el alma no hace nada, sino Dios la obra en ella, y ella se ha como paciente. De la cual trataremos en el cuarto libro, cuando habemos de tratar de los principiantes. Y porque allí habemos, con el favor divino, de dar muchos avisos a los principiantes, según las muchas imperfecciones que suelen tener en este camino, no me alargaré aquí en dar muchos; y porque también no es tan propio de este lugar darlos, pues de presente sólo tratamos de las causas por qué se llama noche este tránsito, y cuál sea ésta, y cuántas sus partes.

Pero, porque parece quedaba muy corto y no de tanto provecho no dar luego algún remedio o aviso para ejercitar esta noche de apetitos, he querido poner aquí el modo breve que se sigue; y lo mismo haré al fin de cada una de esotras dos partes o causas de esta noche de que luego, mediante el Señor, tengo de tratar.

2. Estos avisos que aquí se siguen de vencer los apetitos, aunque son breves y pocos, yo entiendo que son tan provechosos y eficaces como compendiosos, de manera que el que de veras se quisiese ejercitar en ellos, no le harán falta otros ningunos, antes en éstos los abrazará todos.

3. Lo primero, traiga un ordinario apetito de imitar a Cristo en todas sus cosas, conformándose con su vida, la cual debe considerar para saberla imitar y haberse en todas las cosas como se hubiera él.

4. Lo segundo, para poder bien hacer esto, cualquiera gusto que se le ofreciere a los sentidos, como no sea puramente para honra y gloria de Dios, renúncielo y quédese vacío de él por amor de Jesucristo, el cual en esta vida no tuvo otro gusto, ni le quiso, que hacer la voluntad de su Padre, lo cual llamaba él su comida y manjar (Jn. 4, 34).

Pongo ejemplo: si se le ofreciere gusto de oír cosas que no importen para el servicio y honra de Dios, ni lo quiera gustar ni las quiera oír. Y si le diere gusto mirar cosas que no le ayuden (a amar) más a Dios, ni quiera el gusto ni mirar las tales cosas. Y si en el hablar otra cualquier cosa se le ofreciere, haga lo mismo; y en todos los sentidos, ni más ni menos, en cuanto lo pudiere excusar buenamente; porque si no pudiere, basta que no quiera gustar de ello, aunque estas cosas pasen por él.

Y de esta manera ha de procurar dejar luego mortificados y vacíos de aquel gusto a los sentidos, como a oscuras. Y con este cuidado en breve aprovechará mucho.

5. Y para mortificar y apaciguar las cuatro pasiones naturales, que son gozo, esperanza, temor y dolor, de cuya concordia y pacificación salen estos y los demás bienes, es total remedio lo que se sigue, y de gran merecimiento y causa de grandes virtudes.

6. Procure siempre inclinarse:

no a lo más fácil, sino a lo más dificultoso;
no a lo más sabroso, sino a lo más desabrido;
no a lo más gustoso, sino antes a lo que da menos gusto;
no a lo que es descanso, sino a lo trabajoso;
no a lo que es consuelo, sino antes al desconsuelo;
no a lo más, sino a lo menos;
no a lo más alto y precioso, sino a lo más bajo y despreciado;
no a lo que es querer algo, sino a no querer nada;
no andar buscando lo mejor de las cosas temporales, sino lo peor, y desear entrar en toda desnudez y vacío y pobreza por Cristo de todo cuanto hay en el mundo.

7. Y estas obras conviene las abrace de corazón y procure allanar la voluntad en ellas. Porque, si de corazón las obra, muy en breve vendrá a hallar en ellas gran deleite y consuelo, obrando ordenada y discretamente.

8. Lo que está dicho, bien ejercitado, bien basta para entrar en la noche sensitiva. Pero, para mayor abundancia, diremos otra manera de ejercicio que enseña a mortificar la concupiscencia de la carne, y la concupiscencia de los ojos, y la soberbia de la vida, que son las cosas que dice san Juan (1 Jn. 2, 16) reinan en el mundo, de las cuales proceden todos los demás apetitos.

9. Lo primero, procurar obrar en su desprecio y desear que todos lo hagan (y esto es contra la concupiscencia de la carne).

Lo segundo, procurar hablar en su desprecio y desear que todos lo hagan (y esto es contra la concupiscencia de los ojos).

Lo tercero, procurar pensar bajamente de sí en su desprecio y desear que todos lo hagan (también contra sí, y esto es contra la soberbia de la vida).

10. En conclusión de estos avisos y reglas conviene poner aquí aquellos versos que se escriben en la Subida del Monte, que es la figura que está al principio de este libro, los cuales son doctrina para subir a él, que es lo alto de la unión. Porque, aunque es verdad que allí habla de lo espiritual e interior, también trata del espíritu de imperfección según lo sensual y exterior, como se puede ver en los dos caminos que están en los lados de la senda de perfección. Y así, según ese sentido los entenderemos aquí, conviene a saber, según lo sensual. Los cuales, después, en la segunda parte de esta noche, se han de entender según lo espiritual.

11. Dice así:

Para venir a gustarlo todo,
no quieras tener gusto en nada.

Para venir a poseerlo todo,
no quieras poseer algo en nada.

Para venir a serlo todo,
no quieras ser algo en nada.

Para venir a saberlo todo,
no quieras saber algo en nada.

Para venir a lo que no gustas,
has de ir por donde no gustas.

Para venir a lo que no sabes,
has de ir por donde no sabes.

Para venir a lo que no posees,
has de ir por donde no posees.

Para venir a lo que no eres,
has de ir por donde no eres.

MODO PARA NO IMPEDIR AL TODO

12. Cuando reparas en algo,
dejas de arrojarte al todo.

Porque para venir del todo al todo
has de negarte del todo en todo.

Y cuando lo vengas del todo a tener,
has de tenerlo sin nada querer.

Porque, si quieres tener algo en todo,
no tienes puro en Dios tu tesoro.

13. En esta desnudez halla el espiritual su quietud y descanso, porque, no codiciando nada, nada le fatiga hacha arriba y nada le oprime hacia abajo, porque está en el centro de su humildad. Porque, cuando algo codicia, en eso mismo se fatiga.

CAPÍTULO 14

En el cual se declara el segundo verso de la canción:

Con ansias en amores inflamada.

1. Ya que habemos declarado el primer verso de esta canción, que trata de la noche sensitiva, dando a entender qué noche sea esta del sentido y por qué se llama noche; y también habiendo dado el orden y modo que se ha de tener para entrar en ella activamente, síguese ahora por su orden tratar de las propiedades y efectos de ella, que son admirables, los cuales se contienen en los versos siguientes de la dicha canción, los cuales yo apuntaré brevemente en gracia de declarar los dichos versos, como en el prólogo lo prometí, y pasaré luego adelante al segundo libro, el cual trata de la otra parte de esta noche que es la espiritual.

2. Dice, pues, el alma que con ansias, en amores inflamada pasó y salió en esta noche oscura del sentido a la unión del Amado. Porque para vencer todos los apetitos y negar los gustos de todas las cosas, con cuyo amor y afición se suele inflamar la voluntad para gozar de ellos, era menester otra inflamación mayor de otro amor mejor, que es el de su Esposo, para que, teniendo su gusto y fuerza en éste, tuviese valor y constancia para fácilmente negar todos los otros. Y no solamente era menester para vencer la fuerza de los apetitos sensitivos tener amor de su Esposo, sino estar

inflamada de amor y con ansias. Porque acaece, y así es, que la sensualidad con tantas ansias de apetito es movida y atraída a las cosas sensitivas, que, si la parte espiritual no está inflamada con otras ansias mayores de lo que es espiritual, no podrá vencer el yugo natural, ni entrar en esta noche del sentido, ni tendrá ánimo para se quedar a oscuras de todas las cosas, privándose del apetito de todas ellas.

3. Y cómo y de cuántas maneras sean estas ansias de amor que las almas tienen en los principios de este camino de unión; y las diligencias e invenciones que hacen para salir de su casa, que es la propia voluntad en la noche de la mortificación de sus sentidos; y cuán fáciles y aun dulces y sabrosos les hacen parecer estas ansias del Esposo todos los trabajos y peligros de esta noche, ni es de decir de este lugar, ni se puede decir; porque es mejor para tenerlo y considerarlo que para escribirlo. Y así, pasaremos a declarar los demás versos en el siguiente capítulo.

CAPÍTULO 15

En el cual se declaran los demás versos de la dicha canción:

¡Oh dichosa ventura!,
salí sin ser notada
estando ya mi casa sosegada.

1. Toma por metáfora el mísero estado del cautiverio, del cual el que se libra tiene por dichosa ventura, sin que se lo impida alguno de los prisioneros. Porque el alma, después del primer pecado original, verdaderamente está como cautiva en este cuerpo mortal, sujeta a las pasiones y apetitos naturales, del cerco y sujeción de los cuales tiene ella por dichosa ventura haber salido sin ser notada, esto es, sin ser de ninguno de ellos impedida ni comprehendida.

2. Porque para esto le aprovechó salir en la noche oscura, que es en la privación de todos los gustos y mortificación de todos los apetitos, de la manera que habemos dicho. Y esto, estando ya su casa sosegada, conviene a saber, la parte sensitiva, que es la casa de todos los apetitos, ya sosegada por el vencimiento y adormecimiento de todos ellos. Porque hasta que los apetitos se

adormezcan por la mortificación en la sensualidad, y la misma sensualidad esté ya sosegada de ellos, de manera que ninguna guerra haga al espíritu, no sale el alma a la verdadera libertad, a gozar de la unión de su Amado.

FIN DEL LIBRO PRIMERO

LIBRO SEGUNDO

En que trata del medio próximo para subir a la unión de Dios, que es la fe; y así se trata de la segunda parte de esta noche, que decíamos pertenecer el espíritu, contenida en la segunda canción, que es la que se sigue.

CANCIÓN SEGUNDA

CAPÍTULO 1

A oscuras y segura,
por la secreta escala, disfrazada,
¡oh dichosa ventura!,
a oscuras y en celada,
estando ya mi casa sosegada.

1. En esta segunda canción canta el alma la dichosa ventura que tuvo en desnudar el espíritu de todas las imperfecciones espirituales y apetitos de propiedad en lo espiritual. Lo cual le fue muy mayor ventura, por la mayor dificultad que hay en sosegar esta casa de la parte espiritual, y poder entrar en esta oscuridad interior, que es la desnudez espiritual de todas las cosas, así sensuales como espirituales, sólo estribando en pura fe y subiendo por ella a Dios.

Que, por eso, la llama aquí escala y secreta, porque todos los grados y artículos que ella tiene son secretos y escondidos a todo sentido y entendimiento. Y así, se quedó ella a oscuras de toda lumbre de sentido y entendimiento, saliendo de todo límite natural y racional para subir por esta divina escala de la fe, que escala y penetra hasta lo profundo de Dios (1 Cor. 2, 10).

Por lo cual dice que iba disfrazada, porque llevaba el traje y vestido y término natural mudado en divino, subiendo por fe. Y así era causa este disfraz de no ser conocida ni detenida de lo temporal, ni de lo racional, ni del demonio, porque ninguna de estas cosas puede dañar al que camina en fe.

Y no sólo eso, sino que va el alma tan encubierta y escondida y ajena de todos los engaños del demonio, que verdaderamente camina, como también aquí dice, a oscuras y en celada, es a saber, para el demonio, al cual la luz de la fe le es más que tinieblas. Y así, el alma que por ella camina le podemos decir que en celada y encubierta al demonio camina, como adelante se verá más claro.

2. Por eso dice que salió a oscuras y segura, porque el que tal ventura tiene que puede caminar por la oscuridad de la fe, tomándola por guía de ciego, saliendo él de todas las fantasmas naturales y razones espirituales, camina muy al seguro, como habemos dicho.

Y así dice que también salió por esta noche espiritual estando ya su casa sosegada, es a saber, la parte espiritual y racional, de la cual, cuando el alma llega a la unión de Dios, tiene sosegadas sus potencias naturales, y los ímpetus y ansias en la parte espiritual. Que por eso no dice aquí que salió con ansias, como en la primera noche del sentido, porque, para ir en la noche del sentido y desnudarse de lo sensible, eran menester ansias de amor sensible para acabar de salir; pero, para acabar de sosegar la casa del espíritu, sólo se requiere negación de todas las potencias y gustos y apetitos espirituales en pura fe. Lo cual hecho, se junta el alma con el Amado en una unión de sencillez, y pureza, y amor, y semejanza.

3. Y es de saber que la primera canción, hablando acerca de la parte sensitiva, dice que salió en noche oscura; y aquí, hablando acerca de la parte espiritual, dice que salió a oscuras, por ser muy mayor la tiniebla de la parte espiritual, así como la oscuridad es mayor tiniebla que la de la noche, porque, por oscura que una noche sea, todavía se ve algo, pero en la oscuridad no se ve nada. Y así, en la noche del sentido todavía queda alguna luz, porque queda el entendimiento y razón, que no se ciega. Pero esta noche espiritual, que es la fe, todo lo priva, así en entendimiento como en sentido. Y, por eso, dice el alma en ésta que iba a oscuras y segura, lo cual no lo dijo en la otra; porque cuanto menos el alma obra con habilidad propia, va más segura, porque va más en fe.

Y esto se irá bien declarando por extenso en este segundo libro, en el cual será necesario que el devoto lector vaya con atención, porque en él se han de decir cosas bien importantes para el verdadero espíritu. Y, aunque ellas son algo oscuras, de tal manera se abre camino de unas para otras, que entiendo se entenderá todo muy bien.

CAPÍTULO 2

En que se comienza a tratar de la segunda parte o causa de esta noche, que es la fe. Prueba con dos razones cómo es más oscura que la primera y que la tercera.

1. Síguese ahora tratar de la (segunda) parte de esta noche, que es la fe, la cual es el admirable medio que decíamos para ir al término que es Dios, el cual decíamos era también para el alma naturalmente tercera causa o parte de esta noche.

Porque la fe, que es el medio, es comparada a la media noche. Y así podemos decir que para el alma es más oscura que la primera y, en cierta manera, que la tercera. Porque la primera, que es la del sentido, es comparada a la prima de la noche, que es cuando cesa la vista de todo objeto sensitivo, y así no está tan remota de la luz como la media noche.

La tercera parte, que es el antelucano, que es ya lo que está próximo a la luz del día, no es tan oscuro como la media noche, pues ya está inmediata a la ilustración e información de la luz del día, y ésta es comparada a Dios. Porque, aunque es verdad que Dios es para el alma tan oscura noche como la fe, hablando naturalmente, pero, porque, acabadas ya estas tres partes (de la noche), que para el alma lo son naturalmente, ya va Dios ilustrando al alma sobrenaturalmente con el rayo de su divina luz, lo cual es el principio de la perfecta unión que se sigue pasada la tercera noche, se puede decir que es menos oscura.

2. Es también más oscura que la primera, porque ésta pertenece a la parte inferior del hombre, que es la sensitiva y, por consiguiente, más exterior; y esta segunda de la fe pertenece a la parte superior del hombre, que es la racional y, por el consiguiente, más interior y más oscura, porque la priva de la luz racional, o, por mejor decir, la

ciega. Y así, es bien comparada a la media noche, que es lo más adentro y más oscuro de la noche.

3. Pues esta segunda parte de la fe habemos ahora de probar cómo es noche para el espíritu, así como la primera lo es para el sentido. Y luego también diremos los contrarios que tiene, y cómo se ha de disponer el alma activamente para entrar en ella. Porque de lo pasivo, que es lo que Dios hace sin ella para meterla en ella, allá diremos en su lugar, que entiendo será el tercer libro.

CAPÍTULO 3

Cómo la fe es noche oscura para el alma. Pruébalo con razones y autoridades y figuras de la Sagrada Escritura.

1. La fe dicen los teólogos que es un hábito del alma cierto y oscuro. Y la razón de ser hábito oscuro es porque hace creer verdades reveladas por el mismo Dios, las cuales son sobre toda luz natural y exceden todo humano entendimiento sin alguna proporción.

De aquí es que, para el alma, esta excesiva luz que se le da de fe le es oscura tiniebla, porque lo más priva (y vence) lo menos, así como la luz del sol priva otras cualesquier luces, de manera que no parezcan luces cuando ella luce, y vence nuestra potencia visiva, de manera que antes la ciega y priva de la vista que se le da, por cuanto su luz es muy desproporcionada y excesiva a la potencia visiva. Así, la luz de la fe, por su grande exceso, oprime y vence la del entendimiento, la cual sólo se extiende de suyo a la ciencia natural; aunque tiene potencia para la sobrenatural, para cuando Nuestro Señor la quisiere poner en acto sobrenatural.

2. De donde ninguna cosa, de suyo, puede saber sino por vía natural; lo cual es sólo lo que alcanza por los sentidos, para lo cual ha de tener los fantasmas y las figuras de los objetos presentes en sí o en sus semejantes, y de otra manera, no; porque, como dicen los filósofos: *ab obiecto et potentia paritur notitia*, esto es: del objeto presente y de la potencia nace en el alma la noticia. De donde, si a uno le dijesen cosas que él nunca alcanzó a conocer ni jamás vio semejanza de ellas, en ninguna manera le quedaría más luz de ellas que si no se las hubiesen dicho.

Pongo ejemplo: si a uno le dijesen que en cierta isla hay un animal que él nunca vio, si no le dicen de aquel animal alguna semejanza que él haya visto en otros, no le quedará más noticia ni figura de aquel animal que antes, aunque más le estén diciendo de él.

Y por otro ejemplo más claro se entenderá mejor. Si a uno que nació ciego, el cual nunca vio color alguno, le estuviesen diciendo cómo es el color blanco o el amarillo, aunque más le dijesen, no entendería más así que así, porque nunca vio los tales colores ni sus semejanzas, para poder juzgar de ellos; solamente se le quedaría el nombre de ellos, porque aquello púdolo percibir con el oído; mas la forma y figura no, porque nunca la vio.

3. De esta manera es la fe para con el alma, que nos dice cosas que nunca vimos ni entendimos en sí ni en sus semejanzas, pues no la tienen. Y así, de ella no tenemos luz de ciencia natural, pues a ningún sentido es proporcionado lo que nos dice; pero sabémoslo por el oído, creyendo lo que nos enseña, sujetando y cegando nuestra luz natural. Porque, como dice San Pablo (Rm. 10, 17), fides ex auditu, como si dijera: la fe no es ciencia que entra por ningún sentido, sino sólo es consentimiento del alma de lo que entra por el oído.

4. Y aun la fe excede mucho más de lo que dan a entender los ejemplos dichos; porque, no solamente no hace noticia, y ciencia, pero, como habemos dicho, priva y ciega de otras cualesquier noticias y ciencia, para que puedan bien juzgar de ella. Porque otras ciencias con la luz del entendimiento se alcanzan; mas ésta de la fe sin la luz del entendimiento se alcanza, negándola por la fe, y con la luz propia se pierde, si no se oscurece. Por lo cual dijo Isaías (7, 9): Si non credideritis, non intelligetis, esto es: Si no creyéredes, no entenderéis.

Luego claro está que la fe es noche oscura para el alma, y de esta manera la da luz; y cuanto más la oscurece más luz la da de sí, porque cegando la (da) luz, según este dicho de Isaías (7, 9): Porque si no creyéredes, (no entenderéis), esto es, no tendréis luz. Y así fue figurada la fe por aquella nube que dividía los hijos de Israel y a los egipcios al punto de entrar en el Mar Bermejo, de la cual dice la sagrada Escritura (Ex. 14, 20) que era nubes tenebrosa et illuminans noctem; quiere decir que aquella nube era tenebrosa y alumbradora a la noche.

5. Admirable cosa es que, siendo tenebrosa, alumbrase la noche; esto era porque la fe, que es nube oscura y tenebrosa para el alma -la cual es también noche, pues, en presencia de la fe, de su luz natural queda privada y ciega-, con su tiniebla alumbra y da luz a la tiniebla del alma. Porque así convenía que fuese semejante al maestro el discípulo (Lc. 6, 40). Porque el hombre que está en tiniebla no podía convenientemente ser alumbrado sino por otra tiniebla, según nos lo enseña David (Sal. 18, 3), diciendo: Dies diei eructat verbum et nox nocti indicat scientiam; quiere decir: El día rebosa y respira palabra al día, y la noche muestra ciencia a la noche. Que, hablando más claro, quiere decir: el día, que es Dios, en la bienaventuranza, donde ya es de día, a los bienaventurados ángeles y almas que ya son día, les comunica y pronuncia la Palabra, que es su Hijo, para que le sepan y le gocen. Y la noche, que es la fe, en la iglesia militante, donde aún es de noche, muestra ciencia a la Iglesia y, por consiguiente, a cualquiera alma, la cual le es noche, pues está privada de la clara sabiduría beatifica; y en presencia de la fe, de su luz natural está ciega.

6. De manera que lo que de aquí se ha de sacar es que la fe, porque es noche oscura, da luz al alma, que está a oscuras, porque se venga a verificar lo que también dice David (Sal. 138, 11) a este propósito, diciendo: Nox illuminatio mea in deliciis meis, que quiere decir: La noche será mi iluminación en mis deleites; lo cual es tanto como decir: en los deleites de mi pura contemplación y unión con Dios, la noche de la fe será mi guía. En lo cual claramente da a entender que el alma ha de estar en tiniebla para tener luz para este camino.

CAPÍTULO 4

Trata en general cómo también el alma ha de estar a oscuras, en cuanto es de su parte, para ser bien guiada por la fe a suma contemplación.

1. Creo se va ya dando a entender algo cómo la fe es oscura noche para el alma y cómo también el alma ha de ser oscura o estar a oscuras de su luz para que de la fe se deje guiar a este alto término de unión. Pero para que eso el alma sepa hacer, convendrá ahora ir declarando esta oscuridad que ha de tener el alma algo más

menudamente para entrar en este abismo de la fe. Y así, en este capítulo hablaré en general de ella, y adelante, con el favor divino, iré diciendo más en particular el modo que se ha de tener para no errar en ella ni impedir a tal guía.

2. Digo, pues, que el alma, para haberse de guiar bien por la fe a este estado, no sólo se ha de quedar a oscuras según aquella parte que tiene respecto a las criaturas y a lo temporal, que es la sensitiva e inferior, de que habemos ya tratado sino que también se ha de cegar y oscurecer también según la parte que tiene respecto a Dios y a lo espiritual, que es la racional y superior, de que ahora vamos tratando. Porque, para venir un alma a llegar a la transformación sobrenatural, claro está que ha de oscurecerse y trasponerse a todo lo que contiene su natural, que es sensitivo y racional; porque sobrenatural eso quiere decir, que sube sobre el natural; luego el natural abajo queda.

Porque, como quiera que esta transformación y unión es cosa que no puede caer en sentido y habilidad humana, ha de vaciarse de todo lo que puede caer en ella perfectamente y voluntariamente, ahora sea de arriba, ahora de abajo, según el afecto, digo, y voluntad, en cuanto es de su parte; porque a Dios, ¿quién le quitará que él no haga lo que quisiere en el alma resignada, aniquilada y desnuda?

Pero de todo se ha de vaciar como sea cosa que puede caer en su capacidad, de manera que, aunque más cosas sobrenaturales vaya teniendo, siempre se ha de quedar como desnuda de ellas y a oscuras, así como el ciego, arrimándose a la fe oscura, tomándola por guía y luz, y no arrimándose a cosa de las que entiende, gusta y siente e imagina. Porque todo aquello es tiniebla, que la hará errar; y la fe es sobre todo aquel entender y gustar y sentir e imaginar. Y si en esto no se ciega, quedándose a oscuras totalmente, no viene a lo que es más, que es lo que enseña la fe.

3. El ciego, si no es bien ciego, no se deja bien guiar del mozo de ciego, sino que, por un poco que ve, piensa que por cualquiera parte que ve, por allí es mejor ir, porque no ve otras mejores; y así puede hacer errar al que le guía y ve más que él, porque, en fin, puede mandar más que el mozo de ciego. Y así, el alma, si estriba en algún saber suyo o gustar o saber de Dios, como quiera que ello, aunque más sea, sea muy poco y disímil de lo que es Dios para ir

por este camino, fácilmente yerra o se detiene, por no se querer quedar bien ciega en fe, que es su verdadera guía.

4. Porque eso quiso decir también san Pablo (Heb. 11, 6), cuando dijo: Accedentem ad Deum oportet credere quod est; quiere decir: Al que se ha de ir uniendo a Dios, conviénele que crea su ser. Como si dijera: el que se ha de venir a juntar en una unión con Dios no ha de ir entendiendo ni arrimándose al gusto, ni al sentido, ni a la imaginación, sino creyendo su ser, que no cae en entendimiento, ni apetito, ni imaginación, ni otro algún sentido, ni en esta vida se puede saber; antes en ella lo más alto que se puede sentir y gustar, etc., de Dios, dista en infinita manera de Dios y del poseerle puramente. Isaías (54, 4) y san Pablo (1 Cor. 2, 9) dicen: Nec oculus vidit, nec auris audivit, neque in cor hominis ascendit, quae praeparavit Deus iis qui diligunt illum; que quiere decir: lo que Dios tiene aparejado para los que le aman, ni ojo jamás lo vio, ni oído lo oyó, ni cayó en corazón ni pensamiento de hombre. Pues, como quiera que el alma pretenda unirse por gracia perfectamente en esta vida con aquello que por gloria ha de estar unida en la otra (lo cual, como aquí dice san Pablo, no vio ojo, ni oyó oído, ni cayó en corazón de hombre en carne) claro está que, para venir a unirse en esta vida con ello por gracia y por amor perfectamente, ha de ser a oscuras de todo cuanto puede entrar por el ojo, y de todo lo que se puede recibir con el oído, y se puede imaginar con la fantasía, y comprehender con el corazón, que aquí significa el alma.

Y así, grandemente se estorba una alma para venir a este alto estado de unión con Dios cuando se ase a algún entender, o sentir, o imaginar, o parecer, o voluntad, o modo suyo, o cualquiera otra cosa u obra propia, no sabiéndose desasir y desnudar de todo ello. Porque, como decimos, a lo que va, es sobre todo eso, aunque sea lo más que se puede saber o gustar; y así, sobre todo se ha de pasar al no saber.

5. Por tanto, en este camino el entrar en camino es dejar su camino, o, por mejor decir, es pasar al término; y dejar su modo, es entrar en lo que no tiene modo, que es Dios; porque el alma que a este estado llega, ya no tiene modos ni maneras, ni menos se ase ni puede asir a ellos. Digo modos de entender, ni de gustar, ni de sentir, aunque en sí encierra todos los modos, al modo del que no tiene nada, que lo tiene todo; porque, teniendo ánimo para pasar de su limitado natural interior y exteriormente, entra en límite sobrenatural que no tiene modo alguno, teniendo en sustancia

todos los modos. De donde el venir aquí es el salir de allí, y de aquí y de allí saliendo de sí muy lejos, de eso bajo para esto sobre todo alto.

6. Por tanto, trasponiéndose a todo lo que espiritual y naturalmente puede saber y entender, ha de desear el alma con todo deseo venir a aquello que en esta vida no puede saber ni caer en su corazón, y dejando atrás todo lo que temporal y espiritualmente gusta y siente y puede gustar y sentir en esta vida, ha de desear con todo deseo venir a aquello que excede todo sentimiento y gusto. Y, para quedar libre y vacía para ello, en ninguna manera ha de hacer presa en cuanto en su alma recibiere espiritual o sensitivamente, como declararemos luego, cuando esto tratemos en particular, teniéndolo todo por mucho menos. Porque, cuanto más piensa que es aquello que entiende, gusta e imagina, y cuanto más lo estima, ahora sea espiritual, ahora no, tanto más quita del supremo bien y más se retarda de ir a él. Y cuanto menos piensa qué es lo que puede tener, por más que ello sea, en respecto del sumo bien, tanto más pone en él y le estima, y, por el consiguiente, tanto más se llega a él. Y de esta manera, a oscuras, grandemente se acerca el alma a la unión por medio de la fe, que también es oscura, y de esta manera la da admirable luz la fe. Cierto que, si el alma quisiese ver, harto más presto se oscurecería acerca de Dios que el que abre los ojos a ver el gran resplandor del sol.

7. Por tanto, en este camino, cegándose en sus potencias, ha de ver luz, según lo que el Salvador dice en el Evangelio (Jn. 9, 39) de esta manera: In iudicium veni in hunc mundum: ut qui non vident, videant, et qui vident caeci fiant, esto es: Yo he venido a este mundo para juicio; de manera que los que no ven vean, y los que ven, se hagan ciegos. Lo cual, así como suena, se ha de entender acerca de este camino espiritual: que el alma, conviene saber, que estuvierea oscuras y se cegare en todas sus luces propias y naturales, verá sobrenaturalmente, y la que a alguna luz suya se quisiere arrimar, tanto más cegará y se detendrá en el camino de la unión.

8. Y para que procedamos menos confusamente, paréceme será necesario dar a entender en el siguiente capítulo qué cosa sea esto que llamamos unión del alma con Dios; porque, entendido esto, se dará mucha luz en lo que de aquí adelante iremos diciendo; y así entiendo viene bien aquí el tratar de ella como en su propio lugar. Porque, aunque se corta el hilo de lo que vamos tratando, no es

fuera de propósito, pues en este lugar sirve para dar luz en lo mismo que se va tratando; y así, servirá el capítulo infrascrito como de paréntesis, puesto entre una misma entimema, pues luego habemos de venir a tratar en particular de las tres potencias del alma respecto de las tres virtudes teologales acerca de esta segunda noche.

CAPÍTULO 5

En que se declara qué cosa sea unión del alma con Dios. Pone una comparación.

1. Por lo que atrás queda dicho, en alguna manera se da a entender lo que aquí entendemos por unión del alma con Dios, y por eso se entenderá aquí mejor lo que dijéremos de ella. Y no es ahora mi intento tratar de las divisiones de ella ni de sus partes, porque sería nunca acabar si ahora me pusiese a declarar cuál sea la unión del entendimiento, y cuál según la voluntad, y cuál también según la memoria, y cuál la transeúnte, y cuál la permanente en las dichas potencias; y luego cuál sea la total transeúnte y permanente según las dichas potencias juntas. De eso a cada paso iremos tratando en el discurso, ahora de lo uno, ahora de lo otro, pues ahora no hace al caso para dar a entender lo que aquí habemos de decir de ellas, y muy mejor se dará a entender en sus lugares, cuando, yendo tratando de la misma materia, tengamos el ejemplo vivo junto al entendimiento presente, y allí se notará y entenderá cada cosa y se juzgará mejor de ella.

2. Ahora sólo trato de esta unión total y permanente según la sustancia del alma y sus potencias en cuanto al hábito oscuro de unión; porque en cuanto al acto, después diremos, con el favor divino, cómo no puede haber unión permanente en las potencias en esta vida, sino transeúnte.

3. Para entender, pues, cuál sea esta unión de que vamos tratando, es de saber que Dios, en cualquiera alma, aunque sea la del mayor pecador del mundo, mora y asiste sustancialmente. Y esta manera de unión siempre está hecha entre Dios y las criaturas todas, en la cual les está conservando el ser que tienen; de manera que si de esta manera faltase, luego se aniquilarían y dejarían de ser. Y así, cuando hablamos de unión del alma con Dios, no hablamos de esta

sustancial, que siempre está hecha, sino de la unión y transformación del alma con Dios, que no está siempre hecha, sino sólo cuando viene a haber semejanza de amor. Y, por tanto, ésta se llamará unión de semejanza, así como aquélla, unión esencial o sustancial; aquélla, natural; ésta, sobrenatural; la cual es cuando las dos voluntades, conviene a saber, la del alma y la de Dios, están en uno conformes, no habiendo en la una cosa que repugne a la otra. Y así, cuando el alma quitare de sí totalmente lo que repugna y no conforma con la voluntad divina, quedará transformada en Dios por amor.

4. Esto se entiende, no sólo lo que repugna según el acto, sino también según el hábito. De manera que no sólo los actos voluntarios de imperfección le han de faltar, mas los hábitos de esas cualesquier imperfecciones ha de aniquilar. Y por cuanto toda cualquier criatura, todas las acciones y habilidades de ellas no cuadran ni llegan a lo que es Dios, por eso se ha de desnudar el alma de toda criatura y acciones y habilidades suyas, conviene a saber: de su entender, gustar y sentir, para que, echado todo lo que es disímil y disconforme a Dios, venga a recibir semejanza de Dios, no quedando en ella cosa que no sea voluntad de Dios; y así se transforma en Dios.

De donde, aunque es verdad que, como habemos dicho, está Dios siempre en el alma dándole y conservándole el ser natural de ella con su asistencia, no, empero, siempre la comunica el ser sobrenatural. Porque éste no se comunica sino por amor y gracia, en la cual no todas las almas están; y las que están, no en igual grado, porque unas están en más, otras en menos grados de amor. De donde a aquella alma se comunica Dios más que está más aventajada en amor, lo cual es tener más conforme su voluntad con la de Dios. Y la que totalmente la tiene conforme y semejante, totalmente está unida y transformada en Dios sobrenaturalmente.

Por lo cual, según ya queda dado a entender, cuanto una alma más vestida está de criaturas y habilidades de ella, según el afecto y el hábito, tanto menos disposición tiene para la tal unión, porque no da total lugar a Dios para que la transforme en lo sobrenatural. De manera que el alma no ha menester más que desnudarse de estas contrariedades y disimilitúdines naturales, para que Dios, que se le está comunicando naturalmente por naturaleza, se le comunique sobrenaturalmente por gracia.

5. Y esto es lo que quiso dar a entender san Juan (1, 13) cuando dijo: Qui non ex sanguinibus, neque ex voluntate carnis, neque ex voluntate viri, sed ex Deo nati sunt; como si dijera; Dio poder para que puedan ser hijos de Dios, esto es, se puedan transformar en Dios, solamente aquellos que no de las sangres, esto es, que no de las complexiones y composiciones naturales son nacidos, ni tampoco de la voluntad de la carne, esto es, del albedrío de la habilidad y capacidad natural, ni menos de la voluntad del varón; en lo cual se incluye todo modo y manera de arbitrar y comprehender con el entendimiento. No dio poder a ningunos de éstos para poder ser hijos de Dios, sino a los que son nacidos de Dios, esto es, a los que, renaciendo por gracia, muriendo primero a todo lo que es hombre viejo (cf. Ef. 4, 22), se levantan sobre sí a lo sobrenatural, recibiendo de Dios la tal renacencia y filiación, que es sobre todo lo que se puede pensar. Porque, como el mismo san Juan (3, 5) dice en otra parte: Nisi quis renatus fuerit ex aqua, et Spiritu Sancto, non potest videre regnum Dei; quiere decir: El que no renaciere en el Espíritu Santo, no podrá ver este reino de Dios, que es el estado de perfección. Y renacer en el Espíritu Santo en esta vida, es tener un alma simílima a Dios en pureza, sin tener en sí alguna mezcla de imperfección, y así se puede hacer pura transformación por participación de unión, aunque no esencialmente.

6. Y para que se entienda mejor lo uno y lo otro, pongamos una comparación. Está el rayo del sol dando en una vidriera. Si la vidriera tiene algunos velos de manchas o nieblas, no la podrá esclarecer y transformar en su luz totalmente como si estuviera limpia de todas aquellas manchas y sencilla. Antes tanto menos la esclarecerá cuanto ella estuviere menos desnuda de aquellos velos y manchas, y tanto más cuanto más limpia estuviere. Y no quedará por el rayo, sino por ella; tanto, que, si ella estuviere limpia y pura del todo, de tal manera la transformará y esclarecerá el rayo, que parecerá el mismo rayo y dará la misma luz que el rayo. Aunque, a la verdad, la vidriera, aunque se parece al mismo rayo, tiene su naturaleza distinta del mismo rayo: mas podemos decir que aquella vidriera es rayo de luz por participación. Y así, el alma es como esta vidriera, en la cual siempre está embistiendo o, por mejor decir, en ella está morando esta divina luz del ser de Dios por naturaleza, que habemos dicho.

7. En dando lugar el alma (que es quitar de sí todo velo y mancha de criatura, lo cual consiste en tener la voluntad perfectamente unida con la de Dios, porque el amar es obrar en despojarse y

desnudarse por Dios de todo lo que no es Dios) luego queda esclarecida y transformada en Dios, y le comunica Dios su ser sobrenatural de tal manera, que parece el mismo Dios y tiene lo que tiene el mismo Dios. Y se hace tal unión cuando Dios hace al alma esta sobrenatural merced, que todas las cosas de Dios y el alma son unas en transformación participante. Y el alma más parece Dios que alma, y aun es Dios por participación; aunque es verdad que su ser naturalmente tan distinto se le tiene del de Dios como antes, aunque está transformada, como también la vidriera le tiene distinto del rayo, estando de él clarificada.

8. De aquí queda ahora más claro que la disposición para esta unión, como decíamos, no es el entender del alma, ni gustar, ni sentir, ni imaginar de Dios ni de otra cualquiera cosa, sino la pureza y amor, que es desnudez y resignación perfecta de lo uno y de lo otro sólo por Dios; y cómo no puede haber perfecta transformación si no hay perfecta pureza; y cómo según la proporción de la pureza será la ilustración, iluminación y unión del alma con Dios, en más o en menos; aunque no será perfecta, como digo, si del todo no está perfecta, y clara y limpia.

9. Lo cual también se entenderá por esta comparación. Está una imagen muy perfecta con muchos y muy subidos primores y delicados y sutiles esmaltes, y algunos tan primos y tan sutiles, que no se pueden bien acabar de determinar por su delicadez y excelencia. A esta imagen, el que tuviere menos clara y purificada vista, menos primores y delicadez echará de ver en la imagen; y el que la tuviere algo más pura, echará de ver más primores y perfecciones en ella; y si otro la tuviere aún más pura, verá aun más perfección; y, finalmente, el que más clara y limpia potencia tuviere, irá viendo más primores y perfecciones; porque en la imagen hay tanto que ver, que, por mucho que se alcance, queda para poderse mucho más alcanzar de ella.

10. De la misma manera podemos decir que se han las almas con Dios en esta ilustración o transformación. Porque, aunque es verdad que un alma, según su poca o mucha capacidad, puede haber llegado a unión, pero no en igual grado todas, porque esto es como el Señor quiere dar a cada una. Es a modo de como le ven en el cielo, que unos ven más, otros menos; pero todos ven a Dios y todos están contentos, porque tienen satisfecha su capacidad.

11. De donde, aunque acá en esta vida hallemos algunas almas con igual paz y sosiego en estado de perfección, y cada una esté satisfecha, con todo eso, podrá la una de ellas estar muchos grados más levantada que la otra y estar igualmente satisfechas, por cuanto tienen satisfecha su capacidad. Pero la que no llega a pureza competente a su capacidad, nunca llega a la verdadera paz y satisfacción, pues no ha llegado a tener la desnudez y vacío en sus potencias, cual se requiere para la sencilla unión.

CAPÍTULO 6

En que se trata cómo las tres virtudes teologales son las que han de poner en perfección las tres potencias del alma, y cómo en ellas hacen vacío las dichas virtudes.

1. Habiendo, pues, de tratar de inducir las tres potencias del alma, entendimiento, memoria y voluntad, en esta noche espiritual, que es el medio de la divina unión, necesario es primero dar a entender en este capítulo cómo las tres virtudes teologales, fe, esperanza y caridad (que tienen respecto a las dichas tres potencias como propios objetos sobrenaturales, y mediante las cuales el alma se une con Dios según sus potencias), hacen el mismo vacío y oscuridad cada una en su potencia: la fe en el entendimiento, la esperanza en la memoria y la caridad en la voluntad. Y después iremos tratando cómo se ha de perfeccionar el entendimiento en la tiniebla de la fe, y cómo la memoria en el vacío de la esperanza, y cómo también se ha de enterar la voluntad en la carencia y desnudez de todo afecto para ir a Dios. Lo cual hecho, se verá claro cuánta necesidad tiene el alma, para ir segura en este camino espiritual, de ir por esta noche oscura arrimada a estas tres virtudes, que la vacían de todas las cosas y oscurecen en ellas. Porque, como habemos dicho, el alma no se une con Dios en esta vida por el entender, ni por el gozar, ni por el imaginar, ni por otro cualquier sentido, sino sólo por la fe según el entendimiento, y por esperanza según la memoria, y por amor según la voluntad.

2. Las cuales tres virtudes todas hacen, como habemos dicho, vacío en las potencias: la fe en el entendimiento, vacío y oscuridad de entender; la esperanza hace en la memoria vacío de toda posesión; y la caridad, vacío en la voluntad y desnudez de todo afecto y gozo de todo lo que no es Dios.

Porque la fe ya vemos que nos dice lo que no se puede entender con el entendimiento. Por lo cual san Pablo dice de ella ad Hebraeos (11, 1) de esta manera: Fides est sperandarum substantia rerum, argumentum non apparentium; que a nuestro propósito quiere decir que la fe es sustancia de las cosas que se esperan. Y aunque el entendimiento con firmeza y certeza consiente en ellas, no son cosas que al entendimiento se le descubren, porque si se le descubriesen, no sería fe; la cual, aunque le hace cierto al entendimiento, no le hace claro, sino oscuro.

3. Pues de la esperanza no hay duda sino que también pone a la memoria en vacío y tiniebla de lo de acá y de lo de allá. Porque la esperanza siempre es de lo que no se posee, porque, si se poseyese, ya no sería esperanza. De donde san Pablo dice ad Romanos (8, 24): Spes, quae videtur, non est spes; nam quod videt quis, quid sperat?; es a saber: La esperanza que se ve, no es esperanza; porque lo que uno ve, esto es, lo que posee, ¿cómo lo espera? Luego también hace vacío esta virtud, pues es de lo que no se tiene, y no de lo que se tiene.

4. La caridad, ni más ni menos, hace vacío en la voluntad de todas las cosas, pues nos obliga a amar a Dios sobre todas ellas, lo cual no puede ser sino apartando el afecto de todas ellas, para ponerle entero en Dios. De donde dice Cristo por san Lucas (14, 33): Qui non renuntiat omnibus quae possidet, non potest meus esse discipulus, que quiere decir: El que no renuncia todas las cosas que posee con la voluntad, no puede ser mi discípulo. Y así todas estas tres virtudes ponen al alma en oscuridad y vacío de todas las cosas.

5. Y aquí debemos notar aquella parábola que nuestro Redentor dijo por san Lucas a los once capítulos (v. 5), en que dijo que el amigo había de ir a la media noche a pedir los tres panes a su amigo, los cuales panes significan estas tres virtudes. Y dijo que a la media noche los pedía, para dar a entender que el alma a oscuras de todas las cosas, según sus potencias, ha de adquirir estas tres virtudes y en esa noche se ha de perfeccionar en ellas. En el capítulo sexto de Isaías (v. 2) leemos que los dos serafines que este profeta vio a los lados de Dios, cada uno con seis alas, que con las dos cubrían sus pies, que significaba cegar y apagar los afectos de la voluntad acerca de todas las cosas para con Dios; y con las dos cubrían su rostro, que significaba la tiniebla del entendimiento delante de Dios; y que con las otras dos volaban,

para dar a entender el vuelo de la esperanza a las cosas que no se poseen, levantada sobre todo lo que se puede poseer de acá y de allá, fuera de Dios.

6. A estas tres virtudes, pues, habemos de inducir las tres potencias del alma, informando a cada cual en cada una de ellas, desnudándola y poniéndola a oscuras de todo lo que no fueren estas tres virtudes. Y ésta es la noche espiritual que arriba llamamos activa, porque el alma hace lo que es de su parte para entrar en ella. Y así como en la noche sensitiva damos modo de vaciar las potencias sensitivas de sus objetos visibles según el apetito, para que el alma saliese de su término al medio, que es la fe, así en esta noche espiritual daremos, con el favor de Dios, modo cómo las potencias espirituales se vacíen y purifiquen de todo lo que no es Dios y se queden puestas en la oscuridad de estas tres virtudes, que son el medio, como habemos dicho, y disposición para la unión del alma con Dios.

7. En la cual manera se halla toda seguridad contra las astucias del demonio y contra la eficacia del amor propio y sus ramas, que es lo que sutilísimamente suele engañar e impedir el camino a los espirituales, por no saber ellos desnudarse, gobernándose según estas tres virtudes; y así, nunca acaban de dar en la sustancia y pureza del bien espiritual, ni van por tan derecho camino y breve como podrían ir.

8. Y hase de tener advertencia que ahora voy especialmente hablando con los que han comenzado a entrar en estado de contemplación, porque con los principiantes algo más anchamente se ha de tratar esto, como notaremos en el libro segundo, Dios mediante, cuando tratemos de las propiedades de ellos.

CAPÍTULO 7

En el cual se trata cuán angosta es la senda que guía a la vida eterna y cuán desnudos y desembarazados conviene que estén los que han de caminar por ella. Comienza a hablar de la desnudez del entendimiento.

1. Para haber ahora de tratar de la desnudez y pureza de las tres potencias del alma, era necesario otro mayor saber y espíritu que el

mío, con que pudiese bien dar a entender a los espirituales cuán angosto sea este camino que dijo nuestro Salvador que guía a la vida, para que, persuadidos en esto, no se maravillen del vacío y desnudez en que en esta noche habemos de dejar las potencias del alma.

2. Para lo cual se deben notar con advertencia las palabras que por san Mateo, en el capítulo 7 (v. 14), nuestro Salvador dijo de este camino, diciendo así: Quam angusta porta, et arcta via est, quae ducit ad vitam, et pauci sunt qui inveniunt eam; quiere decir: ¡Cuán angosta es la puerta y estrecho el camino que guía a la vida, y pocos son los que le hallan! En la cual autoridad debemos mucho notar aquella exageración y encarecimiento que contiene en sí aquella partícula quam; porque es como si dijera: de verdad es mucho angosta más que pensáis. Y también es de notar que primero dice que es angosta la puerta, para dar a entender que para entrar el alma por esta puerta de Cristo, que es el principio del camino, primero se ha de angostar y desnudar la voluntad en todas las cosas sensuales y temporales, amando a Dios sobre todas ellas; lo cual pertenece a la noche del sentido, que habemos dicho.

3. Y luego dice que es estrecho el camino, conviene a saber, de la perfección; para dar a entender que, para ir por el camino de perfección, no sólo ha de entrar por la puerta angosta, vaciándose de lo sensitivo, mas también se ha de estrechar, desapropiándose y desembarazándose propiamente en lo que es de parte del espíritu. Y así, lo que dice de la puerta angosta podemos referir a la parte sensitiva del hombre; y lo que dice del camino estrecho, podemos entender de la espiritual o racional; y en lo que dice que pocos son los que le hallan, se debe notar la causa, que es porque pocos hay que sepan y quieran entrar en esta suma desnudez y vacío de espíritu. Porque esta senda del alto monte de perfección, como quiera que ella vaya hacia arriba y sea angosta, tales guiadores requiere, que ni lleven carga que les haga peso cuanto a lo inferior ni (cosa) que les haga embarazo cuanto a lo superior; que, pues es trato en que sólo Dios se busca y se granjea, sólo Dios es el que se ha de buscar y granjear.

4. De donde se ve claro que no sólo de todo lo que es de parte de las criaturas ha de ir el alma desembarazada, mas también de todo lo que es de parte de su espíritu ha de caminar desapropiada y aniquilada. De donde, instruyéndonos e induciéndonos nuestro Señor en este camino, dijo por san Marcos, capítulo 8 (v. 34-35)

aquella tan admirable doctrina, no sé si diga tanto menos ejercitada de los espirituales cuanto les es más necesaria, la cual, por serlo tanto y tan a nuestro propósito, la referiré aquí toda, y declararé según el germano y espiritual sentido de ella. Dice, pues, así: Si quis vult me sequi, deneget semetipsum, et tollat crucem suam, et sequatur me. Qui enim voluerit animam suam salvam facere, perdet eam: qui autem perdiderit animam suam propter me... salvam faciet eam; quiere decir: Si alguno quiere seguir mi camino, niéguese a sí mismo y tome su cruz y sígame. Porque el que quisiere salvar su alma, perderla ha; pero el que por mí la perdiere, ganarla ha.

5. ¡Oh, quién pudiera aquí ahora dar a entender y a ejercitar y gustar qué cosa sea este consejo que nos da aquí nuestro Salvador de negarnos a nosotros mismos, para que vieran los espirituales cuán diferente es el modo que en este camino deben llevar del que muchos de ellos piensan! Que entienden que basta cualquiera manera de retiramiento y reformación en las cosas; y otros se contentan con en alguna manera ejercitarse en las virtudes y continuar la oración y seguir la mortificación, mas no llegan a la desnudez y pobreza, o enajenación o pureza espiritual, que todo es una, que aquí nos aconseja el Señor; porque todavía antes andan a cebar y vestir su naturaleza de consolaciones y sentimientos espirituales que a desnudarla y negarla en eso y esotro por Dios, que piensan que basta negarla en lo del mundo, y no aniquilarla y purificarla en la propiedad espiritual. De donde les nace que en ofreciéndoseles algo de esto sólido y perfecto, que es la aniquilación de toda suavidad en Dios, en sequedad, en sinsabor, en trabajo (lo cual es la cruz pura espiritual y desnudez de espíritu pobre de Cristo) huyen de ello como de la muerte, y sólo andan a buscar dulzuras y comunicaciones sabrosas en Dios. Y esto no es la negación de sí mismo y desnudez de espíritu, sino golosina de espíritu. En lo cual, espiritualmente, se hacen enemigos de la cruz de Cristo; porque el verdadero espíritu antes busca lo desabrido en Dios que lo sabroso, y más se inclina al padecer que al consuelo, y más a carecer de todo bien por Dios que a poseerle, y a las sequedades y aflicciones que a las dulces comunicaciones, sabiendo que esto es seguir a Cristo y negarse a sí mismo, y esotro, por ventura, buscarse a sí mismo en Dios, lo cual es harto contrario al amor. Porque buscarse a sí en Dios es buscar los regalos y recreaciones de Dios; mas buscar a Dios en sí es no sólo querer carecer de eso y de esotro por Dios, sino inclinarse a escoger por Cristo todo lo más desabrido, ahora de Dios, ahora del mundo; y esto es amor de Dios.

6. ¡Oh, quién pudiese dar a entender hasta dónde quiere nuestro Señor que llegue esta negación! Ella, cierto, ha de ser como una muerte y aniquilación temporal y natural y espiritual en todo, en la estimación de la voluntad, en la cual se halla toda negación. Y esto es lo que aquí quiso decir nuestro Salvador (Jn. 12, 25) cuando dice: El que quiere salvar su alma, ése la perderá, es a saber: el que quisiere poseer algo o buscarlo para sí, ése la perderá, y el que perdiere su alma por mí, ése la ganará, es a saber: el que renunciare por Cristo todo lo que puede apetecer y gustar, escogiendo lo que más se parece a la cruz, lo cual el mismo Señor por san Juan lo llama aborrecer su alma, ése la ganará. Y esto enseñó Su Majestad a aquellos dos discípulos que le iban a pedir diestra y siniestra, cuando, no dándoles ninguna salida a la demanda de la tal gloria, les ofreció el cáliz que él había de beber, como cosa más preciosa y más segura en esta tierra que el gozar (Mt. 20, 22).

7. Este cáliz es morir a su naturaleza, desnudándola y aniquilándola, para que pueda caminar por esta angosta senda en todo lo que le puede pertenecer según el sentido, como habemos dicho, y según el alma, como ahora diremos, que es en su entender, y en su gozar, y en su sentir. De manera que no sólo quede desapropiada en lo uno y en lo otro, mas que con esto segundo espiritual no quede embarazada para el angosto camino, pues en él no cabe más que la negación, como da a entender el Salvador, y la cruz, que es el báculo para (poder) arribar, por el cual grandemente le aligera y facilita.

De donde nuestro Señor por san Mateo (11, 30) dijo: Mi yugo es suave y mi carga ligera, la cual es la cruz. Porque, si el hombre se determina a sujetarse a llevar esta cruz, que es un determinarse de veras a querer hallar y llevar trabajo en todas las cosas por Dios, en todas ellas hallará grande alivio y suavidad para (andar) este camino, así desnudo de todo, sin querer nada. Empero, si pretende tener algo, ahora de Dios, ahora de otra cosa, con propiedad alguna, no va desnudo ni negado en todo; y así, ni cabrá ni podrá subir por esta senda angosta hacia arriba.

8. Y así querría yo persuadir a los espirituales cómo este camino de Dios no consiste en multiplicidad de consideraciones, ni modos, ni maneras, ni gustos (aunque esto, en su manera, sea necesario a los principiantes) sino en una cosa sola necesaria, que es saberse

negar de veras, según lo exterior e interior, dándose al padecer por Cristo y aniquilarse en todo, porque, ejercitándose en esto, todo esotro y más que ello se obra y se halla en ello. Y si en este ejercicio hay falta, que es el total y la raíz de las virtudes, todas esotras maneras es andar por las ramas y no aprovechar, aunque tengan tan altas consideraciones y comunicaciones como los ángeles. Porque el aprovechar no se halla sino imitando a Cristo, que es el camino y la verdad y la vida, y ninguno viene al Padre sino por él, según él mismo dice por san Juan (14, 6). Y en otra parte (10, 9) dice: Yo soy la puerta; por mí si alguno entrare, salvarse ha. De donde todo espíritu que quiere ir por dulzuras y facilidad y huye de imitar a Cristo, no le tendría por bueno.

9. Y porque he dicho que Cristo es el camino, y que este camino es morir a nuestra naturaleza en sensitivo y espiritual, quiero dar a entender cómo sea esto a ejemplo de Cristo, porque él es nuestro ejemplo y luz.

10. Cuanto a lo primero, cierto está que él murió a lo sensitivo, espiritualmente en su vida y naturalmente en su muerte; porque, como él dijo (Mt. 8, 20), en la vida no tuvo dónde reclinar su cabeza, y en la muerte lo tuvo menos.

11. Cuanto a lo segundo, cierto está que al punto de la muerte quedó también aniquilado en el alma sin consuelo y alivio alguno, dejándole el Padre así en íntima sequedad, según la parte inferior; por lo cual fue necesitado a clamar diciendo: ¡Dios mío, Dios mío!, ¿por qué me has desamparado? (Mt. 27, 46). Lo cual fue el mayor desamparo sensitivamente que había tenido en su vida. Y así, en él hizo la mayor obra que en (toda) su vida con milagros y obras había hecho, ni en la tierra ni en el cielo, que fue reconciliar y unir al género humano por gracia con Dios. Y esto fue, como digo, al tiempo y punto que este Señor estuvo mas aniquilado en todo, conviene a saber: acerca de la reputación de los hombres, porque, como lo veían morir, antes hacían burla de él que le estimaban en algo; y acerca de la naturaleza, pues en ella se aniquilaba muriendo; y acerca del amparo y consuelo espiritual del Padre, pues en aquel tiempo le desamparó porque puramente pagase la deuda y uniese al hombre con Dios, quedando así aniquilado y resuelto así como en nada. De donde David (Sal. 72, 22) dice de él: Ad nihilum redactus sum, et nescivi. Para que entienda el buen espiritual el misterio de la puerta y del camino de Cristo para unirse con Dios, y sepa que cuanto más se aniquilare por Dios, según

estas dos partes, sensitiva y espiritual, tanto más se une a Dios y tanto mayor obra hace. Y cuando viniere a quedar resuelto en nada, que será la suma humildad, quedará hecha la unión espiritual entre el alma y Dios, que es el mayor y más alto estado a que en esta vida se puede llegar. No consiste, pues, en recreaciones y gustos, y sentimientos espirituales, sino en una viva muerte de cruz sensitiva y espiritual, esto es, interior y exterior.

12. No me quiero alargar más en esto, aunque no quisiera acabar de hablar en ello, porque veo es muy poco conocido Cristo de los que se tienen por sus amigos. Pues los vemos andar buscando en él sus gustos y consolaciones, amándose mucho a sí, mas no sus amarguras y muertes, amándole mucho a él. De éstos hablo, que se tienen por sus amigos, que esotros que viven allá a lo lejos, apartados de él, grandes letrados y potentes, y otros cualesquiera que viven allá con el mundo en el cuidado de sus pretensiones y mayorías (que podemos decir que no conocen a Cristo, cuyo fin, por bueno que sea, harto amargo será), no hace de ellos mención esta letra. Pero hacerla ha en el día del juicio, porque a ellos les convenía primero hablar esta palabra de Dios, como a gente que Dios puso por blanco de ella según las letras y más alto estado (cf. Act. 13, 46).

13. Pero hablemos ahora con el entendimiento del espiritual, y particularmente de aquél a quien Dios ha hecho merced de poner en el estado de contemplación, porque, como he dicho, ahora voy particularmente con éstos hablando, y digamos cómo se ha de enderezar a Dios en fe y purgarse de las cosas contrarias, angostándose para entrar por esta senda angosta de oscura contemplación.

CAPÍTULO 8

Que trata, en general, cómo ninguna criatura ni alguna noticia que puede caer en el entendimiento, le puede servir de próximo medio para la divina unión con Dios.

1. Antes que tratemos del propio y acomodado medio para la unión de Dios, que es la fe, conviene que probemos cómo ninguna cosa criada ni pensada puede servir al entendimiento de propio medio para unirse con Dios, y cómo todo lo que el entendimiento puede

alcanzar, antes le sirve de impedimento que de medio, si a ello se quisiese asir.

Y ahora, en este capítulo, probaremos esto en general, y después iremos hablando en particular, descendiendo por todas las noticias que el entendimiento puede recibir de parte de cualquiera sentido exterior e interior, y los inconvenientes y daños que puede recibir de todas estas noticias interiores y exteriores, para no ir adelante asido al propio medio, que es la fe.

2. Es, pues, de saber que, según regla de filosofía, todos los medios han de ser proporcionados al fin, es a saber: que han de tener alguna conveniencia y semejanza con el fin, tal que baste y sea suficiente para que por ellos se pueda conseguir el fin que se pretende. Pongo ejemplo: quiere uno llegar a una ciudad. Necesariamente ha de ir por el camino, que es el medio que empareja y junta con la misma ciudad. Otro ejemplo: hase de juntar y unir el fuego en el madero. Es necesario que el calor, que es el medio, disponga al madero primero con tantos grados de calor que tenga gran semejanza y proporción con el fuego. De donde, si quisiesen disponer al madero con otro medio que el propio, que es el calor, así como con aire, o agua, o tierra, sería imposible que el madero se pudiera unir con el fuego; así como también lo sería llegar a la ciudad si no va por el propio camino que junta con ella. De donde, para que el entendimiento se venga a unir en esta vida con Dios, según se puede, necesariamente ha de tomar aquel medio que junta con él y tiene con él próxima semejanza.

3. En lo cual habemos de advertir que, entre todas las criaturas superiores ni inferiores, ninguna hay que próximamente junte con Dios ni tenga semejanza con su ser. Porque, aunque es verdad que todas ellas tienen, como dicen los teólogos, cierta relación a Dios y rastro de Dios -unas más y otras menos, según su más principal o menos principal ser-, de Dios a ellas ningún respecto hay ni semejanza esencial, antes la distancia que hay entre su divino ser y el de ellas es infinita, y por eso es imposible que el entendimiento pueda dar en Dios por medio de las criaturas, ahora sean celestiales, ahora terrenas, por cuanto no hay proporción de semejanza.

De donde, hablando David (Sal. 85, 8) de las celestiales, dice: No hay semejante a ti en los dioses, Señor; llamando dioses a los ángeles y almas santas. Y en otra parte (Sal. 76, 14): Dios, tu camino está en lo santo; ¿qué dios grande hay como nuestro Dios? Como si dijera: el camino para venir a ti, Dios, es camino santo, esto es, pureza de fe. Porque ¿qué dios habrá tan grande, es a saber, qué ángel tan levantado en ser y qué santo tan levantado en gloria será tan grande, que sea camino proporcionado y bastante para venir a ti? Y hablando también el mismo David (Sal. 137, 6) de las terrenales y celestiales juntamente, dice: Alto es el Señor y mira las cosas bajas, y las cosas altas conoce desde lejos. Como si dijera: siendo él alto en su ser, ve ser muy bajo el ser de las cosas de acá abajo, comparándole con su alto ser; y las cosas altas, que son las criaturas celestiales, velas y conócelas estar de su ser muy lejos. Luego todas las criaturas no pueden servir de proporcionado medio al entendimiento para dar en Dios.

4. Ni más ni menos, todo lo que la imaginación puede imaginar y el entendimiento recibir y entender (en esta vida) no es ni puede ser medio próximo para la unión de Dios. Porque, si hablamos naturalmente, como quiera que el entendimiento no puede entender cosa si no es lo que cabe y está debajo de las formas y fantasías de las cosas que por los sentidos corporales se reciben, las cuales cosas, habemos dicho, no pueden servir de medio, no se puede aprovechar de la inteligencia natural. Pues, si hablamos de la sobrenatural, según se puede en esta vida, de potencia ordinaria no tiene el entendimiento disposición ni capacidad en la cárcel del cuerpo para recibir noticia clara de Dios, porque esa noticia no es de este estado, porque, o ha de morir, o no la ha de recibir.

De donde, pidiendo Moisés a Dios esa noticia clara, le respondió que no le podía ver, diciendo: No me verá hombre que pueda quedar vivo (Ex. 33, 20); por lo cual san Juan (1, 18) dice: A Dios ninguno jamás le vio, ni cosa que le parezca. Que, por eso, san Pablo (1 Cor. 2, 9) con Isaías (64, 4) dice: Ni le vio ojo, ni le oyó oído, ni cayó en corazón de hombre. Y ésta es la causa por que Moisés en la zarza, como se dice en los Actos de los Apóstoles (7, 32), no se atrevió a considerar, estando Dios presente; porque conocía que no había de poder considerar su entendimiento de Dios como convenía, conforme a lo que de Dios sentía. Y de Elías, nuestro Padre se dice (3 Re. 19, 13) que en el monte se cubrió el rostro en la presencia de Dios, que significa cegar el entendimiento; lo cual él hizo allí, no se atreviendo a meter tan baja mano en cosa tan alta, viendo claro que cualquiera cosa que considerara y particularmente entendiera, era muy distante y disímil a Dios.

5. Por tanto, ninguna noticia ni aprehensión sobrenatural en este mortal estado le puede servir de medio próximo para la alta unión de amor con Dios; porque todo lo que puede entender el entendimiento, y gustar la voluntad, y fabricar la imaginación, es muy disímil y desproporcionado, como habemos dicho, a Dios. Lo cual todo lo dio a entender Isaías (40, 18-19) admirablemente en aquella tan notable autoridad, diciendo: ¿A qué cosa habéis podido hacer semejante a Dios? ¿O qué imagen le haréis que se le parezca? ¿Por ventura podrá fabricar alguna escultura el oficial de hierro? ¿O el que labra el oro podrá fingirle con el oro, o el platero con lañas de plata? Por el oficial del hierro se entiende el entendimiento, el cual tiene por oficio formar las inteligencias y desnudarlas del hierro de las especies y fantasías. Por el oficial del oro entiende la voluntad, la cual tiene habilidad de recibir figura y forma de deleite, causado del oro del amor. Por el platero, que dice que no le figurará con las lañas de plata, se entiende la memoria con la imaginación, lo cual bien propiamente se puede decir que sus noticias y las imaginaciones que puede fingir y fabricar son como lañas de plata. Y así, es como si dijera: ni el entendimiento con sus inteligencias podrá (entender cosa semejante a él, ni la voluntad podrá) gustar deleite y suavidad que se parezca a la que es Dios, ni la memoria pondrá en la imaginación noticias e imágenes que le representen. Luego, claro está que al entendimiento ninguna de estas noticias le pueden inmediatamente encaminar a Dios, y que, para llegar a él, antes ha de ir no entendiendo que queriendo entender, y antes cegándose y poniendo en tiniebla, que abriendo los ojos para llegar más al divino rayo.

6. Y de aquí es que la contemplación por la cual el entendimiento tiene más alta noticia de Dios llaman teología mística, que quiere decir sabiduría de Dios secreta; porque es secreta al mismo entendimiento que la recibe y por eso, la llama san Dionisio rayo de tiniebla. De la cual dice el profeta Baruc (3, 23): No hay quien sepa el camino de ella ni quien pueda pensar las sendas (de ella. Luego claro está que el entendimiento se ha de cegar a todas las sendas) que él puede alcanzar para unirse con Dios. Aristóteles dice que de la misma manera que los ojos del murciélago se han con el sol, el cual totalmente le hace tinieblas, así nuestro entendimiento se ha a lo que es más luz en Dios, que totalmente nos es tiniebla. Y dice más; que cuanto las cosas de Dios son en sí más altas y más claras, son para nosotros más ignotas y oscuras. Lo cual también

afirma el Apóstol (1 Cor. 3, 19), diciendo: Lo que es alto de Dios, es de los hombres menos sabido.

7. Y no acabaríamos a este paso de traer autoridades y razones para probar y manifestar cómo no hay escalera con que el entendimiento pueda llegar a este alto Señor entre todas las cosas criadas y que pueden caer en entendimiento; antes es necesario saber que, si el entendimiento se quisiese aprovechar de todas estas cosas, o de algunas de ellas por medio próximo para la tal unión, no sólo le serían impedimento, pero aun le serían ocasión de hartos errores y engaños en la subida de este monte.

CAPÍTULO 9

Cómo la fe es el próximo y proporcionado medio al entendimiento para que el alma pueda llegar a la divina unión de amor. Pruébalo con autoridades y figuras de la divina Escritura.

1. De lo dicho se colige que, para que el entendimiento esté dispuesto para esta divina unión, ha de quedar limpio y vacío de todo lo que puede caer en el sentido, y desnudo y desocupado de todo lo que puede caer con claridad en el entendimiento, íntimamente sosegado y acallado, puesto en fe, la cual es sola el próximo y proporcionado medio para que el alma se una con Dios. Porque es tanta la semejanza que hay entre ella y Dios, que no hay otra diferencia sino ser visto Dios o creído. Porque, así como Dios es infinito, así ella nos le propone infinito; y así como es Trino y Uno, nos le propone ella Trino y Uno; y así como Dios es tiniebla para nuestro entendimiento, así ella también ciega y deslumbra nuestro entendimiento. Y así, por este solo medio se manifiesta Dios al alma en divina luz, que excede todo entendimiento. Y por tanto, cuanto más fe el alma tiene, más unida está con Dios.

Que eso es lo que quiso decir san Pablo en la autoridad que arriba dijimos (Heb. 11, 6), diciendo: El que se ha de juntar con Dios, conviénele crea, esto es: que vaya por fe caminando a él, lo cual ha de ser el entendimiento ciego y a oscuras en fe sólo, porque debajo de esta niebla se junta con Dios el entendimiento, y debajo de ella está Dios escondido, según lo dijo David (Sal. 17, 10) por estas palabras: La oscuridad puso debajo de sus pies. Y subió sobre los querubines y voló sobre las plumas del viento. Y puso por escondrijo las tinieblas y el agua tenebrosa.

2. En lo que dijo que puso oscuridad debajo de sus pies, y que a las tinieblas tomó por escondrijo, y aquel su tabernáculo en derredor de él es el agua tenebrosa, se denota la oscuridad de la fe en que él está encerrado. Y en decir que subió sobre los querubines y voló sobre las plumas de los vientos, (se da a entender cómo vuela sobre todo entendimiento. Porque querubines quiere decir inteligentes o contemplantes, y las plumas de los vientos) significan las sutiles y levantadas noticias y conceptos de los espíritus, sobre todas las cuales es su ser, al cual ninguno puede de suyo alcanzar.

3. En figura de lo cual leemos en la sagrada Escritura (3 Re. 8, 12) que, acabando Salomón de edificar el templo, bajó Dios en tiniebla e hinchió el templo de manera que no podían ver los hijos de Israel; y entonces habló Salomón y dijo: El Señor ha prometido que ha de morar en tiniebla. También a Moisés en el monte se le aparecía en tiniebla (Ex. 24, 15-18), en que estaba Dios encubierto. Y todas las veces que Dios se comunicaba mucho parecía en tiniebla, como es de ver en Job (38, 1; 40, 1), donde dice la sagrada Escritura que habló Dios con él desde el aire tenebroso. Las cuales tinieblas todas significan la oscuridad de la fe en que está cubierta la Divinidad, comunicándose al alma; la cual acabada que será, como cuando dice san Pablo (1 Cor. 13, 10) se (acabará lo que es en parte, que es esta tiniebla de fe, y vendrá) lo que es perfecto, que es la divina luz. De lo cual también tenemos bastante figura en la milicia de Gedeón (Jc. 7, 16), donde todos los soldados se dice que tenían las luces en las manos y no las veían, porque las tenían escondidas en las tinieblas de los vasos, los cuales quebrados, luego pareció luz. Y así, la fe, que es figurada por aquellos vasos, contiene en sí la divina luz, la cual acabada y quebrada por la quiebra y fin de esta vida mortal, luego parecerá la gloria y luz de la Divinidad que en sí contenía.

4. Luego claro está que, para venir el alma en esta vida a unirse con Dios y comunicar inmediatamente con él, que tiene necesidad de unirse con la tiniebla que dijo Salomón (3 Re. 8, 12) en que había Dios prometido de morar, y de ponerse junto al aire tenebroso en que fue Dios servido de revelar sus secretos a Job, y tomar en las manos a oscuras las urnas de Gedeón, para tener en sus manos, esto es, en las obras de su voluntad, la luz, que es la unión de amor, aunque a oscuras en fe, para que luego, en quebrándose

los vasos de esta vida, que sólo impedía la luz de la fe, se vea cara a cara en gloria.

5. Resta, pues, ahora declarar en particular, de todas las inteligencias y aprehensiones que puede recibir el entendimiento, el impedimento y daño que puede recibir en este camino de fe, y cómo se ha de haber el alma en ellas para que antes le sean provechosas que dañosas, así de las que son de parte de los sentidos como las que son del espíritu.

CAPÍTULO 10

En que se hace distinción de todas las aprehensiones e inteligencias que pueden caer en el entendimiento.

1. Para haber de tratar en particular del provecho y daño que pueden hacer al alma, acerca de este medio que habemos dicho de fe para la divina unión, las noticias y aprehensiones del entendimiento, es necesario poner aquí una distinción de todas las aprehensiones, así naturales como sobrenaturales, que puede recibir, para que luego por su orden más distintamente vayamos enderezando en ellas al entendimiento en la noche y oscuridad de la fe; lo cual será con la brevedad que pudiéremos.

2. Es, pues, de saber que por dos vías puede el entendimiento recibir noticias e inteligencias: la una es natural y la otra sobrenatural. La natural es todo aquello que el entendimiento puede entender, ahora por vía de los sentidos corporales, ahora por sí mismo. La sobrenatural es todo aquello que se da al entendimiento sobre su capacidad y habilidad natural.

3. De estas noticias sobrenaturales unas son corporales, otras son espirituales. Las corporales son en dos maneras: unas que por vía de los sentidos corporales exteriores las recibe; otras por vía de los sentidos corporales interiores, en que se comprehenden todo lo que la imaginación puede comprehender, fingir y fabricar.

4. Las espirituales son también en dos maneras: unas distintas y particulares, y otra es confusa, oscura y general. Entre las distintas y particulares entran cuatro maneras de aprehensiones particulares, que se comunican al espíritu, no mediante algún sentido corporal, y

son: visiones, revelaciones, locuciones y sentimientos espirituales. La inteligencia oscura y general está en una sola, que es la contemplación que se da en fe. En ésta habemos de poner al alma, encaminándola a ella (por todas esotras, comenzando por las primeras, y desnudándola de ellas).

CAPÍTULO 11

Del impedimento y daño que puede haber en las aprehensiones del entendimiento por vía de lo que sobrenaturalmente se representa a los sentidos corporales exteriores y cómo el alma se ha de haber en ellas.

1. Las primeras noticias que habemos dicho en el precedente capítulo son las que pertenecen al entendimiento por vía natural. De las cuales, porque habemos ya tratado en el primer libro, donde encaminamos al alma en la noche del sentido, no hablaremos aquí palabra, porque allí dimos doctrina congrua para el alma acerca de ellas.

Por tanto, lo que habemos de tratar en el presente capítulo será de aquellas noticias y aprehensiones que solamente pertenecen al entendimiento sobrenaturalmente por vía de los sentidos corporales exteriores, que son: ver, oír, oler, gustar y tocar. Acerca de todas las cuales pueden y suelen nacer a los espirituales representaciones y objetos sobrenaturales.

Porque acerca de la vista se les suele representar figuras y personajes de la otra vida, de algunos santos y figuras de ángeles, buenos y malos, y algunas luces y resplandores extraordinarios.

Y con los oídos oír algunas palabras extraordinarias, ahora dichas por esas figuras que ven, ahora sin ver quién las dice.

En el olfato sienten a veces olores suavísimos sensiblemente, sin saber de dónde proceden.

También en el gusto acaece sentir muy suave sabor, y en el tacto grande deleite, y a veces tanto, que parece que todas las médulas y huesos gozan y florecen y se bañan en deleite; cual suele ser la que llaman unción del espíritu, que procede de él a los miembros de las limpias almas. Y este gusto del sentido es muy ordinario a los espirituales, porque del afecto y devoción del espíritu sensible les procede más o menos a cada cual en su manera.

2. Y es de saber que, aunque todas estas cosas pueden acaecer a los sentidos corporales por vía de Dios, nunca jamás se han de asegurar en ellas ni las han de admitir, antes totalmente han de huir de ellas, sin querer examinar si son buenas o malas. Porque así como son más exteriores y corporales, así tanto menos ciertas son de Dios. Porque más propio y ordinario le es a Dios comunicarse al espíritu, en lo cual hay más seguridad y provecho para el alma, que al sentido, en el cual ordinariamente hay mucho peligro y engaño, por cuanto en ellas se hace el sentido corporal juez y estimador de las cosas espirituales, pensando que son así como lo siente, siendo ellas tan diferentes como el cuerpo del alma y la sensualidad de la razón. Porque tan ignorante es el sentido corporal de las cosas razonales, espirituales digo, como un jumento de las cosas razonales, y aún más.

3. Y así, yerra mucho el que las tales cosas estima, y en gran peligro se pone de ser engañado, y, por lo menos, tendrá en sí total impedimento para ir a lo espiritual; porque todas aquellas cosas corporales no tienen, como habemos dicho, proporción alguna con las espirituales. Y así, siempre se han de tener las tales cosas por más cierto ser del demonio que de Dios: el cual en lo más exterior y corporal tiene más mano, y más fácilmente puede engañar en esto que en lo que es más interior y espiritual.

4. Y estos objetos y formas corporales, cuanto ellos en sí son más exteriores, tanto menos provecho hacen al interior y al espíritu, por la mucha distancia y poca proporción que hay entre lo que es corporal y espiritual. Porque aunque de ellas se comunique algún espíritu (como se comunica siempre que son de Dios) es mucho menos que si las mismas cosas fueran más espirituales e interiores. Y así, son muy fáciles y ocasionadas para criar error y presunción, y vanidad en el alma; porque, como son tan palpables y materiales, mueven mucho al sentido, y parécele al juicio del alma que es más por ser más sensible, y vase tras ello, desamparando a la fe, pensando que aquella luz es la guía y medio de su pretensión, que es la unión de Dios; y pierde más el camino y medio que es la fe, cuanto más caso hace de las tales cosas.

5. Y, además de eso, como ve el alma que le suceden tales cosas y extraordinarias, muchas veces se le ingiere secretamente cierta opinión de sí de que ya es algo delante de Dios, lo cual es contra humildad. Y también el demonio sabe ingerir en el alma satisfacción de sí oculta, y a veces harto manifiesta. Y, por eso, él pone muchas veces estos objetos en los sentidos, demostrando a la vista figuras de santos y resplandores hermosísimos, y palabras a los oídos harto disimuladas, y olores muy suaves, y dulzuras en la boca, y en el tacto deleite, para que, engolosinándolos por allí, los induzca en muchos males.

Por tanto, siempre se han de desechar tales representaciones y sentimientos, porque, dado caso que algunas sean de Dios, no por eso se hace a Dios agravio ni se deja de recibir el efecto y fruto que quiere Dios por ellas hacer al alma, porque el alma las deseche y no las quiera.

6. La razón de esto es porque la visión corporal o sentimiento en alguno de los otros sentidos, así como también en otra cualquiera comunicación de las más interiores, si es de Dios, en ese mismo punto que parece o se siente hace su efecto en el espíritu, sin dar lugar que el alma tenga tiempo de deliberación en quererlo o no quererlo. Porque, así como Dios da aquellas cosas sobrenaturalmente sin diligencia bastante y sin habilidad de ella, (así, sin la diligencia y habilidad de ella), hace Dios el efecto que quiere con las tales cosas en ella, porque es cosa que se hace y obra pasivamente en el espíritu. Y así, no consiste en querer o no querer, para que sea o deje de ser, así como si a uno echasen fuego estando desnudo, poco aprovecharía no querer quemarse; porque el fuego por fuerza había de hacer su efecto. Y así son las visiones y representaciones buenas, que, aunque el alma no quiera, hacen su efecto en ella primera y principalmente que en el cuerpo.

También las que son (de) parte del demonio, sin que el alma las quiera, causan en ella alboroto o sequedad, o vanidad o presunción en el espíritu. Aunque éstas no son de tanta eficacia en el alma como las de Dios en el bien; porque las del demonio sólo pueden poner primeros movimientos en la voluntad y no moverla a más si ella no quiere, y alguna inquietud que no dura mucho, si el poco ánimo y recato del alma no da causa que dure. Mas las que son de Dios penetran el alma, y mueven la voluntad a amar, y dejan su efecto, al cual no puede el alma resistir aunque quiera, más que la vidriera al rayo del sol cuando da en ella.

7. Por tanto, el alma nunca se ha de atrever a quererlas admitir, aunque, como digo, sean de Dios, porque, si las quiere admitir, hay seis inconvenientes:

El primero, que se le va disminuyendo la fe, porque mucho derogan a la fe las cosas que se experimentan con los sentidos; porque la fe, como habemos dicho, es sobre todo sentido. Y asíapártase del medio de la unión de Dios, no cerrando los ojos del alma a todas esas cosas de sentido.

Lo segundo, que son impedimento para el espíritu si no se niegan, porque se detiene en ellas el alma y no vuela el espíritu a lo invisible. De donde una de las causas por donde dijo el Señor (Jn. 16, 7) a sus discípulos que les convenía que él se fuese para que viniese el Espíritu Santo, era ésta. Así como tampoco dejó a María Magdalena (Jn. 20, 17) que llegase a sus pies después de resucitado, porque se fundase en fe.

Lo tercero es que va el alma teniendo propiedad en las tales cosas y no camina a la verdadera resignación y desnudez de espíritu.

Lo cuarto, que va perdiendo el efecto de ellas y el espíritu que causan en lo interior, porque pone los ojos en lo sensual de ellas, que es lo menos principal. Y así, no recibe tan copiosamente el espíritu que causan, el cual se imprime y conserva más negando todo lo sensible, que es muy diferente del puro espíritu.

Lo quinto, que va perdiendo las mercedes de Dios, porque las va tomando con propiedad y no se aprovecha bien de ellas. Y tomándolas con propiedad y no aprovechándose de ellas, es quererlas tomar; porque no se las da Dios para que el alma las quiera tomar, pues que nunca se ha de determinar el alma a creer que son de Dios.

Lo sexto es que en quererlas admitir abre puerta al demonio para que le engañe en otras semejantes, las cuales sabe él muy bien disimular y disfrazar, de manera que parezcan a las buenas; pues puede, como dice el Apóstol (2 Cor. 11, 14) transfigurarse en ángel de luz. De lo cual trataremos después, mediante el favor divino, en el libro tercero, en el capítulo de gula espiritual.

8. Por tanto, siempre conviene al alma desecharlas a ojos cerrados, sean de quien se fueren. Porque, si no lo hiciese, tanto lugar daría a las del demonio, y al demonio tanta mano, que no sólo a vueltas de las unas recibiría las otras, mas de tal manera irían multiplicándose las del demonio y cesando las de Dios, que todo se vendría a quedar en demonio y nada de Dios; como ha acaecido a muchas almas incautas y de poco saber, las cuales de tal manera se aseguraron en recibir estas cosas, que muchas de ellas tuvieron mucho que hacer en volver a Dios en la pureza de la fe, y muchas no pudieron volver, habiendo ya el demonio echado en ellas muchas raíces. Por eso es bueno cerrarse en ellas y negarlas todas, porque en las malas se quitan los errores del demonio, y en las buenas el impedimento de la fe, y coge el espíritu el fruto de ellas. Y así como cuando las admite las va Dios quitando, porque en ellas tienen propiedad, no aprovechándose ordenadamente de ellas, y va el demonio ingiriendo y aumentando las suyas, porque halla lugar y causa para ellas; así, cuando el alma está resignada y contraria a ellas, el demonio va cesando de que ve que no hace daño, y Dios, por el contrario, va aumentando y aventajando las mercedes en aquel alma humilde y desapropiada, haciéndola sobre lo mucho, como al siervo que fue fiel en lo poco (Mt. 25, 21).

9. En las cuales mercedes, si todavía el alma fuere fiel y retirada, no parará el Señor hasta subirla de grado en grado hasta la divina unión y transformación. Porque Nuestro Señor de tal manera va probando al alma y levantándola, que primero la da cosas muy exteriores y bajas según el sentido, conforme a su poca capacidad, para que, habiéndose ella como debe, tomando aquellos primeros bocados con sobriedad para fuerza y sustancia, la lleve a más y mejor manjar. De manera que, si venciere al demonio en lo primero, pasará a lo segundo; y si también en lo segundo, pasará a lo tercero; y de ahí adelante todas las siete mansiones, hasta meterla el Esposo en la cela vinaria (Ct. 2, 47) de su perfecta caridad, que son los siete grados de amor.

10. ¡Dichosa el alma que supiere pelear contra aquella bestia del Apocalipsis (12, 3), que tiene siete cabezas, contrarias a estos siete grados de amor, con las cuales contra cada uno hace guerra, y con cada una pelea con el alma en cada una de estas mansiones, en que ella está ejercitando y ganando cada grado de amor de Dios! Que, sin duda, que si ella fielmente peleare en cada una y venciere, merecerá pasar de grado en grado y de mansión en mansión hasta la última, dejando cortadas a la bestia sus siete cabezas, con que le

hacía la guerra furiosa, tanto que dice allí san Juan que le fue dado que pelease contra los santos y los pudiese vencer en cada uno de estos grados de amor, poniendo contra cada uno armas y municiones bastantes (ib. 13, 1-7).

Y así, es mucho de doler que muchos, entrando en esta batalla espiritual contra la bestia, aún no sean para cortarle la primera cabeza, negando las cosas sensuales del mundo. Y ya que algunos acaban consigo y se la cortan, no le cortan la segunda, que es las visiones del sentido de que vamos hablando. Pero lo que más duele es que algunos, habiendo cortado no sólo segunda y primera, sino aun la tercera (que es acerca de los sentidos sensitivos interiores, pasando de estado de meditación, y aun más adelante) al tiempo de entrar en lo puro del espíritu, los vence esta espiritual bestia, y vuelve a levantar contra ellos y a resucitar hasta la primera cabeza, y hácense las postrimerías de ellos peores que las primerías en su recaída, tomando otros siete espíritus consigo peores que él (Lc. 11, 26).

11. Ha, pues, el espiritual de negar todas las aprehensiones con los deleites temporales que caen en los sentidos exteriores, si quiere cortar la primera cabeza y segunda a esta bestia, entrando en el primer aposento de amor, y segundo de viva fe, no queriendo hacer presa ni embarazarse con lo que se les da a los sentidos, por cuanto es lo que más deroga a la fe.

12. Luego claro está que estas visiones y aprehensiones sensitivas no pueden ser medio para la unión, pues que ninguna proporción tienen con Dios. Y una de las causas por que no quería Cristo que le tocase la Magdalena (Jn. 20, 17) y santo Tomás (Jn. 20, 29) era ésta.

Y así el demonio gusta mucho cuando una alma quiere admitir revelaciones y la ve inclinada a ellas, porque tiene él entonces mucha ocasión y mano para ingerir errores y derogar en lo que pudiere a la fe; porque, como he dicho grande rudeza se pone en el alma que las quiere acerca de ella, y aun a veces hartas tentaciones e impertinencia.

13. Heme alargado algo en estas aprehensiones exteriores por dar y abrir alguna más luz para las demás de que luego habemos de tratar. Pero había tanto que decir en esta parte, que fuera nunca acabar, y entiendo he abreviado demasiado. Sólo con decir que

tenga cuidado de nunca las admitir, si no fuese algo con algún muy raro parecer (y entonces, no con gana ninguna de ello) me parece basta en esta parte lo dicho.

CAPÍTULO 12

En que se trata de las aprehensiones imaginarias naturales. Dice qué cosa sean, y prueba cómo no pueden ser proporcionado medio para llegar a la unión de Dios y el daño que hace no saber desasirse de ellas.

1. Antes que tratemos de las visiones imaginarias que sobrenaturalmente suelen ocurrir al sentido interior, que es la imaginativa y fantasía, conviene aquí tratar, para que procedamos con orden, de las aprehensiones naturales de ese mismo interior sentido corporal; para que vayamos procediendo de lo menos a lo más y de lo más exterior hasta lo más interior, hasta llegar al íntimo recogimiento donde el alma se une con Dios. Y ese mismo orden habemos seguido hasta aquí; porque primero tratamos de desnudar los sentidos exteriores de las aprehensiones naturales de los objetos -y, por el consiguiente, a las fuerzas naturales de los apetitos, lo cual fue en el primer libro, donde hablamos de la noche del sentido- y luego comenzamos a desnudar a esos mismos sentidos de las aprehensiones exteriores sobrenaturales, que acaecen a los sentidos exteriores, según en el pasado capítulo acabamos de hacer, para encaminar al alma en la noche del espíritu.

2. En este segundo libro, lo que primero ocurre ahora es al sentido corporal interior, que es la imaginativa y fantasía, de la cual también habemos de vaciar todas las formas y aprehensiones imaginarias que naturalmente en él pueden caer, y probar cómo es imposible que el alma llegue a la unión de Dios hasta que cese su operación en ellas, por cuanto no pueden ser propio medio y próximo de la tal unión.

3. Es, pues, de saber que los sentidos de que aquí particularmente hablamos son dos sentidos corporales (interiores), que se llaman imaginativa y fantasía, los cuales ordenadamente se sirven el uno al otro; porque el uno discurre imaginando, y el otro forma la imaginación o lo imaginado fantaseando; y para nuestro propósito lo

mismo es tratar del uno que del otro. Por lo cual, cuando no los nombraremos a entrambos, téngase por entendido según aquí habemos de ellos dicho.

De aquí, pues, es que todo lo que aquestos sentidos pueden recibir y fabricar se llaman imaginaciones y fantasías, que son formas que con imagen y figura de cuerpo se representan a estos sentidos. Las cuales pueden ser en dos maneras: unas sobrenaturales, que sin obra de estos sentidos se pueden representar, y representan a ellos pasivamente; las cuales llamamos visiones imaginarias por vía sobrenatural, de que habemos de hablar después. Otras son naturales, que son las que por su habilidad activamente puede fabricar en sí por su operación, debajo de formas, figuras e imágenes.

Y así, a estas dos potencias pertenece la meditación, que es acto discursivo por medio de imágenes, formas y figuras, fabricadas e imaginadas por los dichos sentidos; así como imaginar a Cristo crucificado, o en la columna, o en otro paso, o a Dios con grande majestad en un trono; o considerar e imaginar la gloria como una hermosísima luz, etc., y, por el semejante, otras cualesquier cosas, ahora divinas, ahora humanas, que pueden caer en la imaginativa. Todas las cuales imaginaciones se han de venir a vaciar del alma, quedándose a oscuras según este sentido, para llegar a la divina unión, por cuanto no pueden tener alguna proporción de próximo medio con Dios tampoco, como las corporales que sirven de objeto a los cinco sentidos exteriores.

4. La razón de esto es porque la imaginación no puede fabricar ni imaginar cosas algunas fuera de las que con los sentidos exteriores ha experimentado, es a saber: visto con los ojos, oído con los oídos, etc.; o, cuando mucho, componer semejanzas de estas cosas vistas u oídas y sentidas, que no suben a mayor entidad, ni a tanta, (como) aquéllas que recibió por los sentidos dichos. Porque, aunque imagine palacios de perlas y montes de oro, (porque ha visto oro y perlas en la verdad, menos es todo aquello que la esencia de un poco de oro) o de una perla, aunque en la imaginación sea más en cantidad y compostura. Y por cuanto todas las cosas criadas, como ya está dicho, no pueden tener alguna proporción con el ser de Dios, de ahí se sigue que todo lo que imaginare a semejanza de ellas no puede servir de medio próximo para la unión con él, antes, como decimos, mucho menos.

5. De donde los que imaginan a Dios debajo de algunas figuras de éstas, o como un gran fuego o resplandor, u otras cualesquier formas, y piensan que algo de aquello será semejante a él, harto lejos van de él. Porque, aunque a los principiantes son necesarias estas consideraciones y formas y modos de meditaciones para ir enamorando y cebando el alma por el sentido, como después diremos, y así le sirven de medios remotos para unirse con Dios (por los cuales ordinariamente han de pasar las almas para llegar al término y estancia del reposo espiritual) pero ha de ser de manera que pasen por ellos y no se estén siempre en ellos, porque de esa manera nunca llegarían al termino, el cual no es como los medios remotos, ni tiene que ver con ellos, así como las gradas de la escalera no tienen que ver con el término y estancia de la subida, para lo cual son medios. Y, si el que sube no fuese dejando atrás las gradas hasta que no dejase ninguna y se quisiese estar en alguna de ellas, nunca llegaría ni subiría a la llana y apacible estancia del término. Por lo cual, el alma que hubiere de llegar en esta vida a la unión de aquel sumo descanso y bien por todos los grados de consideraciones, formas y noticias, ha de pasar y acabar con ellas, pues ninguna semejanza ni proporción tienen con el término a que encaminan, que es Dios. De donde en los Actos de los Apóstoles (17, 29) dice san Pablo: *Non debemus aestimare auro vel argento, aut lapidi sculturae artis, et cogitationis hominis divinum esse simile;* que quiere decir: No debemos estimar ni tener por semejante lo divino al oro ni a la plata, o a la piedra figurada por el arte, y a lo que el hombre puede fabricar con la imaginación.

6. De donde yerran mucho muchos espirituales, los cuales, habiendo ellos ejercitádose en llegarse a Dios por imágenes y formas y meditaciones, cual conviene a principiantes, queriéndolos Dios recoger (a bienes) más espirituales interiores e invisibles, quitándoles ya el gusto y jugo de la meditación discursiva, ellos no acaban, ni se atreven, ni saben desasirse de aquellos modos palpables a que están acostumbrados; y así, todavía trabajan por tenerlos, queriendo ir por consideración y meditación de formas, como antes, pensando que siempre había de ser así. En lo cual trabajan ya mucho y hallan poco jugo o nada; antes se les aumenta y crece la sequedad y fatiga e inquietud del alma cuanto más trabajan por aquel jugo primero, el cual es ya excusado poder hallar en aquella manera primera, porque ya no gusta el alma de aquel manjar, como habemos dicho, tan sensible, sino de otro más delicado y más interior y menos sensible, que no consiste en trabajar con la imaginación, sino en reposar el alma y dejarla estar

en su quietud y reposo, lo cual es más espiritual. Porque, cuanto el alma se pone más en espíritu, más cesa en obra de las potencias en actos particulares, porque se pone ella más en un acto general y puro; y así, cesan de obrar las potencias que caminaban para aquello donde el alma llegó, así como cesan y paran los pies acabando su jornada, porque, si todo fuese andar, nunca habría llegar, y si todos fuesen medios, ¿dónde o cuándo se gozarían los fines y término?

7. Por lo cual es lástima ver que hay muchos que, queriéndose su alma estar en esta paz y descanso de quietud interior, donde se llena de paz y refección de Dios, ellos la desasosiegan y sacan afuera a lo más exterior, y la quieren hacer volver a que ande lo andado sin propósito, y que deje el termino y fin en que ya reposa por los medios que encaminaban a él, que son las consideraciones. Lo cual no acaece sin gran desgana y repugnancia del alma, que se quisiera estar en aquella paz, que no entiende, como en su propio puesto. Bien así como el que llegó con trabajo donde descansa, si le hacen volver al trabajo, siente pena. Y como ellos no saben el misterio de aquesta novedad, dales imaginación que es estarse ociosos y no haciendo nada, y así no se dejan quietas, procurando considerar y discurrir, de donde se llenan de sequedad y trabajo por sacar el jugo que ya por allí no han de sacar. Antes les podemos decir que, mientras (más) aprietan, menos les aprovecha, porque, cuanto más porfían de aquella manera, se hallan peor; porque más sacan al alma de la paz espiritual, y es dejar lo más por lo menos y desandar lo andado (y querer hacer lo que está hecho).

8. A estos tales se les ha de decir que aprendan a estarse con atención y advertencia amorosa en Dios en aquella quietud, y que no se den nada por la imaginación ni por la obra de ella, pues aquí, como decimos, descansan las potencias y no obran activamente, sino pasivamente, recibiendo lo que Dios obra en ellas. Y si algunas veces obran, no es con fuerza ni muy procurado discurso, sino con suavidad de amor; más movidas de Dios que de la misma habilidad del alma, como adelante se declarará. Mas ahora baste esto para dar a entender cómo conviene y es necesario a los que pretenden pasar adelante saberse desasir de todos esos modos y maneras y obras de la imaginación, en el tiempo y sazón que lo pide y requiere el aprovechamiento del estado que llevan.

9. Y para que se entienda cuál y a qué tiempo ha de ser, diremos en el capítulo siguiente algunas señales que ha de ver en sí el

espiritual, para entender por ellas la sazón y tiempo en que libremente pueda usar del término dicho y dejar de caminar por el discurso y obra de la imaginación.

CAPÍTULO 13

En que se ponen las señales que ha de haber en si el espiritual por las cuales se conozca en qué tiempo le conviene dejar la meditación y discurso y pasar al estado de contemplación.

1. Y porque esta doctrina no quede confusa, convendrá en este capítulo dar a entender a qué tiempo y sazón convendrá que el espiritual deje la obra del discursivo meditar por las dichas imaginaciones y formas y figuras, porque no se dejen antes o después que lo pide el espíritu. Porque, así como conviene dejarlas a su tiempo para ir a Dios, porque no impidan, así también es necesario no dejar la dicha meditación imaginaria antes de tiempo para no volver atrás. Porque, aunque no sirven las aprehensiones de estas potencias para medio próximo de unión a los aprovechados, todavía sirven de medio remoto a los principiantes para disponer y habituar el espíritu a lo espiritual por el sentido y para de camino vaciar del sentido todas las otras formas e imágenes bajas, temporales y seculares y naturales. Para lo cual diremos aquí algunas señales y muestras que ha de haber en sí el espiritual, en que conozca si convendrá dejarlas o no en aquel tiempo.

2. La primera es ver en sí que ya no puede meditar ni discurrir con la imaginación, ni gustar de ello como de antes solía; antes halla ya sequedad en lo que de antes solía fijar el sentido y sacar jugo. Pero en tanto que sacare jugo y pudiere discurrir en la meditación, no la ha de dejar, si no fuere cuando su alma se pusiere en la paz y quietud que se dice en la tercera señal.

3. La segunda es cuando ve no le da ninguna gana de poner la imaginación ni el sentido en otras cosas particulares, exteriores ni interiores. No digo que no vaya y venga, que ésta aun en mucho recogimiento suele andar suelta, sino que no guste el alma de ponerla de propósito en otras cosas.

4. La tercera y más cierta es si el alma gusta de estarse a solas con atención amorosa a Dios, sin particular consideración, en paz interior y quietud y descanso y sin actos y ejercicios de las potencias, memoria, entendimiento y voluntad -a lo menos discursivos, que es ir de uno en otro- sino sólo con la atención y noticia general amorosa que decimos, sin particular inteligencia y sin entender sobre qué.

5. Estas tres señales ha de ver en sí juntas, por lo menos, el espiritual para atreverse seguramente a dejar el estado de meditación y del sentido y entrar en el de contemplación y del espíritu.

6. Y no basta tener la primera sola sin la segunda, porque podría ser que no poder ya imaginar y meditar en las cosas de Dios como antes, fuese por su distracción y poca diligencia; para lo cual ha de ver también en sí la segunda, que es no tener gana ni apetito de pensar en otras cosas extrañas. Porque, cuando procede de distracción o tibieza el no poder fijar la imaginación y sentido en las cosas de Dios, luego tiene apetito y gana de ponerla en otras cosas diferentes y motivo de irse de allí.

Ni tampoco basta ver en sí la primera y segunda señal, si no viere juntamente la tercera; porque, aunque se vea que no puede discurrir ni pensar en las cosas de Dios, y que tampoco le da gana pensar en las que son diferentes, podría proceder de melancolía o de alguno otro jugo de humor puesto en el cerebro o en el corazón, que suelen causar en el sentido cierto empapamiento y suspensión que le hacen no pensar en nada, ni querer ni tener gana de pensarlo, sino de estarse en aquel embelesamiento sabroso. Contra lo cual ha de tener la tercera, que es noticia y atención amorosa en paz, etc., como habemos dicho.

7. Aunque verdad es que a los principios, cuando comienza este estado, casi no se echa de ver esta noticia amorosa. Y es por dos causas: la una, porque a los principios suele ser esta noticia amorosa muy sutil y delicada y casi insensible; y la otra, porque, habiendo estado habituada el alma al otro ejercicio de la meditación, que es totalmente sensible, no echa de ver ni casi siente estotra novedad insensible, que es ya pura de espíritu, mayormente cuando, por no lo entender ella, no se deja sosegar en ello, procurándole otro más sensible, con lo cual, aunque más abundante sea la paz interior amorosa, no se da lugar a sentirla y

gozarla. Pero, cuanto más se fuere habituando el alma en dejarse sosegar, irá siempre creciendo en ella y sintiéndose más aquella amorosa noticia general de Dios, de que gusta ella más que de todas las cosas, porque le causa paz, descanso, sabor y deleite sin trabajo.

8. Y, porque lo dicho quede más claro, daremos las causas y razones en este capítulo siguiente, por donde parecerán necesarias las dichas tres señales para caminar al espíritu.

CAPÍTULO 14

En el cual se prueba la conveniencia de estas señales, dando razón de la necesidad de lo dicho en ellas para ir adelante.

1. Acerca de la primera señal que decimos, es de saber, que haber el espiritual (para entrar en la vía del espíritu, que es la contemplativa) de dejar la vía imaginaria y de meditación sensible cuando ya no gusta (de) ella ni puede discurrir, es por dos cosas que casi se encierran en una:

La primera, porque en cierta manera se le ha dado al alma todo el bien espiritual que había de hallar en las cosas de Dios por vía de la meditación y discurso; cuyo indicio es el no poder ya meditar ni discurrir como antes y no hallar en ello jugo ni gusto de nuevo como antes hallaba, porque no había corrido hasta entonces hasta el espíritu que allí había para él. Porque, ordinariamente, todas las veces que el alma recibe algún bien espiritual, lo recibe gustando, a lo menos con el espíritu, en aquel medio por donde lo recibe y le hace provecho y, si no, por maravilla le aprovecha, ni halla en la causa de él aquel arrimo y jugo que halla cuando le recibe. Porque es al modo que dicen los filósofos, que quod sapit, nutrit, esto es: lo que da sabor, cría y engorda. Por lo cual dijo el santo Job (6, 6): Numquid poterit comedi insulsum, quod non est sale conditum? ¿Por ventura (se) podrá comer lo desabrido, que no está guisado con sal? Esta es la causa de no poder considerar ni discurrir como antes: el poco sabor que en ello halla el espíritu y el poco provecho.

2. La segunda es porque ya el alma en este tiempo tiene el espíritu de la meditación en sustancia y hábito. Porque es de saber que el fin de la meditación y discurso en las cosas de Dios es sacar alguna

noticia y amor de Dios, y cada vez que por la meditación el alma la saca, es un acto. Y así como muchos actos en cualquiera cosa vienen a engendrar hábito en el alma, así muchos actos de estas noticias amorosas, que el alma ha ido sacando en veces particularmente, vienen por el uso a continuarse tanto, que se hace hábito en ella. Lo cual también Dios suele hacer en muchas almas sin medio de estos actos, a lo menos sin haber precedido muchos, poniéndolas luego en contemplación. Y así, lo que antes el alma iba sacando en veces por su trabajo de meditar en noticias particulares, ya, como decimos, por el uso se ha hecho y vuelto en ella en hábito y sustancia de una noticia amorosa general, no distinta ni particular como antes. Por lo cual, en poniéndose en oración, ya, como quien tiene allegada el agua, bebe sin trabajo en suavidad, sin ser necesario sacarla por los arcaduces de las pesadas consideraciones y formas y figuras. De manera que, luego en poniéndose delante de Dios, se pone en acto de noticia confusa, amorosa, pacífica y sosegada, en que está el alma bebiendo sabiduría y amor y sabor.

3. Y ésta es la causa por que el alma siente mucho trabajo y sinsabor cuando, estando en este sosiego, la quieren hacer meditar y trabajar en particulares noticias. Porque le acaece como a niño que, estando recibiendo la leche, que ya tiene en el pecho allegada y junta, le quitan el pecho y le hacen que con la diligencia de su estrujar y manosear la vuelva a querer sacar y juntar; o como el que, habiendo quitado la corteza, está gustando la sustancia, si se la hiciesen dejar para que volviese a quitar la dicha corteza que ya estaba quitada, que no hallaría corteza y dejaría de gustar de la sustancia que ya tenía entre las manos; siendo en esto semejante al que deja la presa que tiene por la que no tiene.

4. Y así hacen muchos que comienzan a entrar en este estado, que, pensando que todo el negocio está en ir discurriendo y entendiendo particularidades por imágenes y formas, que son la corteza del espíritu, como no las hallan en aquella quietud amorosa y sustancial en que se quiere estar su alma, donde no entienden cosa clara, piensan que se van perdiendo y que pierden tiempo, y vuelven a buscar la corteza de su imagen y discurso, la cual no hallan, porque está ya quitada; y así ni gozan la sustancia ni hallan meditación y túrbanse a sí mismos, pensando que vuelven atrás y que se pierden. Y, a la verdad, se pierden, (aunque no como ellos piensan, porque se pierden) a los propios sentidos y a la primera manera de sentir, lo cual es irse ganando al espíritu que se les va dando; en el

cual cuanto van ellos menos entendiendo, van entrando más en la noche del espíritu, de que en este libro tratamos, por donde han de pasar para unirse con Dios sobre todo saber.

5. Acerca de la segunda señal poco hay que decir, porque ya se ve que de necesidad no ha de gustar el alma en este tiempo de otras imágenes diferentes, que son del mundo; pues de las que son más conformes, que son las de Dios, según habemos dicho, no gusta, por las causas ya dichas. Solamente, como arriba queda notado, suele en este recogimiento la imaginativa de suyo ir y venir y variar, mas no con gusto y voluntad del alma, antes en ello siente pena, porque la inquieta la paz y sabor.

6. Y que la tercera señal sea conveniente y necesaria para poder dejar la dicha meditación, la cual es la noticia o advertencia general en Dios y amorosa, tampoco entiendo era menester decir aquí nada, por cuanto ya en la primera queda dado a entender algo y, después, de ella habemos de tratar de propósito cuando hablemos de esta noticia general y confusa en su lugar, que será después de todas las aprehensiones particulares del entendimiento. Pero diremos sola una razón con que se vea claro cómo, en caso que el contemplativo haya de dejar la vía de meditación y discurso, le es necesaria esta noticia o advertencia amorosa en general de Dios. Y es porque, si el alma entonces no tuviese esta noticia o asistencia en Dios, seguirse hía que ni haría nada ni tendría nada el alma; porque, dejando la meditación, mediante la cual obra el alma discurriendo con las potencias sensitivas y faltándole también la contemplación, que es la noticia general que decimos, en la cual tiene el alma actuadas las potencias espirituales, que son memoria, entendimiento y voluntad, unidas ya en esta noticia obrada ya y recibida en ellas, faltarle hía necesariamente al alma todo ejercicio acerca de Dios, como quiera que el alma no pueda obrar ni recibir lo obrado, si no es por vía de estas dos maneras de potencias sensitivas y espirituales. Porque, como habemos dicho, mediante las potencias sensitivas puede ella discurrir y buscar y obrar las noticias de los objetos; y mediante las potencias espirituales puede gozar las noticias ya recibidas en estas dichas potencias, sin que obren ya las potencias.

7. Y así, la diferencia que hay del ejercicio que el alma hace acerca de las unas y de las otras potencias, es la que hay entre ir obrando y gozar ya de la obra hecha, o la que hay entre el trabajo de ir caminando y el descanso y quietud que hay en el término; que es

también como estar guisando la comida, o estar comiéndola y gustándola ya guisada y masticada, sin alguna manera de ejercicio de obra; y la que hay entre ir recibiendo, y aprovechándose ya del recibo. Y así, (si) acerca del obrar con las potencias sensitivas, que es la meditación y discurso, o acerca de lo ya recibido y obrado en las potencias espirituales, que es la contemplación y noticia que habemos dicho, no estuviese el alma empleada estando ociosa de las unas y de las otras, no había de dónde ni por dónde se pudiese decir que estaba el alma empleada. Es, pues, necesaria esta noticia para haber de dejar la vía de meditación y discurso.

8. Pero conviene aquí saber que esta noticia general de que vamos hablando, es a veces tan sutil y delicada, mayormente cuando ella es más pura y sencilla y perfecta y más espiritual e interior, que el alma, aunque está empleada en ella, no la echa de ver ni la siente. Y aquesto acaece más cuando decimos que ella es en sí más clara y perfecta y sencilla. Y entonces lo es, cuando ella embiste en alma más limpia y ajena de otras inteligencias y noticias particulares en que podría hacer presa el entendimiento o sentido; la cual, por carecer de éstas, que son acerca de las cuales el entendimiento y sentido tiene habilidad y costumbre de ejercitarse, no la siente, por cuanto le faltan sus acostumbrados sensibles. Y ésta es la causa por donde, estando ella más pura y perfecta y sencilla, menos la siente el entendimiento y más oscura le parece. Y así, por el contrario, cuanto ella está en sí en el entendimiento menos pura y simple, más clara y de más tomo le parece al entendimiento, por estar ella vestida o mezclada o envuelta en algunas formas inteligibles, en que puede tropezar el entendimiento o sentido.

9. Lo cual se entenderá bien por esta comparación. Si consideramos en el rayo del sol que entra por la ventana, vemos que, cuanto el dicho rayo está más poblado de átomos y motas, mucho más palpable y sensible y más claro le parece a la vista del sentido. Y está claro, que entonces el rayo está menos puro y menos claro en sí y sencillo y perfecto, pues está lleno de tantas motas y átomos. Y también vemos que cuando está más puro y limpio de aquellas motas y átomos, menos palpable y más oscuro le parece al ojo material; y cuanto más limpio está, tanto más oscuro y menos aprehensible le parece. Y si del todo el rayo estuviese limpio y puro de todos los átomos y motas, hasta los más sutiles polvitos, del todo parecería oscuro e incomprehensible el dicho rayo al ojo, por cuanto allí faltan los visibles, que son objeto de la vista. Y así, el ojo no halla especies en qué reparar, porque la luz no es propio

objeto de la vista, sino el medio con que ve lo visible; y así, si faltaren los visibles en que el rayo o la luz hagan reflexión, nada se verá. De donde si entrase el rayo por una ventana y saliese por otra, sin topar en cosa alguna que tuviese tomo de cuerpo, no se vería nada; y con todo eso, el rayo estaría en sí más puro y limpio que cuando, por estar lleno de cosas visibles, se veía y sentía más claro.

10. De la misma manera acaece acerca de la luz espiritual en la vista del alma, que es el entendimiento, en el cual esta general noticia y luz que vamos diciendo sobrenatural embiste tan pura y sencillamente y tan desnuda ella y ajena de todas las formas inteligibles, que son objetos del entendimiento, que él no la siente ni echa de ver; antes, a veces, que es cuando ella es más pura, le hace tiniebla, porque le enajena de sus acostumbradas luces, de formas y fantasías; y entonces siéntese bien y échase bien de ver la tiniebla. Mas, cuando esta luz divina no embiste con tanta fuerza en el alma, ni siente tiniebla, ni ve luz, ni aprehende nada que ella sepa, de acá ni de allá; y, por tanto, se queda el alma a veces como en un olvido grande, que ni supo dónde se estaba, ni qué se había hecho, ni le parece haber pasado por ella tiempo. De donde puede acaecer, y así es, que se pasen muchas horas en este olvido, y al alma, cuando vuelve en sí, no le parezca un momento o que no estuvo nada.

11. Y la causa de este olvido es la pureza y sencillez de esta noticia, la cual, ocupando al alma, así la pone sencilla y pura y limpia de todas las aprehensiones y formas de los sentidos y de la memoria, por donde el alma obraba en tiempo, y así la deja en olvido y sin tiempo. De donde al alma esta oración, aunque, como decimos, le dure mucho, le parece brevísima, porque ha estado unida en inteligencia pura, que no está en tiempo. Y es la oración breve de que se dice (Ecli. 35, 21) que penetra los cielos, porque es breve, porque no es en tiempo, y penetra los cielos, porque el alma está unida en inteligencia celestial. Y así, esta noticia deja al alma, cuando recuerda, con los efectos que hizo en ella sin que ella los sintiese hacer, que son levantamiento de mente a inteligencia celestial y enajenación y abstracción de todas las cosas, y formas, y figuras, y memorias de ellas. Lo cual dice David (Sal. 101, 8) haberle a él acaecido, volviendo en sí del mismo olvido, diciendo: *Vigilavi, et factus sum sicut passer solitarius in tecto;* que quiere decir: Recordé y halléme hecho como el pájaro solitario en el tejado. Solitario dice, es a saber, de todas las cosas enajenado y

abstraído; y en el tejado, es a saber, elevada la mente en lo alto. Y así, se queda el alma como ignorante de todas las cosas, porque solamente sabe a Dios sin saber cómo. De donde la Esposa declara en los Cantares (6, 11), entre los efectos que en ella hizo este su sueño olvido, este no saber, cuando dice que descendió a él, diciendo: Nescivi, esto es: no supe.

De donde, aunque (como habemos dicho) al alma en esta noticia le parezca que no hace nada, ni está empleada en nada, porque no obra nada con los sentidos ni con las potencias, crea que no se está perdiendo tiempo, porque, aunque cese la armonía de las potencias del alma, la inteligencia de ella está de la manera que habemos dicho. Que por eso la Esposa, que era sabia, también en los Cantares (5, 2) se respondió ella a sí misma en esta duda, diciendo: Ego dormio et cor meum vigilat. Como si dijera: aunque duermo yo, según lo que yo soy naturalmente, cesando de obrar, mi corazón vela, sobrenaturalmente elevado en noticia sobrenatural.

12. Pero es de saber que no se ha de entender que esta noticia ha de causar por fuerza este olvido para ser como aquí decimos, que eso sólo acaece cuando abstrae al alma del ejercicio de todas las potencias naturales y espirituales; lo cual acaece las menos veces, porque no siempre ocupa toda el alma. Que, para que sea la que basta en el caso que vamos tratando, basta que el entendimiento esté abstraído de cualquiera noticia particular, ahora temporal, ahora espiritual, y que no tenga gana la voluntad de pensar acerca de unas ni de otras, como habemos dicho, porque entonces es señal que está el alma empleada.

Y este indicio se ha de tener para entender que lo está, cuando esta noticia sólo se aplica y comunica al entendimiento, que es cuando a veces el alma no lo echa de ver. Porque, cuando juntamente se comunica a la voluntad, que es casi siempre, poco o mucho no deja el alma de entender, si quiere mirar en ello, que está empleada y ocupada en esta noticia, por cuanto se siente con sabor de amor en ella, sin saber ni entender particularmente lo que ama. Y por eso la llama noticia amorosa general, porque, así como lo es en el entendimiento, comunicándose a él oscuramente, así también lo es en la voluntad, comunicándola sabor y amor confusamente, sin que sepa distintamente lo que ama.

13. Esto baste ahora para entender cómo le conviene al alma estar empleada en esta noticia para haber de dejar la vía del discurso

espiritual y para asegurarse que, aunque no le parezca que hace nada el alma, está bien empleada, si se ve con las dichas señales, y para que también se entienda, por la comparación que habemos dicho, cómo, no porque esta luz se represente al entendimiento más comprehensible y palpable, como hace el rayo del sol al ojo cuando está lleno de átomos, por eso la ha de tener el alma por más pura, subida y clara; pues está claro que, según dice Aristóteles y los teólogos, cuanto más alta es la luz divina y más subida, más oscura es para nuestro entendimiento.

14. De esta divina noticia hay mucho que decir, así de ella en sí como de los efectos que hace en los contemplativos. Todo lo dejamos para su lugar, porque aun lo que habemos dicho en éste no había para qué alargarnos tanto, si no fuera por (no) dejar esta doctrina algo más confusa de lo que queda, porque es cierto, yo confieso lo queda mucho. Porque, dejado que es materia que pocas veces se trata por este estilo, ahora de palabra como de escritura, por ser ella en sí extraordinaria y oscura, añádese también mi torpe estilo y poco saber. Y así, estando desconfiado de que lo sabré dar a entender, muchas veces entiendo me alargo demasiado y salgo fuera de los límites que bastan al lugar y parte de la doctrina que voy tratando. En lo cual yo confieso hacerlo, a veces, de advertencia; porque lo que no se da a entender por unas razones, quizá se entenderá mejor por aquéllas y por otras, y también porque entiendo que así se va dando más luz para lo que se ha de decir adelante. Por lo cual me parece también (para concluir con esta parte) dejar respondido a una duda que puede haber acerca de la continuación de esta noticia, y será brevemente en el siguiente capítulo.

CAPÍTULO 15

En que se declara cómo a los aprovechantes que comienzan a entrar en esta noticia general de contemplación les conviene a veces aprovecharse del discurso natural y obra de las potencias naturales.

1. Podría acerca de lo dicho haber una duda, y es si los aprovechantes, que es a los que Dios comienza a poner en esta noticia sobrenatural de contemplación de que habemos hablado, por el mismo caso que la comienzan a tener, no hayan ya para

siempre de aprovecharse de la vía de meditación y discurso y formas naturales.

A lo cual se responde que no se entiende que los que comienzan a tener esta noticia amorosa en general, nunca hayan ya de procurar de tener meditación, porque a los principios que van aprovechando, ni está tan perfecto el hábito de ella que, luego que ellos quieran, se puedan poner en el acto de ella, ni, por lo semejante, están tan remotos de la meditación, que no puedan meditar y discurrir algunas veces naturalmente como solían, por las formas y pasos que solían, hallando allí alguna cosa de nuevo; antes a estos principios, cuando por los indicios ya dichos echan de ver que no está el alma empleada en aquel sosiego y noticia, habrán menester aprovecharse del discurso, hasta que vengan en ella a adquirir el hábito que habemos dicho en alguna manera perfecto, que será cuando todas las veces que quieren meditar, luego se quedan en esta noticia y paz sin poder hacer ni tener gana de hacerlo, como habemos dicho. Porque, hasta llegar a este tiempo, que es ya de aprovechados en esto, ya hay de lo uno, ya de lo otro, en diferentes tiempos.

2. De manera que muchas veces se hallará el alma en esta amorosa pacífica asistencia sin obrar nada con las potencias, esto es, acerca de actos particulares, no obrando activamente, sino sólo recibiendo; y muchas habrá menester ayudarse blanda y moderadamente del discurso para ponerse en ella. Pero, puesta el alma en ella, ya habemos dicho que el alma no obra nada con las potencias; que entonces antes es verdad decir que se obra en ella y que está obrada la inteligencia y sabor, que no que obre ella alguna cosa, sino solamente tener advertencia el alma con amar a Dios, sin querer sentir ni ver nada. En lo cual pasivamente se le comunica Dios, así como al que tiene los ojos abiertos, que pasivamente sin hacer él más que tenerlos abiertos, se le comunica la luz. Y este recibir la luz que sobrenaturalmente se le infunde, es entender pasivamente, pero dícese que no obra, no porque no entienda, sino porque entiende lo que no le cuesta su industria, sino sólo recibir lo que le dan, como acaece en las iluminaciones e ilustraciones o inspiraciones de Dios.

3. Aunque aquí libremente recibe la voluntad esta noticia general y confusa de Dios, solamente es necesario, para recibir más sencilla y abundantemente esta luz divina, que no se cure de entreponer otras luces más palpables de otras luces o formas o noticias o

figuras de discurso alguno, porque nada de aquello es semejante a aquella serena y limpia luz. De donde, si quisiere entonces entender y considerar cosas particulares, aunque más espirituales fuesen, impediría la luz limpia y sencilla general del espíritu, poniendo aquellas nubes en medio, así como al que delante de los ojos se le pusiese alguna cosa en que, tropezando la vista, se le impidiese la luz y vista de adelante.

4. De donde se sigue claro que, como el alma se acabe de purificar y vaciar de todas las formas e imágenes aprehensibles, se quedará en esta pura y sencilla luz, transformándose en ella en estado de perfección, porque esta luz nunca falta en el alma; pero, por las formas y velos de criatura con que el alma está velada y embarazada, no se le infunde. Que, si quitase estos impedimentos y velos del todo, como después se dirá, quedándose en la pura desnudez y pobreza de espíritu, luego el alma, ya sencilla y pura, se transforma en la sencilla y pura sabiduría, que es el Hijo de Dios; porque faltando lo natural al alma enamorada, luego se infunde de lo divino, natural y sobrenaturalmente, porque no se dé vacío en la naturaleza.

5. Aprenda el espiritual a estarse con advertencia amorosa en Dios, con sosiego de entendimiento, cuando no puede meditar, aunque le parezca que no hace nada. Porque así, poco a poco, y muy presto, se infundirá en su alma el divino sosiego y paz con admirables y subidas noticias de Dios, envueltas en divino amor. Y no se entremeta en formas, meditaciones e imaginaciones, o algún discurso, porque no desasosiegue al alma y la saque de su contento y paz, en lo cual ella recibe desabrimiento y repugnancia. Y si, como habemos dicho, le hiciere escrúpulo de que no hace nada, advierta que no hace poco en pacificar el alma y ponerla en sosiego y paz, sin alguna obra y apetito, que es lo que Nuestro Señor nos pide por David (Sal. 45, 11), diciendo: Vacate, et videte quoniam ego sum Deus; como si dijera: Aprended a estaros vacíos de todas las cosas, es a saber, interior y exteriormente, y veréis cómo yo soy Dios.

CAPÍTULO 16

En que se trata de las aprehensiones imaginarias que sobrenaturalmente se representan en la fantasía. Dice cómo no pueden servir al alma de medio próximo para la unión con Dios.

1. Ya que habemos tratado de las aprehensiones que naturalmente pueden en sí recibir y en ellas obrar con (su) discurso la fantasía e imaginativa, conviene aquí tratar de las sobrenaturales, que se llaman visiones imaginarias, que también, por estar ellas debajo de imagen y forma y figura, pertenecen a este sentido, ni más ni menos que las naturales.

2. Y es de saber que, debajo de este nombre de visiones imaginarias, queremos entender todas las cosas que debajo de imagen, forma, y figura y especie sobrenaturalmente se pueden representar a la imaginación. Porque todas las aprehensiones y especies que de todos los cinco sentidos corporales se representan a él y en él hacen asiento por vía natural, pueden por vía sobrenatural tener lugar en él y representársele sin ministerio alguno de los sentidos exteriores. Porque este sentido de la fantasía, junto con la memoria, es como un archivo y receptáculo del entendimiento, en que se reciben todas las formas e imágenes inteligibles: y así, como si fuese un espejo, las tiene en sí, habiéndolas recibido por vía de los cinco sentidos, o, como decimos, sobrenaturalmente; y así las representa al entendimiento, y allí el entendimiento las considera y juzga de ellas. Y no sólo puede eso, mas aún puede componer e imaginar otras a la semejanza de aquellas que allí conoce.

3. Es, pues, de saber que, así como los cinco sentidos exteriores representan las imágenes y especies de sus objetos a estos interiores, así sobrenaturalmente, como decimos, sin los sentidos exteriores puede Dios y el demonio representar las mismas imágenes y especies, y mucho más hermosas y acabadas. De donde, debajo de estas imágenes muchas veces representa Dios al alma muchas cosas, y la enseña mucha sabiduría; como a cada paso se ve en la sagrada Escritura, como (vio) Isaías a Dios en su gloria debajo del humo que cubría el templo y de los serafines que cubrían con las alas el rostro y los pies (6, 2-4); Jeremías la vara que velaba (1, 11), Daniel multitud de visiones (7, 10), etc.

Y también el demonio procura con las suyas, aparentemente buenas, engañar al alma, como es de ver en el de los Reyes (3 Re. 22, 11), cuando engañó a todos los profetas de Acab, representándoles en la imaginación los cuernos con que dijo había de destruir a los asirios, y fue mentira. Y las visiones que tuvo la mujer de Pilatos (Mt. 27, 19) sobre que no condenase a Cristo, y otros muchos lugares. Donde se ve cómo, en este espejo de la fantasía e imaginativa, estas visiones imaginarias acaecen a los aprovechados más frecuentemente que las corporales exteriores. Estas, como decimos, no se diferencian de las que entran por los sentidos exteriores en cuanto imágenes y especies; pero, en cuanto al efecto que hacen y perfección de ellas, mucha diferencia hay, porque son más sutiles y hacen más efecto en el alma, por cuanto son sobrenaturales y más interiores que las sobrenaturales exteriores. Aunque no se quita por eso que algunas corporales de estas exteriores hagan más efecto; que, en fin, es como Dios quiere que sea la comunicación. Pero hablamos en cuanto es de parte de ellas, por cuanto son más espirituales.

4. Este sentido de la imaginación y fantasía es donde ordinariamente acude el demonio con sus ardides, ahora naturales, ahora sobrenaturales; porque ésta es la puerta y entrada para el alma, y como habemos dicho, aquí viene el entendimiento a tomar y dejar, como a puerta o plaza de su provisión. Y por eso siempre Dios y también el demonio acuden aquí con sus joyas de imágenes y formas sobrenaturales para ofrecerlas al entendimiento; puesto que Dios no sólo se aprovecha de este medio para instruir al alma, pues mora sustancialmente en ella, y puede por sí y por otros medios.

5. Y no hay para qué yo aquí me detenga en dar doctrina de indicios para que se conozcan cuáles visiones serán de Dios y cuáles no, y cuáles en una manera y cuáles en otra; pues mi intento aquí no es ése, sino sólo instruir al entendimiento en ellas, para que no se embarace e impida para la unión con la divina Sabiduría con las buenas, ni se engañe en las falsas.

6. Por tanto, digo que, de todas estas aprehensiones y visiones imaginarias y otras cualesquiera formas o especies, como ellas se ofrezcan debajo de forma o imagen o alguna inteligencia particular, ahora sean falsas de parte del demonio, ahora se conozcan ser verdaderas de parte de Dios, el entendimiento no se ha de embarazar ni cebar en ellas, ni las ha el alma de querer admitir ni tener, para poder estar desasida, desnuda, pura y sencilla, sin algún modo y manera, como se requiere para la unión.

7. Y de esto la razón es porque todas estas formas ya dichas siempre en su aprehensión se representan, según habemos dicho, debajo de algunas maneras y modos limitados, y la Sabiduría de Dios, en que se ha de unir el entendimiento, ningún modo ni manera tiene, ni cae debajo de algún límite ni inteligencia distinta y particularmente, porque totalmente es pura y sencilla. Y como quiera que, para juntarse dos extremos, cual es el alma y la divina Sabiduría, será necesario que vengan a convenir en cierto medio de semejanza entre sí, de aquí es que también el alma ha de estar pura y sencilla, no limitada ni atenida a alguna inteligencia particular, ni modificada con algún límite de forma, especie e imagen. Que, pues Dios no cae debajo de imagen ni forma, ni cabe debajo de inteligencia particular, tampoco el alma, para caer en Dios, ha de caer debajo de forma e inteligencia distinta.

8. Y que en Dios no haya forma ni semejanza, bien lo da a entender el Espíritu Santo en el Deuteronomio (4, 12), diciendo: *Vocem verborum eius audistis, et formam penitus non vidistis;* que quiere decir: Oísteis la voz de sus palabras, y totalmente no visteis en Dios alguna forma. Pero dice que había allí tinieblas, y nube, y oscuridad, que es la noticia confusa y oscura que habemos dicho, en que se une el alma con Dios. Y luego más adelante (4, 15) dice: *Non vidistis aliquam similitudinem in die qua locutus est vobis Dominus in Horeb de medio ignis,* esto es: No visteis vosotros semejanza alguna en Dios en el día que os habló de medio del fuego, en el monte Horeb.

9. Y que el alma no pueda llegar a lo alto de Dios, cual en esta vida se puede, por medio de algunas formas y figuras, también lo dice el mismo Espíritu Santo en los Números (12, 6-8), donde, reprehendiendo Dios a Aarón y María, hermanos de Moisés, porque murmuraban contra él, queriendo darles a entender el alto estado en que le había puesto de unión y amistad consigo, dijo: *Si quis inter vos fuerit propheta Domini in visione apparebo ei, vel per somnium loquar ad illum. At (non) talis servus meus Moyses, qui in omni domo mea fidelissimus est: ore enim ad os loquor ei, palam, et non per aenigmata et figuras Dominum videt;* que quiere decir: Si entre vosotros hubiere algún profeta del Señor, aparecerle he en alguna visión o forma o hablaré con él entre sueños. Pero no hay tal como mi siervo Moisés, que en toda mi casa es fidelísimo y hablo con él boca a boca, y no ve a Dios por comparaciones, semejanzas y figuras. En lo cual se da a entender claro que en este alto estado de unión que vamos hablando, no se comunica Dios al alma

mediante algún disfraz de visión imaginaria, o semejanza, o figura, ni la ha de haber; sino que boca a boca, esto es, esencia pura y desnuda de Dios, que es la boca de Dios en amor, con esencia pura y desnuda del alma, que es la boca del alma en amor de Dios.

10. Por tanto, para venir a esta unión de amor de Dios esencial, ha de tener cuidado el alma de no se ir arrimando a visiones imaginarias, ni formas, ni figuras, ni particulares inteligencias, pues no le pueden servir de medio proporcionado y próximo para tal efecto; antes le harían estorbo, y por eso las ha de renunciar y procurar de no tenerlas. Porque, si por algún caso se hubiesen de admitir y preciar, era por el provecho que las verdaderas hacen en el alma y buen efecto. Pero para esto no es necesario admitirlas, antes conviene, para mejoría, siempre negarlas. Porque estas visiones imaginarias, el bien que pueden hacer al alma, también como las corporales exteriores que habemos dicho, es comunicarle inteligencia, o amor, o suavidad; pero para que causen este efecto en ella, no es menester que ella las quiera admitir, porque, como también queda dicho arriba, en ese mismo punto que en la imaginación hacen presencia, la hacen en el alma e infunden a la inteligencia y amor, o suavidad, o lo que Dios quiere que causen.

Y no sólo juntamente, pero principalmente, aunque no en el mismo tiempo, hacen en el alma su efecto pasivamente, sin ser ella parte para lo poder impedir aunque quisiese, como tampoco lo fue para lo saber adquirir, aunque lo haya sido antes para se saber disponer. Porque, así como la vidriera no es parte para impedir el rayo del sol que da en ella, sino que pasivamente, estando ella dispuesta con limpieza, la esclarece sin su diligencia u obra, así también el alma, aunque ella quiera, no puede dejar de recibir en sí las influencias y comunicaciones de aquellas figuras, aunque más las quisiere resistir; porque a las infusiones sobrenaturales no las puede resistir la voluntad negativa con resignación humilde y amorosa, sino sola la impureza e imperfecciones del alma, como también en la vidriera impiden la claridad las manchas.

11. Donde se ve claro que, cuanto más el alma se desnudare con la voluntad y afecto de las aprehensiones de las manchas de aquellas formas, imágenes y figuras en que vienen envueltas las comunicaciones espirituales que habemos dicho, no sólo no se priva de estas comunicaciones y bienes que causan, mas se dispone mucho más para recibirlas con más abundancia, claridad y libertad de espíritu y sencillez, dejadas aparte todas aquellas

aprehensiones, que son las cortinas y velos que encubren lo espiritual que allí hay, y así ocupan el espíritu y sentido, si en ellas se quisiese cebar, de manera que sencilla y libremente no se pueda comunicar el espíritu; porque, estando ocupada con aquella corteza, está claro que no tiene libertad el entendimiento para recibir (aquellas formas). De donde, si el alma entonces las quiere admitir y hacer caso de ellas, sería embarazarse y contentarse con lo menos que hay en ellas, que es todo lo que ella puede aprehender y conocer de ellas, lo cual es aquella forma e imagen y particular inteligencia. Porque lo principal de ellas, que es lo espiritual que se le infunde, no sabe ella aprehender ni entender, ni sabe cómo es, ni lo sabría decir, porque es puro espiritual. Solamente lo que de ellas sabe, como decimos, es lo menos que hay en ellas a su modo de entender, que es las formas por el sentido. Y por eso digo que pasivamente, sin que ella ponga su obra de entender y sin saberla poner, se le comunica de aquellas visiones lo que ella no supiera entender ni imaginar.

12. Por tanto, siempre se han de apartar los ojos del alma de todas estas aprehensiones que ella puede ver y entender distintamente (lo cual comunica en sentido y no hace fundamento y seguro de fe), y ponerlos en lo que no ve ni pertenece al sentido, sino al espíritu, que no cae en figura de sentido, que es lo que la lleva a la unión en fe, la cual es el propio medio, como está dicho. Y así, le aprovecharán al alma estas visiones en sustancia para fe, cuando bien supiere negar lo sensible e inteligible de ellas y usara bien del fin que Dios tiene en darlas al alma, desechándolas. Porque, como dijimos de las corporales, no las da Dios para que el alma las quiera tomar y poner su asimiento en ellas.

13. Pero nace aquí una duda, y es: si es verdad que Dios da al alma las visiones sobrenaturales, no para que ella las quiera tomar, ni arrimarse a ellas, ni hacer caso de ellas, ¿para qué se las da, pues en ellas puede el alma caer en muchos yerros y peligros, o por lo menos en los inconvenientes que aquí se escriben para ir adelante, mayormente pudiendo Dios dar al alma y comunicarle espiritualmente y en sustancia lo que le comunica por el sentido mediante las dichas visiones y formas sensibles?

14. Responderemos a esta duda en el siguiente capítulo, y es de harta doctrina y bien necesaria, a mi ver, así para los espirituales como para los que los enseñan, porque se enseña el estilo y fin que Dios en ellas lleva; el cual por no lo saber muchos, ni se saben

gobernar, ni encaminar a sí ni a otros en ellas a la unión. Que piensan que, por el mismo caso que conocen ser verdaderas y de Dios, es bueno admitirlas, y asegúranse en ellas, no mirando que también en éstas hallará el alma su propiedad, y asimiento y embarazo, como en las cosas del mundo, si no las sabe renunciar como a ellas. Y así les parece que es bueno admitir las unas y reprobar las otras, metiéndose a sí mismos y a las almas en gran trabajo y peligro acerca del discernir entre la verdad y falsedad de ellas. Que ni Dios les manda poner en ese trabajo, ni que a las almas sencillas y simples las metan en ese peligro y contienda; pues tienen doctrina sana y segura, que es la fe, en que han de caminar adelante.

15. La cual no puede ser sin cerrar los ojos a todo lo que es de sentido e inteligencia clara y particular. Porque, aun con estar san Pedro tan cierto de la visión de gloria que vio en Cristo en la transfiguración, después de haberlo contado en su Epístola 2ª canónica (1, 17-18), no quiso que lo tomasen por principal testimonio de firmeza, sino, encaminándolos a la fe, dijo (1, 19): *Et habemus firmiorem propheticum sermonem: cui benefacitis attendentes, quasi lucernae lucenti in caliginoso loco, donec dies elucescat,* etc.; quiere decir: Y tenemos más firme testimonio que esta visión del Tabor, que son los dichos y palabras de los profetas que dan testimonio de Cristo, a las cuales hacéis bien de arrimaros, como a la candela que da luz en el lugar oscuro. En la cual comparación, si quisiéremos mirar, hallaremos la doctrina que vamos enseñando. Porque, en decir que miremos a la fe que hablaron los profetas, como "a candela que luce en lugar oscuro", es decir que nos quedemos a oscuras, cerrados los ojos a todas esotras luces, y que en esta tiniebla sola la fe, que también es oscura, sea luz a que nos arrimemos. Porque si nos queremos arrimar a esotras luces claras de inteligencias distintas, ya nos dejamos de arrimar a la oscura, que es la fe, y nos deja de dar la luz en el lugar oscuro que dice san Pedro; el cual lugar, que aquí significa el entendimiento que es el candelero donde se asienta esta candela de la fe, ha de estar oscuro "hasta que le amanezca" en la otra vida "el día" de la clara visión de Dios, y en ésta el de la transformación y unión.

CAPÍTULO 17

En que se declara el fin y estilo que Dios tiene en comunicar al alma los bienes espirituales por medio de los sentidos, en lo cual se responde a la duda que se ha tocado.

1. Mucho hay que decir acerca del fin y estilo que Dios tiene en dar estas visiones, para levantar a una alma de su bajeza a su divina unión, de lo cual todos los libros espirituales tratan, y en este nuestro tratado también el estilo que llevamos es darlo a entender. Y por eso, en este capítulo, solamente diré lo que basta para satisfacer a nuestra duda, la cual era: que, pues, en estas visiones sobrenaturales hay tanto peligro y embarazo para ir adelante, como habemos dicho, ¿por qué Dios, que es sapientísimo y amigo de apartar de las almas tropiezos y lazos, se las ofrece y comunica?

2. Para responder a esto, conviene primero poner tres fundamentos.

El primero es de san Pablo ad Romanos (13, 1), donde dice: Quae autem sunt, a Deo ordinata sunt, que quiere decir: Las obras que son hechas, de Dios son ordenadas.

El segundo es del Espíritu Santo en el libro de la Sabiduría (8, 1), diciendo: Disponit omnia suaviter. Y es como si dijera: La Sabiduría de Dios, aunque toca desde un fin hasta otro fin, es a saber, desde un extremo hasta otro extremo, dispone todas las cosas con suavidad.

El tercero es de los teólogos, que dicen que omnia movet secundum modum eorum, esto es: Dios mueve todas las cosas al modo de ellas.

3. Según, pues, estos fundamentos, está claro que para mover Dios al alma y levantarla del fin y extremo de su bajeza al otro fin y extremo de su alteza en su divina unión, halo de hacer ordenadamente y suavemente y al modo de la misma alma. Pues, como quiera que el orden que tiene el alma de conocer, sea por las formas e imágenes de las cosas criadas, y el modo de su conocer y saber sea por los sentidos, de aquí es que, para levantar Dios al alma al sumo conocimiento, para hacerlo suavemente ha de comenzar y tocar desde el bajo fin y extremo de los sentidos del alma, para así irla llevando al modo de ella hasta el otro fin de su sabiduría espiritual, que no cae en sentido. Por lo cual, la lleva primero instruyendo por formas e imágenes y vías sensibles a su

modo de entender, ahora naturales, ahora sobrenaturales, y por discursos, a ese sumo espíritu de Dios.

4. Y ésta es la causa por que Dios le da las visiones y formas, imágenes y las demás noticias sensitivas e inteligibles espirituales; no porque no quisiera Dios darle luego en el primer acto la sabiduría del espíritu, si los dos extremos, cuales son humano y divino, sentido y espíritu, de vía ordinaria pudieran convenir y juntarse con un solo acto, sin que intervengan primero otros muchos actos de disposiciones que ordenada y suavemente convengan entre sí, siendo unas fundamento y disposición para las otras, así como en los agentes naturales; y así, las primeras sirven a las segundas, y las segundas a las terceras, y de ahí adelante, ni más ni menos. Y así va Dios perfeccionando al hombre al modo del hombre, por lo más bajo y exterior, hasta lo más alto e interior.

De donde primero le perfecciona el sentido corporal, moviéndole a que use de buenos objetos naturales perfectos exteriores, como oír sermones, misas, ver cosas santas, mortificar el gusto en la comida, macerar con penitencia y santo rigor el tacto.

Y cuando ya están estos sentidos algo dispuestos, los suele perfeccionar más, haciéndoles algunas mercedes sobrenaturales y regalos para confirmarlos más en el bien, ofreciéndoles algunas comunicaciones sobrenaturales, así como visiones de santos o cosas santas corporalmente, olores suavísimos y locuciones, y en el tacto grandísimo deleite; con que se confirma mucho el sentido en la virtud y se enajena del apetito de los malos objetos.

Y allende de eso, los sentidos corporales interiores, de que aquí vamos tratando, como son imaginativa y fantasía, juntamente se los va perfeccionando y habituando al bien con consideraciones, meditaciones y discursos santos, y en todo esto instruyendo al espíritu.

Y ya éstos dispuestos con este ejercicio natural, suele Dios ilustrarlos y espiritualizarlos más con algunas visiones sobrenaturales, que son las que aquí vamos llamando imaginaria, en las cuales juntamente, como habemos dicho, se aprovecha mucho el espíritu, el cual, así en las unas como en las otras, se va desenrudeciendo y reformando poco a poco. Y de esta manera va Dios llevando al alma de grado en grado hasta lo más interior. No porque sea siempre necesario guardar este orden de primero y postrero tan puntual como eso, porque a veces hace Dios uno sin otro, y por lo más interior lo menos interior, y todo junto, que eso es como Dios ve que conviene al alma o como le quiere hacer las mercedes. Pero la vía ordinaria es conforme a lo dicho.

5. De esta manera, pues, la va Dios instruyendo y haciéndola espiritual, comenzándole a comunicar lo espiritual desde las cosas exteriores, palpables y acomodadas al sentido, según la pequeñez y poca capacidad del alma, para que mediante la corteza de aquellas cosas sensibles, que de suyo son buenas, vaya el espíritu haciendo actos particulares y recibiendo tantos bocados de comunicación espiritual, que venga a hacer hábito en lo espiritual y llegue a actual sustancia de espíritu, que es ajena de todo sentido; al cual, como habemos dicho, no puede llegar el alma sino muy poco a poco, a su modo, por el sentido, a que siempre ha estado asida.

Y así, a la medida que va llegando más al espíritu acerca del trato con Dios, se va más desnudando y vaciando de las vías del sentido, que son las del discurso y meditación imaginaria. De donde, cuando llegare perfectamente al trato con Dios de espíritu, necesariamente ha de haber evacuado todo lo que acerca de Dios podía caer en sentido (cf. 1 Cor. 13, 10), así como cuanto más una cosa se va arrimando más a un extremo, más se va alejando y enajenando del otro, y cuando perfectamente se arrimare, perfectamente se habrá también apartado del otro extremo. Por lo cual, comúnmente se dice un adagio espiritual, y es: Gustato spiritu, desipit omnis caro, que quiere decir: Acabado de recibir el gusto y sabor del espíritu, toda carne es insipiente. Esto es: no aprovechan ni entran en gusto todas las vías de la carne; en lo cual se entiende de todo trato de sentido acerca de lo espiritual. Y está claro, porque si es espíritu, ya no cae en sentido, y si es que puede comprehenderlo el sentido, ya no es puro espíritu. Porque cuanto más de ello puede saber el sentido y aprehensión natural, tanto menos tiene de espíritu y (de) sobrenatural, como arriba queda dado a entender.

6. Por tanto, el espíritu ya perfecto no hace caso del sentido, ni recibe por él, ni principalmente se sirve ni ha menester servirse de él para con Dios, como hacía antes cuando no había crecido en espíritu. Y esto es lo que quiere decir aquella autoridad de san Pablo a los Corintios (1 Cor. 13, 11), diciendo: Cum essem parvulus, loquebar ut parvulus, sapiebam ut parvulus, cogitabam ut parvulus. Quando autem factus sum vir, evacuavi quae erant

parvuli; quiere decir: Cuando era yo pequeñuelo, sabía como pequeñuelo, hablaba como pequeñuelo, pensaba como pequeñuelo; pero cuando fui hecho varón, vacié las cosas que eran de pequeñuelo.

Ya habemos dado a entender cómo las cosas del sentido y el conocimiento que el espíritu puede sacar por ellas son ejercicio de pequeñuelo. Y así, si el alma se quisiese siempre asir a ellas y no desarrimarse de ellas, nunca dejaría de ser pequeñuelo niño, y siempre hablaría de Dios como pequeñuelo, y sabría de Dios como pequeñuelo, y pensaría de Dios como pequeñuelo; porque, asiéndose a la corteza del sentido, que es el pequeñuelo, nunca vendría a la sustancia del espíritu, que es el varón perfecto. Y así, no ha de querer el alma admitir las dichas revelaciones, para ir creciendo, aunque Dios se las ofrezca; así como el niño ha menester dejar el pecho, para hacer su paladar a manjar más sustancial y fuerte.

7. Pues luego diréis: ¿será menester que el alma, cuando es pequeñuelo, las quiera tomar, y las deje cuando es mayor: así como el niño es menester que quiera tomar el pecho para sustentarse, hasta que sea mayor para poderle dejar?

Respondo que, acerca de la meditación y discurso natural en que comienza el alma a buscar a Dios, es verdad que no ha de dejar el pecho del sentido para ir(se) sustentando, hasta que llegue a sazón y tiempo que pueda dejarle, que es cuando Dios pone al alma en trato más espiritual, que es la contemplación, de lo cual dimos ya doctrina en el capítulo 13 de este libro. Pero cuando son visiones imaginarias u otras aprehensiones sobrenaturales que pueden caer en el sentido sin el albedrío del hombre, digo que en cualquier tiempo y sazón, ahora sea en estado perfecto, ahora en menos perfecto, aunque sean de parte de Dios, no las ha el alma de querer admitir, por dos cosas:

La una porque él, como habemos dicho, hace en el alma su efecto, sin que ella sea parte para impedirlo, aunque impida y pueda impedir la visión, lo cual acaece muchas veces. Y, por consiguiente, aquel efecto que había de causar en el alma mucho más se le comunica en sustancia, aunque no sea en aquella manera. Porque, como también dijimos, el alma no puede impedir los bienes que Dios le quiere comunicar, ni es parte para ello, si no es con alguna imperfección y propiedad. Y en renunciar estas cosas con humildad y recelo, ninguna imperfección ni propiedad hay.

La segunda es por librarse del peligro y trabajo que hay en discernir las malas de las buenas, y conocer si es ángel de luz o de tinieblas (2 Cor. 11, 14); en que no hay provecho ninguno, sino gastar tiempo y embarazar el alma con aquello y ponerse en ocasiones de muchas imperfecciones y de no ir adelante, no poniendo el alma en lo que hace al caso, desembarazándola de menudencias de aprehensiones e inteligencias particulares según queda dicho de las visiones corporales y de éstas se dirá más adelante.

8. Y esto se crea: que si Nuestro Señor no hubiese de llevar el alma al modo de la misma alma, como aquí diremos, nunca le comunicaría la abundancia de su espíritu por esos arcaduces tan angostos de formas y figuras y particulares inteligencias, por medio de las cuales da el sustento al alma por meajas. Que por eso dijo David (Sal. 147, 17): Mitit crystallum suam sicut buccellas; que es tanto como decir: Envía su sabiduría a las almas como a bocados. Lo cual es harto de doler que, teniendo el alma capacidad infinita, la anden dando a comer por bocados del sentido, por su poco espíritu e inhabilidad sensual. Y por eso también a san Pablo le daba pena esta poca disposición y pequeñez para recibir el espíritu, cuando, escribiendo a los de Corinto (1 Cor. 3, 1-2), dijo: Yo, hermanos, como viniese a vosotros, no os pude hablar como a espirituales, sino como a carnales; porque no pudisteis recibirlo, ni tampoco ahora podéis. Tamquam parvulis in Christo lac potum vobis dedi, non escam, esto es: Como a pequeñuelos en Cristo os di a beber leche y no a comer manjar sólido.

9. Resta, pues, ahora saber que el alma no ha de poner los ojos en aquella corteza de figuras y objeto que se le pone de delante sobrenaturalmente, ahora sea acerca del sentido exterior, como son locuciones y palabras al oído y visiones de santos a los ojos, y resplandores hermosos, y olores a las narices, y gustos y suavidades en el paladar, y otros deleites en el tacto, que suelen proceder del espíritu, lo cual es más ordinario a los espirituales; ni tampoco los ha de poner en cualesquier visiones del sentido interior, cuales son las imaginarias; antes renunciarlas todas. Sólo ha de poner los ojos en aquel buen espíritu que causan, procurando conservarle en obrar y poner por ejercicio lo que es de servicio de Dios ordenadamente, sin advertencia de aquellas representaciones ni de querer algún gusto sensible. Y así, se toma de estas cosas

sólo lo que Dios pretende y quiere, que es el espíritu de devoción, pues que no las da para otro fin principal; y se deja lo que él dejaría de dar, si se pudiese recibir en el espíritu sin ello (como habemos dicho, que es el ejercicio y aprehensión del sentido).

CAPÍTULO 18

Que trata del daño que algunos maestros espirituales pueden hacer a las almas por no las llevar con buen estilo acerca de las dichas visiones. Y dice también cómo, aunque sean de Dios, se pueden en ellas engañar.

1. No podemos en esta materia de visiones ser tan breves como querríamos, por lo mucho que acerca de ellas hay que decir. Aunque en sustancia queda dicho lo que hace al caso para dar a entender al espiritual cómo se ha de haber acerca de las dichas visiones, y al maestro que le gobierna el modo que ha de tener con el discípulo, no será demasiado particularizar más un poco esta doctrina y dar más luz del daño que se puede seguir, así a las almas espirituales como a los maestros que las gobiernan, si son muy crédulos a ellas, aunque sean de parte de Dios.

2. Y la razón que me ha movido a alargarme ahora en esto un poco es la poca discreción que he echado de ver, a lo que yo entiendo, en algunos maestros espirituales, los cuales, asegurándose acerca de las dichas aprehensiones sobrenaturales, por entender que son buenas y de parte de Dios, vinieron los unos y los otros a errar mucho y a hallarse muy cortos, cumpliéndose en ellos la sentencia de Nuestro Salvador (Mt. 15, 14), que dice: Si caecus caeco ducatum praestet, ambo in foveam cadunt; que quiere decir: Si un ciego guiare a otro ciego, entrambos caen en la hoya. Y no dice que "caerán", sino que "caen", porque no es menester esperar que haya caída de error para que caigan, porque sólo el atreverse a gobernarse el uno por el otro ya es yerro, y así ya sólo en eso caen cuanto a lo menos y primero, porque hay algunos que llevan tal modo y estilo con las almas que tienen las tales cosas, que las hacen errar, o las embarazan con ellas, o no las llevan por camino de humildad, y las dan mano a que pongan los ojos en alguna manera en ellas: que es causa de quedar sin verdadero espíritu de fe, y no las edifican en la fe, poniéndose a hacer mucho lenguaje de aquellas cosas. En lo cual las dan a sentir que hacen ellos alguna

presa o caso de aquello, y, por el consiguiente le hacen ellas; y quédanseles las almas puestas en aquellas aprehensiones, y no edificadas en fe, y vacías y desnudas y desasidas de aquellas cosas, para volar en alteza de oscura fe. Y todo esto nace del término y lenguaje que el alma ve en su maestro acerca de esto, que no sé cómo, facilísimamente (se le pega un lleno y estimación de aquello) sin ser en su mano, y quita los ojos del abismo de fe.

3. Y debe de ser la causa de esta facilidad de quedar el alma tan ocupada con ello, que, como son cosas de sentido a que él naturalmente es inclinado, y como también está ya saboreado y dispuesto con la aprehensión de aquellas cosas distintas y sensibles, basta ver en su confesor o en otra persona alguna estima y precio de ella para que (no) solamente el alma la haga, sino que también se le engolosine más el apetito en ellas sin sentir, y se cebe más de ellas, y quede más inclinado a ellas, y haga en ellas alguna presa. Y de aquí salen muchas imperfecciones; por lo menos, porque el alma ya no queda tan humilde, pensando que aquello es algo y que tiene algo bueno, y que Dios hace caso de ella, y anda contenta y algo satisfecha de sí, lo cual es contra humildad. Y luego el demonio le va aumentando esto secretamente, sin entenderlo ella, y le comienza a poner un concepto acerca de los otros, en si tienen o no tienen las tales cosas, o son o no son; lo cual es contra la santa simplicidad y soledad espiritual.

4. Mas, de estos daños, y de cómo no crecen en fe si no se apartan, y cómo también, aunque no sean los daños tan palpables y conocibles como éstos, hay otros en el dicho término: más sutiles y más odiosos a los divinos ojos por no ir en desnudez de todo, dejémoslo ahora, hasta que lleguemos a tratar en el vicio de gula espiritual y de los otros seis, donde, mediante Dios, se tratarán muchas cosas de estas sutiles y delicadas mancillas que se pegan al espíritu por no le saber guiar en desnudez.

5. Ahora digamos algo de cómo es este estilo que llevan algunos confesores con las almas, en que no las instruyen bien. Y, cierto, querría saberlo decir, porque entiendo es cosa dificultosa dar a entender el cómo se engendra el espíritu del discípulo conforme al de su padre espiritual oculta y secretamente. Y cánsame esta materia tan prolija, porque parece no (se) puede declarar lo uno sin dar a entender lo otro también, como son cosas de espíritu, que unas tienen a otras correspondencia.

6. Mas, para lo que aquí basta, paréceme a mí, y así es, que, si el padre espiritual es inclinado a espíritu de revelaciones, de manera que le hagan algún caso, o lleno o gusto en el alma, no podrá dejar, aunque él no lo entienda, de imprimir en el espíritu del discípulo aquel jugo y término si el discípulo no está más adelante que él. Y, aunque lo esté, le podrá hacer harto daño si con él persevera, porque, de aquella inclinación que el padre espiritual tiene y gusto en las tales visiones, le nace manera de estimativa, que, si no es con gran cuidado de él, no puede dejar de dar muestras o sentimiento de ello a la otra persona. Y, si la otra persona tiene el mismo espíritu de la tal inclinación, a lo que yo entiendo, no podrá dejar de comunicarse mucha aprehensión y estimación de estas cosas de una parte a otra.

7. Pero no hilemos ahora tan delgado, sino hablemos de cuando el confesor, ahora sea inclinado a eso, ahora no, no tiene el recato que ha de tener en desembarazar el alma y desnudar el apetito de su discípulo en estas cosas, antes se pone a platicar de ello con él, y lo principal del lenguaje espiritual, como habemos dicho, pone en esas visiones, dándoles indicios para conocer las visiones buenas y malas. Que, aunque es bueno saberlo, no hay para qué meter al alma en ese trabajo, cuidado y peligro; pues, con no hacer caso de ellas, negándolas, se excusa todo eso y se hace lo que se debe. Y no sólo eso, sino que ellos mismos, como ven que las dichas almas tienen tales cosas de Dios, les piden que pidan a Dios les revele o les diga tales o tales cosas tocantes a ellos o a otros, y las almas bobas lo hacen, pensando es lícito quererlo saber por aquella vía. Que piensan que, porque Dios quiere revelar o decir algo sobrenaturalmente como él quiere o para lo que él se quiere, que es lícito querer que nos lo revele y aun pedírselo.

8. Y si acaece que a su petición lo revela Dios, asegúranse más, pensando que Dios gusta de ello y lo quiere, pues que responde; y, a la verdad, ni Dios gusta ni lo quiere. Y ellos muchas veces obran o creen según aquello que se les reveló o se les respondió, porque, como ellos están aficionados a aquella manera de trato con Dios, asiéntaseles mucho y allánaseles la voluntad. Naturalmente gustan y naturalmente se allanan a su modo de entender; y yerran mucho muchas veces, y ven ellos que no les sale como habían entendido, y maravíllanse; y luego salen las dudas en si era de Dios (o no era de Dios) pues no acaece ni lo ven de aquella manera. Pensaban ellos primero dos cosas: la una, que era de Dios, pues tanto se les asentaba primero, y puede ser el natural inclinado a ello que causa

aquel asiento, como habemos dicho; y que, la segunda, siendo de Dios, había de salir así como en ellas entendían o pensaban.

9. Y aquí está un grande engaño, porque las revelaciones o locuciones de Dios no siempre salen como los hombres las entienden o como ellas suenan en sí. Y así no se han de asegurar en ellas ni creerlas a carga cerrada aunque sepan que son revelaciones o respuestas o dichos de Dios. Porque, aunque ellas sean ciertas y verdaderas en sí, no lo son siempre en sus causas y en nuestra manera de entender. Lo cual probaremos en el capítulo siguiente. Y también diremos y probaremos después cómo aunque Dios responde a veces a lo que se le pide sobrenaturalmente, no gusta de ello, y cómo a veces se enoja, aunque responde.

CAPÍTULO 19

En que se declara y prueba cómo, aunque las visiones y locuciones que son de parte de Dios son verdaderas, nos podemos engañar acerca de ellas. Pruébase con autoridades de la Escritura divina.

1. Por dos cosas dijimos que, aunque las visiones y locuciones de Dios son verdaderas y siempre en sí ciertas, no lo son siempre para con nosotros. La una es por nuestra defectuosa manera de entenderlas, y la otra, porque las causas de ellas a veces son variables. Las cuales dos cosas probaremos con algunas autoridades divinas.

Cuanto a lo primero, está claro que no son siempre ni acaecen como suenan a nuestra manera de entender. La causa de esto es porque, como Dios es inmenso y profundo, suele llevar en sus profecías, locuciones y revelaciones, otras vías, conceptos e inteligencias muy diferentes de aquel propósito y modo a que comúnmente se pueden entender de nosotros, siendo ellas tanto más verdaderas y ciertas cuanto a nosotros nos parece que no. Lo cual (a) cada paso vemos en la Sagrada Escritura; donde a muchos de los antiguos no les salían muchas profecías y locuciones de Dios como ellos esperaban, por entenderlas ellos a su modo, de otra manera, muy a la letra. Lo cual se verá claro por estas autoridades.

2. En el Génesis (15, 7) dijo Dios a Abraham, habiéndole traído a la tierra de los cananeos: *Tibi dabo terram hanc;* que quiere decir:

Esta tierra te daré a ti. Y como se lo dijese muchas veces y Abraham fuese ya muy viejo y nunca se la daba, diciéndoselo Dios otra vez, respondió Abraham y dijo (Gn. 15, 8): Domine, unde scire possum quod possesurus sum eam?, esto es: Señor, ¿de dónde o por qué señal tengo de saber que la tengo de poseer? Entonces le reveló Dios que no él en persona, sino sus hijos, después de cuatrocientos años, la habían de poseer. De donde acabó Abraham de entender la promesa, la cual era en sí verdaderísima, porque, dándola Dios a sus hijos por amor de él, era dársela a él. Y así, Abraham estaba engañado en la manera de entender. Y si entonces obrara según él entendía la profecía, pudiera errar mucho, pues no era de aquel tiempo (y) los que le vieran morir sin dársela, habiéndole oído decir que Dios se la había de dar, quedaran confusos y creyendo haber sido falso.

3. También a su nieto Jacob, al tiempo que José, su hijo, le llevó a Egipto por la hambre de Canaán, estando en el camino, le apareció Dios y le dijo (Gn. 46, 3-4): Jacob, Jacob, noli timere, descende in Aegyptum, quia in gentem magnam faciam te ibi. Ego descendam tecum illuc, et inde adducam te revertentem; que quiere decir: Jacob, no temas, desciende a Egipto, que yo descenderé allí contigo, y cuando de ahí volvieres a salir, yo te sacaré, guiándote. Lo cual no fue como a nuestra manera de entender suena; porque sabemos que el santo viejo Jacob murió en Egipto, y no volvió a salir vivo. Y era que se había de cumplir en sus hijos, a los cuales sacó de allí después de muchos años, siéndoles él mismo la guía del camino. Donde se ve claro que cualquiera que supiera esta promesa de Dios a Jacob pudiera tener por cierto que Jacob, así como había entrado vivo y en persona en Egipto por el orden y favor de Dios, así sin falta, vivo y en persona había de volver a salir de la misma forma y manera, pues le había Dios prometido la salida y el favor en ella; y engañárase y maravillárase viéndole morir en Egipto y que no se cumplía como se esperaba. Y así, siendo el dicho de Dios verdaderísimo en sí, acerca de él se pudieran mucho engañar.

4. En los Jueces (20, 11 ss.) también leemos que, habiéndose juntado todas las tribus de Israel para pelear contra la tribu de Benjamín, para castigar cierta maldad que entre ellos se había consentido, por razón de haberles Dios señalado capitán para la guerra, fueron ellos tan asegurados de la victoria, que, saliendo vencidos y muertos de los suyos veintidós mil, quedaron muy maravillados y puestos delante de Dios llorando todo aquel día, no

sabiendo la causa de la caída, habiendo ellos entendido la victoria por suya. Y como preguntasen a Dios si volverían a pelear o no, les respondió que fuesen y peleasen contra ellos. Los cuales, teniendo ya esta vez por suya la victoria, salieron con grande atrevimiento, y salieron vencidos también la segunda vez y con pérdida de diez y ocho mil de su parte. De donde quedaron confusísimos, no sabiendo qué se hacer, viendo que, mandándoles Dios pelear, siempre salían vencidos, mayormente excediendo ellos a los contrarios en número y fortaleza, porque los de Benjamín no eran más de veinticinco mil y setecientos, y ellos eran cuatrocientos mil. Y de esta manera se engañaban ellos en su manera de entender, porque el dicho de Dios no era engañoso, porque él no les había dicho que vencerían, sino que peleasen; porque en estas caídas les quiso Dios castigar cierto descuido y presunción que tuvieron, y humillarlos así. Mas cuando a la postre les respondió que vencerían, así fue, aunque vencieron con harto ardid y trabajo.

5. De esta manera y de otras muchas acaece engañarse las almas acerca de las locuciones y revelaciones de parte de Dios, por tomar la inteligencia de ellas a la letra y corteza. Porque, como ya queda dado a entender, el principal intento de Dios en aquellas cosas es decir y dar el espíritu que está allí encerrado, el cual es dificultoso de entender. Y éste es muy más abundante que la letra y muy extraordinario y fuera de los límites de ella. Y así, el que se atare a la letra, o locución, o forma, o figura aprehensible de la visión, no podrá dejar de errar mucho y hallarse después muy corto y confuso, por haber guiádose según el sentido en ellas y no dado lugar al espíritu en desnudez del sentido. Littera, enim, occidit, spiritus autem vivificat, como dice san Pablo (2 Cor. 3, 6), esto es: La letra mata y el espíritu da vida. Por lo cual se ha de renunciar la letra, en este caso, del sentido y quedarse a oscuras en fe, que es el espíritu, al cual no puede comprender el sentido.

6. Por lo cual, muchos de los hijos de Israel, porque entendían muy a la letra los dichos y profecías de los profetas, no les salían como ellos esperaban, y así las venían a tener en poco y no las creían; tanto, que vino a haber entre ellos un dicho público, casi ya como proverbio, escarneciendo de los profetas. De lo cual se queja Isaías (28, 9-11), diciendo y refiriendo en esta manera: Quem docebit Dominus scientiam? et quem intelligere faciet auditum? ablactatos a lacte, avulsos ab uberibus. Quia manda, remanda, manda, remanda; exspecta, reexpecta, exspecta, reexspecta; modicum ibi, modicum ibi. In loquela enim labii et lingua altera loquetur ad

populum istum; quiere decir: ¿A quién enseñará Dios ciencia? ¿Y a quién hará entender la profecía y palabra suya? Solamente a aquellos que están ya apartados de la leche y desarraigados de los pechos. Porque todos dicen -es a saber, sobre las profecías-: promete y vuelve y vuelve luego a prometer, espera y vuelve a esperar, espera y vuelve a esperar; un poco allí; porque en la palabra de su labio y en otra lengua hablará a este pueblo. Donde claramente da a entender Isaías que hacían éstos burla de las profecías y decían por escarnio este proverbio de espera y vuelve luego a esperar, dando a entender que nunca se les cumplía, porque estaban ellos asidos a la letra, que es la leche de niños, y al sentido, que son los pechos que contradicen la grandeza de la ciencia del espíritu. Por lo cual dice: ¿A quién enseñará la sabiduría de sus profecías? ¿Y a quién hará entender su doctrina, sino a los que ya están apartados de la leche de la letra y de los pechos de sus sentidos? Que por eso éstos no la entienden sino según esa leche la corteza y letra y esos pechos de sus sentidos, pues dicen: Promete y vuelve luego a prometer, promete y vuelve a prometer, espera y vuelve a esperar, etc. Porque en la doctrina de la boca de Dios y no en la suya, y en otra lengua que en esta suya, los ha Dios de hablar.

7. Y así, no se ha de mirar en ello nuestro sentido y lengua sabiendo que es otra la de Dios, según el espíritu de aquello muy diferente de nuestro entender y dificultoso. Y eslo tanto, que aun el mismo Jeremías, con ser profeta de Dios, viendo los conceptos de las palabras de Dios tan diferentes del común sentido de los hombres, parece que también alucina él en ellos y que vuelve por el pueblo diciendo (4, 10): Heu, heu, heu, Domine Deus, ergone decepisti populum istum et Ierusalem, dicens: Pax erit vobis, et ecce pervenit gladius usque ad animam?; que quiere decir: ¡Ay, ay, ay, Señor Dios!, ¿por ventura has engañado a este pueblo y a Jerusalén, diciendo: Paz vendrá sobre vosotros, y ves aquí ha venido cuchillo hasta el ánima? Y era que la paz que les prometía Dios era la que había de haber entre Dios y el hombre por medio del Mesías que les había de enviar, y ellos entendían de la paz temporal. Y, por eso, cuando tenían guerras y trabajos, les parecía engañarles Dios, acaeciéndoles al contrario de lo que ellos esperaban. Y así decían, como también dice Jeremías (8, 15): Exspectavimus pacem, et non est bonum; esto es: Esperando habemos paz, y no hay quien de paz. Y así, era imposible dejarse ellos de engañar, gobernándose sólo por el sentido literal.

Porque ¿quién dejará de confundirse y errar si se atara a la letra en aquella profecía que dijo David de Cristo (salmo 71, y en todo lo que dice en él) donde dice: Et dominabitur a mari usque ad mare, et a flumine usque ad terminos orbis terrarum (v. 8), esto es: Enseñorearse ha desde un mar hasta otro mar y desde el río hasta los términos de la tierra; y en lo que allí también dice: Liberabit pauperem a potente, et pauperem cui non erat adiutor (v. 12); que quiere decir: Liberará al pobre del poder del poderoso, y al pobre que no tenía ayudador; viéndole después nacer en bajo estado, y vivir en pobreza, y morir en miseria, y que no sólo temporalmente no se enseñoreó de la tierra mientras vivió, sino que se sujetó a gente baja, hasta que murió debajo del poder de Poncio Pilato, y que no sólo a sus discípulos pobres no los libró de las manos de los poderosos temporalmente, mas los dejó matar y perseguir por su nombre.

8. Y era que estas profecías se habían de entender espiritualmente de Cristo; según el cual sentido eran verdaderísimas; porque Cristo no sólo era señor de la tierra sola, sino del Cielo, pues era Dios. Y a los pobres que le habían de seguir, no sólo los había de redimir y librar del poder del demonio, que era el potente contra el cual ningún ayudador tenían, sino que los había de hacer herederos del reino de los cielos. Y así hablaba Dios, según lo principal, de Cristo y sus secuaces, que eran reino eterno y libertad eterna; y ellos entendíanlo a su modo, de lo menos principal, de que Dios hace poco caso, que era señorío temporal y libertad temporal, lo cual delante de Dios ni es reino ni libertad.

De donde, cegándose ellos de la bajeza de la letra y no entendiendo el espíritu y verdad de ella, quitaron la vida a su Dios y Señor, según San Pablo (Act. 13, 27) dijo en esta manera: Qui enim habitabant Ierusalem et principes eius hunc ignorantes, et voces prophetarum, quae per omne sabbatum leguntur, iudicantes impleverunt; que quiere decir: los que moraban en Jerusalén y los príncipes de ella no sabiendo quién era ni entendiendo los dichos de los profetas, que cada sábado se recitan, juzgando, le acabaron.

9. Y a tanto llegaba esta dificultad de entender los dichos de Dios como convenía, que hasta sus mismos discípulos que con él habían andado, estaban engañados; cual eran aquellos dos que después de su muerte iban al castillo de Emaús, tristes, desconfiados y diciendo (Lc. 24, 21): Nos autem sperabamus quod ipse esset redempturus Israel, esto es: Nosotros esperábamos que había de

redimir a Israel, y entendiendo ellos también que había de ser la redención y señorío temporal. A los cuales, apareciendo Cristo nuestro Redentor, reprendió de insipientes y pesados y rudos de corazón para creer las cosas que habían dicho los profetas (Lc. 24, 25). Y aún al tiempo que se iba al cielo, todavía estaban algunos en aquella rudeza, y le preguntaron (Act. 1, 6), diciendo: Domine, si in tempore hoc restitues regnum Israel?, esto es: Señor, haznos saber si has de restituir en este tiempo al Reino de Israel.

Hace decir el Espíritu Santo muchas cosas en que él lleva sentido [del] que entienden los hombres, como se echa de ver en lo que hizo de decir a Caifás de Cristo: Que convenía que un hombre muriese porque no pereciese toda la gente (Jn. 11, 50). Lo cual no lo dijo de suyo; y él lo dijo y entendió a un fin, y el Espíritu Santo a otro.

10. De donde se ve que, aunque los dichos y revelaciones sean de Dios, no nos podemos asegurar en ellos, pues nos podemos mucho y muy fácilmente engañar en nuestra manera de entenderlos; porque ellos todos son abismo y profundidad de espíritu, y quererlos limitar a lo que de ellos entendemos y puede aprehender el sentido nuestro no es más que querer palpar el aire y palpar alguna mota que encuentra la mano en él; y el aire se va y no queda nada.

11. Por eso, el maestro espiritual ha de procurar que el espíritu de su discípulo no se abrevie en querer hacer caso de todas las aprehensiones sobrenaturales, que no son más que unas motas de espíritu, con las cuales solamente se vendrá a quedar y sin espíritu ninguno; sino, apartándole de todas visiones y locuciones, impóngale en que se sepa estar en libertad y tiniebla de fe, en que se recibe la libertad de espíritu y abundancia, y, por consiguiente, la sabiduría e inteligencia propia de los dichos de Dios.

Porque es imposible que el hombre, si no es espiritual, pueda juzgar de las cosas de Dios ni entenderlas razonablemente, y entonces no es espiritual cuando las juzga según el sentido. Y así, aunque ellas vienen debajo de aquel sentido, no las entiende. Lo cual dice bien san Pablo (1 Cor. 2, 14-15), diciendo: Animalis autem homo non percipit ea quae sunt Spiritus Dei; stultitia enim est illi, et non potest intelligere, quia de spiritualibus examinatur. Spiritualis autem iudicat omnia; que quiere decir: El hombre animal no percibe las cosas que son del espíritu de Dios, porque son locura para él, y no puede entenderlas porque son ellas espirituales; pero el espiritual todas las cosas juzga. "Animal hombre" entiende aquí el que usa sólo del sentido; "espiritual", el que no se ata ni guía por el sentido. De donde es temeridad atreverse a tratar con Dios y dar licencia para ello por vía de aprehensión sobrenatural en el sentido.

12. Y para que mejor se vea, pongamos aquí algunos ejemplos. Demos caso que está un santo muy afligido porque le persiguen sus enemigos, y que le responde Dios, diciendo: Yo te libraré de todos tus enemigos. Esta profecía puede ser verdaderísima y, con todo eso, venir a prevalecer sus enemigos y morir a sus manos. Y así, el que la entendiera temporalmente, quedara engañado, porque Dios pudo hablar de la verdadera y principal libertad y victoria, que es la salvación donde el alma está libre y victoriosa de todos sus enemigos, mucho más verdaderamente y altamente que si acá se librara de ellos. Y así, esta profecía era mucho más verdadera y más copiosa que el hombre pudiera entender, (si la entendiera cuanto a esta vida. Porque Dios siempre habla en sus palabras el sentido más principal y provechoso), y el hombre puede entender a su modo y a su propósito el menos principal, y así, quedar engañado; como lo vemos en aquella profecía que de Cristo dice David en el segundo salmo (v. 9), diciendo: Reges eos in virga ferrea, et tamquam vas figuli confringes eos, esto es: Regirás todas las gentes con vara de hierro, y desmenuzarlas has como a un vaso de barro. En la cual habla Dios según el principal y perfecto señorío, que es el eterno, el cual se cumplió; y no según el menos principal, que era el temporal, el cual en Cristo no se cumplió en toda su vida temporal.

13. Pongamos otro ejemplo. Está una alma con grandes deseos de ser mártir. Acaecerá que Dios le responda diciendo: Tú serás mártir, y le dé interiormente gran consuelo y confianza de que lo ha de ser. Y, con todo, acaecerá que no muera mártir, y será la promesa verdadera. Pues ¿cómo no se cumplió así? Porque se cumplirá y podrá cumplir según lo principal y esencial de ella, que será dándole el amor y premio de mártir esencialmente; y así le da verdaderamente al alma lo que ella formalmente deseaba y lo que él la prometió. Porque el deseo formal del alma era, no aquella manera de muerte, sino hacer a Dios aquel servicio de mártir y ejercitar el amor por él como mártir. Porque aquella manera de morir, por si no vale nada sin este amor, el cual (amor) y ejercicio y premio de mártir le da por otros medios muy perfectamente; de

manera que, aunque no muera como mártir, queda el alma muy satisfecha en que le dio lo que ella deseaba.

Porque tales deseos, cuando nacen de vivo amor, y otros semejantes, aunque no se les cumpla de aquella manera que ellos los pintan y los entienden, cúmpleseles de otra y muy mejor y más a honra de Dios que ellos sabían pedir. De donde dice David (Sal. 9, 17): Desiderium pauperum exaudivit Dominus, esto es: El Señor cumplió a los pobres su deseo. En los Proverbios (10, 24) dice la Sabiduría divina: Desiderium suum iustis dabitur: A los justos dárseles ha su deseo. De donde, pues vemos que muchos santos desearon muchas cosas en particular por Dios y no se les cumplió en esta vida su deseo, es de fe que, siendo justo y verdadero su deseo, se les cumplió en la otra perfectamente. Lo cual, siendo así verdad, también lo sería prometérsele Dios en esta vida, diciéndoles: "Vuestro deseo se cumplirá"; y no ser en la manera que ellos pensaban.

14. De esta y de otras maneras pueden ser las palabras y visiones de Dios verdaderas y ciertas, y nosotros engañarnos en ellas, por no las saber entender alta y principalmente y a los propósitos y sentidos que Dios en ellas lleva. Y así, es lo más acertado y seguro hacer que las almas huyan con prudencia de las tales cosas sobrenaturales, acostumbrándolas, como habemos dicho, a la pureza de espíritu en fe oscura, que es el medio de la unión.

CAPÍTULO 20

En que se prueba con autoridades de la Sagrada Escritura cómo los dichos y palabras de Dios, aunque siempre son verdaderas, no son siempre ciertas en sus propias causas.

1. Ahora nos conviene probar la segunda causa porqué las visiones y palabras de parte de Dios, aunque son siempre verdaderas en sí, no son siempre ciertas cuanto a nosotros; y es por razón de sus causas, en que ellas se fundan. Porque muchas veces dice Dios cosas que van fundadas sobre criaturas y efectos de ellas, que son variables y pueden faltar, y así, las palabras que sobre esto se fundan también pueden ser variables y pueden faltar. Porque, cuando una cosa depende de otra, faltando la una, falta también la otra. Como si Dios dijese: "De aquí a un año tengo de enviar tal

plaga a este reino"; y la causa y fundamento de esta amenaza es cierta ofensa que se hace a Dios en el reino: si cesase o variase la ofensa, podrá cesar el castigo y era verdadera la amenaza, porque iba fundada sobre la actual culpa, la cual, si durara, se ejecutara.

2. Esto vemos haber acaecido en la ciudad de Nínive de parte de Dios, diciendo (Jon. 3, 4): Adhuc quadraginta diebus, et Ninive subvertetur; que quiere decir: De aquí a cuarenta días ha de ser asolada Nínive. Lo cual no se cumplió porque cesó la causa de esta amenaza, que eran sus pecados, haciendo penitencia de ellos; la cual si no hicieran, se cumpliera. También leemos en el libro 3º de los Reyes (21, 21) que, habiendo hecho al rey Acab un pecado muy grande, le envió Dios a prometer un grande castigo, siendo nuestro padre Elías el mensajero, sobre su persona, sobre su casa y sobre su reino. Y, porque Acab rompió las vestiduras de dolor, y se vistió de cilicio y ayunó y durmió en saco y anduvo triste y humillado, le envió luego a decir con el mismo profeta estas palabras: Quia igitur humiliatus est mei causa, non inducam malum in diebus eius, sed in diebus filii sui; que quiere decir: Por cuanto Acab se ha humillado por amor de mí, no enviaré el mal que dije en sus días, sino en los de su hijo (21, 29). Donde vemos que, porque mudó Acab el ánimo y afecto con que estaba, mudó también Dios su sentencia.

3. De donde podemos colegir para nuestro propósito que, aunque Dios haya revelado o dicho a un alma afirmativamente cualquiera cosa, en bien o en mal, tocante a la misma alma o a otras, se podrá mudar en más o en menos, o variar o quitar del todo, según la mudanza o variación del afecto de la tal alma o causa sobre que Dios se fundaba; y así, no cumplirse como se esperaba, y sin saber por qué muchas veces, sino sólo Dios. Porque aun muchas cosas suele Dios decir y enseñar y prometer, no para que entonces se entiendan ni se posean, sino para que después se entiendan cuando convenga tener la luz de ellas o cuando se consiga el efecto de ellas; como vemos que hizo con sus discípulos, a los cuales decía muchas parábolas y sentencias, cuya sabiduría no entendieron hasta el tiempo que habían de predicarla, que fue cuando vino sobre ellos el Espíritu Santo, del cual les había dicho Cristo (Jn. 14, 26) que les declararía todas las cosas que él les había dicho en su vida. Y hablando san Juan (12, 16) sobre aquella entrada de Cristo en Jerusalén, dice: Haec non cognoverunt discipuli eius primum: sed quando glorificatus est Jesus, tunc recordati sunt quia haec erant scripta de eo. Y así, muchas cosas

de Dios pueden pasar por el alma muy particulares que ni ella ni quien la gobierna las entiendan hasta su tiempo.

4. En el libro primero de los Reyes (2, 30) también leemos que, enojado Dios contra Helí, sacerdote de Israel, por los pecados que no castigaba a sus hijos, le envió a decir con Samuel, entre otras palabras, estas que se siguen: Loquens locutus sum, ut domus tua, et domus patris tui, ministraret in conspectu meo, usque in sempiternum. Verumtamen absit hoc a me. Y es como si dijera: Muy de veras dije antes de ahora que tu casa y la casa de tu padre había siempre de servirme de sacerdocio en mi presencia para siempre. Pero este propósito muy lejos está de mí. No haré tal. Que, por cuanto este oficio de sacerdocio se fundaba en dar honra y gloria a Dios, y por este fin había Dios prometido darlo a su padre para siempre, en faltando el celo a Helí de la honra de Dios porque, como el mismo Dios se le envió a quejar, honraba más a sus hijos que a Dios, disimulándoles los pecados por no los afrentar, faltó también la promesa, la cual era para siempre si para siempre en ellos durara el buen servicio y celo.

Y así, no hay que pensar que, porque sean los dichos y revelaciones de parte de Dios, han infaliblemente de acaecer como suenan, mayormente cuando están asidos a causas humanas, que pueden variar, o mudarse o alterarse.

5. Y cuándo ellos están pendientes de estas causas Dios solo sabe, que no siempre lo declara, sino dice el dicho o hace la revelación y calla la condición algunas veces, como hizo a los ninivitas, que determinadamente les dijo que habían de ser destruidos pasados cuarenta días (Jon. 3, 4). Otras veces la declara, como hizo a Roboán, diciéndole (3 Re. 11, 38): Si tú guardares mis mandamientos como mi siervo David, yo también seré contigo como con él, y te edificaré casa como a mi siervo David. Pero, ahora lo declare, ahora no, no hay que asegurarse en la inteligencia, porque no hay poder comprender las verdades ocultas de Dios que hay en sus dichos y multitud de sentidos. El está sobre el cielo y habla en camino de eternidad; nosotros, ciegos, sobre la tierra, y no entendemos sino vías de carne y tiempo. Que por eso entiendo que dijo el Sabio (Ecli. 5, 1): Dios está sobre el cielo, y tú sobre la tierra; por tanto, no te alargues ni arrojes en hablar.

6. Y dirásme, por ventura: Pues si no lo habemos de entender ni entremeternos en ello, ¿por qué nos comunica Dios esas cosas? Ya

he dicho que cada cosa se entenderá en su tiempo por orden del que lo habló, y entenderlo ha quien él quisiere, y se verá que convino así, porque no hace Dios cosa sin causa y verdad. Pero esto se crea: que no hay acabar de comprehender sentido en los dichos y cosas de Dios, ni que determinarse a lo que parece, sin errar mucho y venir a hallarse muy confuso.

Esto sabían muy bien los profetas, en cuyas manos andaba la palabra de Dios, a los cuales era grande trabajo la profecía acerca del pueblo; porque, como (habemos) dicho, mucho de ello no lo veían acaecer como a la letra se les decía. Y era causa de que hiciesen mucha risa y mofa de los profetas; tanto, que vino a decir Jeremías (20, 7): Búrlanse de mi todo el día, todos me mofan y desprecian, porque ya ha mucho que doy voces contra la maldad y les prometo destrucción, y hase hecho la palabra del Señor para mi afrenta y burla todo el tiempo. Y dije: No me tengo de acordar de él ni tengo más de hablar en su nombre. En lo cual, aunque el santo profeta decía con resignación y en figura del hombre flaco que no puede sufrir las vías y vueltas de Dios, da bien a entender en esto la diferencia del cumplimiento de los dichos divinos, del común sentido que suenan, pues a los divinos profetas tenían por burladores, y ellos sobre la profecía padecían tanto, que el mismo Jeremías en otra parte (Lm. 3, 47) dijo: Formido et laqueus facta est nobis vaticinatio et contritio; que quiere decir: Temor y lazo se nos ha hecho la profecía, y contradicción de espíritu.

7. Y la causa por que Jonás huyó cuando le enviaba Dios a predicar la destrucción de Nínive fue ésta, conviene a saber: el conocer la variedad de los dichos de Dios acerca del entender de los hombres y de las causas de los dichos. Y así, porque no hiciesen burla de él cuando no viesen cumplida su profecía, se iba huyendo por no profetizar; y así estuvo esperando todos los cuarenta días fuera de la ciudad, a ver si se cumplía su profecía; y, como no se cumplió, se afligió grandemente, tanto que dijo a Dios (Jon. 4, 2): Obsecro, Domine, numquid non hoc est verbum meum, cum adhuc essem in terra mea? propter hoc praeoccupavi, ut fugerem in Tharsis; esto es: Ruégote, Señor, ¿por ventura no es esto lo que yo decía, estando en mi tierra? Por eso contradije, y me fui huyendo a Tarsis. Y enojóse el santo, y rogó a Dios que le quitase la vida.

8. ¿Qué hay, pues, de qué maravillarnos de que algunas cosas que Dios hable y revele a las almas no salgan así como ellas las entienden? Porque, dado caso que Dios afirme al alma o la

represente tal o tal cosa de bien o de mal para sí o para otra, si aquello va fundado en cierto afecto o servicio u ofensa que aquella alma o la otra entonces hacen a Dios, y de manera que, si perseveran en aquello, se cumplirá, no por eso es cierto; pues no es cierto el perseverar. Por tanto, no hay que asegurarse en su inteligencia, sino en fe.

CAPÍTULO 21

En que declara cómo, aunque Dios responde a lo que se le pide algunas veces, no gusta de que usen de tal término. Y prueba cómo, aunque condesciende y responde, muchas veces se enoja.

1. Asegúranse, como habemos dicho, algunos espirituales en tener por buena la curiosidad que algunas veces usan en procurar saber algunas cosas por vía sobrenatural, pensando que, pues Dios algunas veces responde a instancia de ello, que es aquél buen término y que Dios gusta de él; como quiera que sea verdad que, aunque les responde, ni es buen término ni Dios gusta de él, antes disgusta; y no sólo eso, mas muchas veces se enoja y ofende mucho.

La razón de esto es, porque a ninguna criatura le es lícito salir fuera de los términos que Dios la tiene naturalmente ordenados para su gobierno. Al hombre le puso términos naturales y racionales para su gobierno; luego querer salir de ellos no es lícito, y querer averiguar y alcanzar cosas por vía sobrenatural es salir de los términos naturales; luego es cosa no lícita; luego Dios no gusta de ellos, pues de todo lo ilícito se ofende. Bien sabía esto el rey Acab, pues que, aunque de parte de Dios le dijo Isaías que pidiese una señal, no quiso hacerlo, diciendo (Is. 7, 12): Non petam, et non tentabo Dominum, esto es: No pediré tal cosa y no tentaré a Dios. Porque tentar a Dios es querer tratarle por vías extraordinarias, cuales son las sobrenaturales.

2. Diréis: Pues, si así es, que Dios no gusta, ¿por qué algunas veces responde Dios? Digo que (algunas veces responde el demonio; pero las que responde Dios digo que es): por la flaqueza del alma que quiere ir por aquel camino, porque no se desconsuele y vuelva atrás, o por que no piense está Dios mal con ella y se sienta demasiado, o por otros fines que Dios sabe, fundados en la flaqueza de aquel alma, por donde ve que conviene, responde y

condesciende por aquella vía. Como también lo hace con muchas almas flacas y tiernas en darles gustos y suavidad en el trato con Dios muy sensible, según está dicho arriba; mas no porque él quiera ni guste que con él se trate con ese término ni por esa vía. Mas a cada uno da, como habemos dicho, según su modo; porque Dios es como la fuente, de la cual cada uno coge como lleva el vaso, y a veces las deja coger por esos caños extraordinarios; mas no se sigue por eso que es lícito (querer) coger el agua por ellos, si no es al mismo Dios, que la puede dar cuándo, cómo y a quien él quiere, y por lo que él quiere, sin pretensión de la parte. Y así, como decimos, algunas veces condesciende con el apetito y ruego de algunas almas, que porque son buenas y sencillas, no quiere dejar de acudir por no entristecerlas, mas no porque guste del tal término.

3. Lo cual se entenderá mejor por esta comparación. Tiene un padre de familia en su mesa muchos y diferentes manjares y unos mejores que otros. Está un niño pidiéndole de un plato, no del mejor, sino del primero que encuentra; y pide de aquél porque él sabe comer de aquél mejor que de otro. Y, como el padre ve que aunque le dé del mejor manjar no lo ha de tomar, sino aquel que pide, y que no tiene gusto sino en aquél, porque no se quede sin su comida y desconsolado, dale de aquél con tristeza. Como vemos que hizo Dios con los hijos de Israel cuando le pidieron rey: se lo dio de mala gana, porque no les estaba bien. Y así, dijo a Samuel (1 Sm. 8, 7): *Audi vocem populi in omnibus quae loquuntur tibi: non enim te abiecerunt, sed me;* que quiere decir: Oye la voz de este tu pueblo y concédeles el rey que te piden, porque no te han desechado a ti, sino a mí, porque no reine yo sobre ellos. A la misma manera condesciende Dios con algunas almas, concediéndoles lo que no les está mejor, porque ellas no quieren o no saben ir sino por allí. Y así, también algunas alcanzan ternuras y suavidad de espíritu o sentido, y dáselo Dios porque no son para comer el manjar más fuerte y sólido de los trabajos de la cruz de su Hijo, a que él querría echasen mano más que a otra alguna cosa.

4. Aunque querer saber cosas por vía sobrenatural, por muy peor lo tengo que querer otros gustos espirituales en el sentido. Porque yo no veo por dónde el alma que las pretende deje de pecar por lo menos venialmente, aunque más buenos fines tenga y más puesta esté en perfección, y quien se lo mandase y consintiese también. Porque no hay necesidad de nada de eso, pues hay razón natural y ley y doctrina evangélica, por donde muy bastantemente se pueden regir, y no hay dificultad ni necesidad que no se pueda desatar y

remediar por estos medios muy a gusto de Dios y provecho de las almas.

Y tanto nos habemos de aprovechar de la razón y doctrina evangélica, que, aunque ahora queriendo nosotros, ahora no queriendo, se nos dijesen algunas cosas sobrenaturales, sólo habemos de recibir aquello que cae en mucha razón y ley evangélica. Y entonces recibirlo, no porque es revelación, sino porque es razón, dejando aparte todo sentido de revelación; y aun entonces conviene mirar y examinar aquella razón mucho más que si no hubiese revelación sobre ella, por cuanto el demonio dice muchas cosas verdaderas y por venir, y conformes a razón, para engañar.

5. De donde no nos queda en todas nuestras necesidades, trabajos y dificultades, otro medio mejor y más seguro que la oración y esperanza que él proveerá por los medios que él quisiere. Y este consejo se nos da en la sagrada Escritura (2 Par. 20, 12), donde leemos que, estando el rey Josafat afligidísimo cercado de enemigos, poniéndose en oración, dijo el santo rey a Dios: Cum ignoramus quod facere debeamus, hoc solum habemus residui, ut oculos nostros dirigamus ad te. Y es como si dijera: Cuando faltan los medios y no llega la razón a proveer en las necesidades, sólo nos queda levantar los ojos a ti, para que tú proveas como mejor te agradare.

6. Y que también Dios, aunque responda a las tales pretensiones algunas veces, se enoje, aunque también queda dado a entender, todavía será bueno probarlo con algunas autoridades de la sagrada Escritura.

En el primer libro de los Reyes (28, 6-15) se dice que, pidiendo el rey Saúl que le hablase el profeta Samuel que era ya muerto, le apareció el dicho profeta; y con todo eso, se enojó Dios, porque luego le reprehendió Samuel por haberse puesto en tal cosa, diciendo: Quare inquietasti me, ut suscitarer?; esto es: ¿Por qué me has inquietado en hacerme resucitar?

También sabemos que, no porque respondió Dios a los hijos de Israel dándoles las carnes que pedían, se dejase de enojar mucho contra ellos, porque luego les envió fuego del cielo en castigo, según se lee en el Pentateuco (Núm. 11, 32-33) y lo cuenta David (Sal. 77, 30-31) diciendo: Adhuc escae eorum erant in ore ipsorum, et ira Dei descendit super eos; que quiere decir: Aún teniendo ellos los bocados en sus bocas, descendió la ira de Dios sobre ellos.

Y también leemos en los Números (22, 32) que se enojó Dios mucho contra Balam profeta porque fue a los madianitas llamado por Balac, rey de ellos, aunque dijo Dios que fuese porque tenía él gana de ir y lo había pedido a Dios; porque, estando ya en el camino, le apareció el ángel con la espada y le quería matar, y le dijo: Perversa est via tua mihique contraria: Tu camino es perverso y a mí contrario. Y por eso le quería matar.

7. De esta manera y de otras muchas condesciende Dios enojado con los apetitos de las almas. De lo cual tenemos muchos testimonios en la sagrada Escritura, y sin eso muchos ejemplos. Pero no son menester en cosa tan clara. Sólo digo que es cosa peligrosísima, más que sabré decir, querer tratar con Dios por tales vías y que no dejará de errar mucho y hallarse muchas veces confuso el que fuere aficionado a tales modos. Y esto, el que hubiere hecho caso de ellos me entenderá por la experiencia. Porque allende de la dificultad que hay en saber no errar en las locuciones y visiones que son de Dios, hay ordinariamente entre ellas muchas que son del demonio; porque comúnmente anda en el alma en aquel traje que anda Dios con ella, poniéndole cosa tan verosímil a las que Dios le comunica, por injerirse él a vueltas, como el lobo entre el ganado con pellejo de oveja (Mt. 7, 15), que apenas se puede entender. Porque como dice muchas cosas verdaderas y conformes a razón y cosas que salen verdaderas, puédense engañar fácilmente pensando que, pues sale verdad y cierta en lo que está por venir, que no será sino Dios. Porque no saben que es cosa facilísima, a quien tiene clara la luz natural, conocer las cosas, o muchas de ellas, que fueron o que serán, en sus causas. Y como quiera que el demonio tenga esta lumbre tan viva, puede facilísimamente colegir tal efecto de tal causa, aunque no siempre sale así, pues todas las causas dependen de la voluntad de Dios.

8. Pongamos ejemplo: conoce el demonio que la disposición de la tierra y aires y término que lleva el sol, van de manera y en tal grado de disposición, que necesariamente, llegado tal tiempo, habrá llegado la disposición de estos elementos, según el término que llevan, a inficionarse, y así a inficionar la gente con pestilencia, y en las partes que será más y en las que será menos. Ve aquí conocida la pestilencia en su causa. ¿Qué mucho es que, revelando el demonio esto a una alma, diciendo: "De aquí a un año o medio

habrá pestilencia", que salga verdadero? Y es profecía del demonio. Por la misma manera puede conocer los temblores de la tierra, viendo que se van hinchiendo los senos de ella de aire, y decir: "En tal tiempo temblará la tierra"; lo cual es conocimiento natural; para el cual basta tener el ánimo libre de las pasiones del alma, según lo dice Boecio por estas palabras: Si vis claro lumine cernere verum, gaudia pelle, timorem spemque fugato, nec dolor adsit, esto es: Si quieres con claridad natural conocer las verdades, echa de ti el gozo y el temor, y la esperanza y el dolor.

9. Y también se pueden conocer eventos y casos sobrenaturales en sus causas acerca de la Providencia divina, que justísima y certísimamente acude a lo que piden las causas buenas o malas de los hijos de los hombres. Porque se puede conocer naturalmente que tal o tal persona, o tal o tal ciudad, u otra cosa, llega a tal o tal necesidad, o tal o tal punto, que Dios, según su providencia y justicia, ha de acudir con lo que compete a la causa y conforme a ella, en castigo o en premio o como fuere la causa; y entonces decir: "En tal tiempo os dará Dios esto, o hará esto, acaecerá esotro ciertamente". Lo cual dio a entender la santa Judit (11, 12) a Holofernes, la cual, para persuadirle que los hijos de Israel habían de ser destruidos sin falta, le contó muchos pecados de ellos primero y miserias que hacían, y luego dijo: Et, quoniam hoc faciunt, certum est quod in perditionem dabuntur; que quiere decir: Pues hacen estas cosas, está cierto que serán destruidos. Lo cual es conocer el castigo en la causa, que es tanto como decir: cierto está que tales pecados han de causar tales castigos de Dios, que es justísimo. Y, como dice la Sabiduría divina (Sab. 11, 17): Per quae quis peccat, per haec et torquetur: En aquello o por aquello que cada uno peca, es castigado.

10. Puede el demonio conocer esto, no sólo naturalmente, sino aun de experiencia que tiene de haber visto a Dios hacer cosas semejantes, y decirlo antes y acertar. También el santo Tobías conoció por la causa el castigo de la ciudad de Nínive; y así, amonestó a su hijo, diciendo (14, 12-13): Mira, hijo, en la hora que yo y tu madre muriéremos, sal de esta tierra, porque ya no permanecerá. Video enim quod iniquitas eius finem dabit: Yo veo claro que su misma maldad ha de ser causa de su castigo, el cual será que se acabe y destruya. Todo lo cual también el demonio y Tobías podían saber, no sólo en la maldad de la ciudad, sino por experiencia, viendo que tenían los pecados del mundo por que Dios le destruyó en el diluvio, y los de los sodomitas, que también

perecieron por fuego; aunque también Tobías lo conoció por espíritu divino.

11. Y puede conocer el demonio que Pedro naturalmente (no) puede vivir más de tantos años y decirlo antes. Y así otras muchas cosas y de muchas maneras que no se pueden acabar de decir, ni aun comenzar muchas, por ser intrincadísimas y sutilísimo él en ingerir mentiras. Del cual no se pueden librar si no es huyendo de todas revelaciones y visiones y locuciones sobrenaturales.

Por lo cual justamente se enoja Dios con quien las admite, porque ve es temeridad del tal meterse en tanto peligro, y presunción y curiosidad, y ramo de soberbia y raíz y fundamento de vanagloria, y desprecio de las cosas de Dios, y principio de muchos males en que vinieron muchos. Los cuales tanto vinieron a enojar a Dios, que de propósito los dejó errar y engañar, y oscurecer el espíritu, y dejar las vías ordenadas de la vida, dando lugar a sus vanidades y fantasías, según lo dice Isaías (19, 14), diciendo: Dominus miscuit in medio eius spiritum vertiginis: que es tanto como decir: El Señor mezcló en medio espíritu de revuelta y confusión, que en buen romance quiere decir espíritu de entender al revés. Lo cual va allí diciendo Isaías llanamente a nuestro propósito, porque lo dice por aquellos que andaban a saber las cosas que habían de suceder por vía sobrenatural. Y, por eso, dice que les mezcló Dios en medio espíritu de entender al revés. No porque Dios les quisiese ni les diese efectivamente el espíritu de errar, sino porque ellos se quisieron meter en lo que naturalmente no podían alcanzar. Enojado de esto, los dejó desatinar, no dándoles luz en lo que Dios no quería que se entremetiesen. Y así, dice que les mezcló aquel espíritu Dios privativamente. Y de esta manera es Dios causa de aquel daño, es a saber, causa privativa, que consiste en quitar él su luz y favor; tan quitado, que necesariamente vengan en error.

12. Y de esta manera da Dios licencia al demonio para que ciegue y engañe a muchos, mereciéndolo sus pecados y atrevimientos. Y puede y se sale con ello el demonio, creyéndole ellos y teniéndole por buen espíritu. Tanto, que, aunque sean muy persuadidos que no lo es, no hay remedio de desengañarse, por cuanto tienen ya por permisión de Dios, ingerido el espíritu de entender al revés; cual leemos (3 Re. 22, 22) haber acaecido a los profetas del rey Acab, dejándoles Dios engañar con el espíritu de mentira, dando licencia al demonio para ello, diciendo: Decipies, et praevalebis; egredere, et fac ita; que quiere decir: Prevalecerás con tu mentira y

engañarlos has; sal y (hazlo) así. Y pudo tanto con los profetas y con el rey para engañarlos, que no quisieron creer al profeta Miqueas, que les profetizó la verdad muy al revés de lo que los otros habían profetizado. Y esto fue porque les dejó Dios cegar, por estar ellos con afecto de propiedad en lo que querían que les sucediese y respondiese Dios según sus apetitos y deseos; lo cual era medio y disposición certísima para dejarlos Dios de propósito cegar y engañar.

13. Porque así lo profetizó Ezequiel (14, 7-9) en nombre de Dios; el cual, hablando contra el que se pone a querer saber por vía de Dios curiosamente, según la variedad de su espíritu, dice: *Cuando el tal hombre viniere al profeta para preguntarme a mí por él, yo, el Señor, le responderé por mí mismo, y pondré mi rostro enojado sobre aquel hombre; y el profeta cuando hubiere errado en lo que fue preguntado, ego, Dominus, decepi prophetam illum,* esto es: Yo, el Señor, engañé aquel profeta. Lo cual se ha de entender, no concurriendo con su favor para que deje de ser engañado; porque eso quiere decir cuando dice: *Yo, el Señor, le responderé por mí mismo, enojado;* lo cual es apartar él su gracia y favor de aquel hombre. De donde necesariamente se sigue el ser engañado por causa del desamparo de Dios. Y entonces acude el demonio a responder según el gusto y apetito de aquel hombre, el cual, como gusta de ello, y las respuestas y comunicaciones son de su voluntad, mucho se deja engañar.

14. Parece que nos habemos salido algo del propósito que prometimos en el título del capítulo, que era probar cómo, aunque Dios responde, se queja algunas veces. Pero, si bien se mira, todo lo dicho hace para probar nuestro intento, pues en todo se ve no gustar Dios de que quieran las tales visiones, pues da lugar a que de tantas maneras sean engañados en ellas.

CAPÍTULO 22

En que se desata una duda, cómo no será lícito ahora en la ley de gracia preguntar a Dios por vía sobrenatural, como lo era en la Ley Vieja. Pruébase con una autoridad de san Pablo.

1. De entre las manos nos van saliendo las dudas, y así no podemos correr, con la prisa que querríamos adelante. Porque, así

como las levantamos, estamos obligados a allanarlas necesariamente, para que la verdad de la doctrina siempre quede llana y en su fuerza. Pero este bien hay en estas dudas siempre, que, aunque nos impiden el paso un poco, todavía sirven para más doctrina y claridad de nuestro intento, como será la duda presente.

2. En el capítulo precedente habemos dicho cómo no es voluntad de Dios que las almas quieran recibir por vía sobrenatural cosas distintas de visiones o locuciones, etc. Por otra parte habemos visto en el mismo capítulo y colegido de los testimonios que allí se han alegado de la sagrada Escritura que se usaba el dicho trato con Dios en la Ley Vieja y era lícito; y no sólo lícito, sino que Dios se lo mandaba. Y, cuando no lo hacían, los reprehendía Dios, como es de ver en Isaías (30, 2), donde reprehende Dios a los hijos de Israel porque, sin preguntárselo a él primero, querían descender en Egipto, diciendo: Et os meum non interrogastis, esto es: No preguntasteis primero a mi misma boca lo que convenía. Y también leemos en Josué (9, 14) que, siendo engañados los mismos hijos de Israel por los gabaonitas, les nota allí el Espíritu Santo esta falta, diciendo: Susceperunt ergo de cibariis eorum, et os Domini non interrogaverunt, que quiere decir: Recibieron de sus manjares, y no lo preguntaron a la boca de Dios. Y así vemos en la divina sagrada Escritura que Moisés siempre preguntaba a Dios, y el rey David y todos los reyes de Israel, para sus guerras y necesidades, y los sacerdotes y profetas antiguos, y Dios respondía y hablaba con ellos y no se enojaba, y era bien hecho; y si no lo hicieran, fuera mal hecho, y así es la verdad. ¿Por qué, pues, ahora en la Ley Nueva y de gracia no lo será como antes lo era?

3. A lo cual se ha de responder que la principal causa por que en la Ley de escritura eran lícitas las preguntas que se hacían a Dios, y convenía que los profetas y sacerdotes quisiesen revelaciones y visiones de Dios, era porque aún entonces no estaba bien fundamentada la fe ni establecida la Ley evangélica, y así era menester que preguntasen a Dios y que él hablase, ahora por palabras, ahora por visiones y revelaciones, ahora en figuras y semejanzas, ahora entre otras muchas maneras de significaciones, porque todo lo que respondía, y hablaba, (y obraba), y revelaba, eran misterios de nuestra fe y cosas tocantes a ella o enderezadas a ella; que, por cuanto las cosas de fe no son del hombre sino de boca del mismo Dios (las cuales por su misma boca habla, por eso era menester que, como habemos dicho, preguntasen a la misma boca de Dios); y por eso los reprehendía el mismo Dios, porque en

sus cosas no preguntaban a su boca para que él respondiese, encaminando sus casos y cosas a la fe, que aún ellos no tenían sabida, por no estar aún fundada. Pero ya que está fundada la fe en Cristo y manifiesta la Ley evangélica en esta era de gracia, no hay para qué preguntarle de aquella manera, ni para qué él hable ya ni responda como entonces. Porque en darnos, como nos dio a su Hijo, que es una Palabra suya, que no tiene otra, todo nos lo habló junto y de una vez en esta sola Palabra, y no tiene más que hablar.

4. Y éste es el sentido de aquella autoridad con que comienza san Pablo (Heb. 1, 1-2) a querer inducir a los hebreos a que se aparten de aquellos modos primeros y tratos con Dios de la Ley de Moisés, y pongan los ojos en Cristo solamente, diciendo: Multifariam multisque modis olim Deus loquens patribus in prophetis: novissime autem diebus istis locutus est nobis in Filio. Y es como si dijera: Lo que antiguamente habló Dios en los profetas a nuestros padres de muchos modos y de muchas maneras, ahora a la postre, en estos días nos lo ha hablado en el Hijo todo de una vez. En lo cual da a entender el Apóstol que Dios ha quedado como mudo y no tiene más que hablar, porque lo que hablaba antes en partes a los profetas ya lo ha hablado en el todo, dándonos al Todo, que es su Hijo.

5. Por lo cual, el que ahora quisiese preguntar a Dios, o querer alguna visión o revelación, no sólo haría una necedad, sino haría agravio a Dios, no poniendo los ojos totalmente en Cristo, sin querer otra alguna cosa o novedad.

Porque le podría responder Dios de esta manera, diciendo: "Si te tengo ya habladas todas las cosas en mi Palabra, que es mi Hijo, y no tengo otra, ¿qué te puedo yo ahora responder o revelar que sea más que eso? Pon los ojos sólo en él, porque en él te lo tengo todo dicho y revelado, y hallarás en él aún más de lo que pides y deseas. Porque tú pides locuciones y revelaciones en parte, y si pones en él los ojos, lo hallarás en todo; porque él es toda mi locución y respuesta y es toda mi visión y toda mi revelación. Lo cual os he ya hablado, respondido, manifestado y revelado, dándoosle por hermano, compañero y maestro, precio y premio. Porque desde aquel día que bajé con mi Espíritu sobre él en el monte Tabor, diciendo (Mt. 17, 5): Hic est Filius meus dilectus, in quo mihi bene complacui, ipsum audite, es a saber: Este es mi amado Hijo, en que me he complacido, a él oíd; ya alcé yo la mano de todas esas maneras de enseñanzas y respuestas y se la di a él. Oídle a él, porque yo no tengo más fe que revelar, ni más cosas que manifestar. Que, si antes hablaba, era prometiendo a Cristo; y si me preguntaban, eran las (preguntas) encaminadas a la petición y esperanza de Cristo, en que habían de hallar todo bien, como ahora lo da a entender toda la doctrina de los evangelistas y apóstoles. Mas ahora, el que me preguntase de aquella manera y quisiese que yo le hablase o algo le revelase, era en alguna manera pedirme otra vez a Cristo, y pedirme más fe, y ser falto en ella, que ya está dada en Cristo. Y así, haría mucho agravio a mi amado Hijo, porque no sólo en aquello le faltaría en la fe, mas le obligaba otra vez a encarnar y pasar por la vida y muerte primera. No hallarás qué pedirme ni qué desear de revelaciones o visiones de mi parte. Míralo tú bien, que ahí lo hallarás ya hecho y dado todo eso, y mucho más, en él.

6. Si quisieres que te respondiese yo alguna palabra de consuelo, mira a mi Hijo, sujeto a mí y sujetado por mi amor, y afligido, y verás cuántas te responde. Si quisieres que te declare yo algunas cosas ocultas o casos, pon solos los ojos en él, y hallarás ocultísimos misterios y sabiduría, y maravillas de Dios, que están encerradas en él, según mi Apóstol (Col. 2, 3) dice: In quo sunt omnes thesauri sapentiae et scientiae Dei absconditi, esto es: En el cual Hijo de Dios están escondidos todos los tesoros de sabiduría y ciencia de Dios. Los cuales tesoros de sabiduría serán para ti muy más altos y sabrosos y provechosos que las cosas que tú querías saber. Que por eso se gloriaba el mismo Apóstol (1 Cor. 2, 2), diciendo: Que no había él dado a entender que sabía otra cosa, sino a Jesucristo, y a éste crucificado. Y si también quisieses otras visiones y revelaciones divinas o corporales, mírale a él también humanado, y hallarás en eso más que piensas; porque también dice el Apóstol (Col. 2, 9): In ipso habitat omnis plenitudo divinitatis corporaliter; que quiere decir: En Cristo mora corporalmente toda plenitud de divinidad".

7. No conviene, pues, ya preguntar a Dios de aquella manera, ni es necesario que ya hable, pues, acabando de hablar toda la fe en Cristo, no hay más fe que revelar ni la habrá jamás. Y quien quisiere ahora recibir cosas algunas por vía sobrenatural, como habemos dicho, era notar falta en Dios de que no había dado todo lo bastante en su Hijo. Porque, aunque lo haga suponiendo la fe y creyéndola, todavía es curiosidad de menos fe. De donde no hay que esperar doctrina ni otra cosa alguna por vía sobrenatural.

Porque la hora que Cristo dijo en la cruz: Consummatum est (Jn. 19, 30), cuando expiró, que quiere decir: Acabado es, no sólo se acabaron esos modos, sino todas esotras ceremonias y ritos de la Ley Vieja. Y así, en todo nos habemos de guiar por la ley de Cristo hombre (y de su Iglesia y ministros, humana y visiblemente, y por esa vía remediar nuestras ignorancias y flaquezas espirituales; que para todo hallaremos abundante medicina por esta vía. Y lo que de este camino saliere no sólo es curiosidad, sino mucho atrevimiento. Y no se ha de creer cosa por vía sobrenatural, sino sólo lo que es enseñanza de Cristo hombre) como digo, y de sus ministros, hombres. Tanto, que dice san Pablo (Gl. 1, 8) estas palabras: Quod si angelus decaelo evangelizaverit, praeterquam quod evangelizavimus vobis, anathema sit, es a saber: Si algún ángel del cielo os evangelizare fuera de lo que nosotros hombres os evangelizáremos, sea maldito y descomulgado.

8. De donde, pues es verdad que siempre se ha de estar en lo que Cristo nos enseñó, y todo lo demás no es nada ni se ha de creer si no conforma con ello, en vano anda el que quiere ahora tratar con Dios a modo de la Ley Vieja. Cuánto más que no le era lícito a cualquiera de aquel tiempo preguntar a Dios, ni Dios respondía a todos, sino sólo a los sacerdotes y profetas, que eran de cuya boca el vulgo había de saber la ley y la doctrina. Y así, si alguno quería saber alguna cosa de Dios, por el profeta o por el sacerdote lo preguntaba, y no por sí mismo. Y si David por sí mismo algunas veces preguntó a Dios, es porque era profeta, y aun, con todo eso, no lo hacía sin la vestidura sacerdotal, como se ve haberlo hecho en el primero de los Reyes (23, 9), donde dijo a Abimelec sacerdote: Applica ad me ephod, que era una vestidura de las más autorizadas del sacerdote, y con ella consultó con Dios. Mas otras veces, por el profeta Natán y por otros profetas consultaba a Dios. Y por la boca de éstos y de los sacerdotes se había de creer ser (de) Dios lo que se les decía, y no por su parecer propio.

9. Y así, lo que Dios decía entonces, ninguna autoridad ni fuerza les hacía para darle entero crédito, si por la boca de los sacerdotes y profetas no se aprobaba. Porque es Dios tan amigo que el gobierno y trato del hombre sea también por otro hombre semejante a él y que por razón natural sea el hombre regido y gobernado, que totalmente quiere que las cosas que sobrenaturalmente nos comunica no las demos entero crédito ni hagan en nosotros confirmada fuerza y segura, hasta que pasen por este arcaduz humano de la boca del hombre. Y así siempre que algo dice o

revela al alma, lo dice con una manera de inclinación puesta en la misma alma, a que se diga a quien conviene decirse; y hasta esto, no suele dar entera satisfacción, porque no la tomó el hombre de otro hombre semejante a él.

De donde en los Jueces (7, 9-11) vemos haberle acaecido lo mismo al capitán Gedeón; que, con haberle Dios dicho muchas veces que vencería a los madianitas, todavía estaba dudoso y cobarde, habiéndole dejado Dios aquella flaqueza, hasta que por la boca de los hombres oyó lo que Dios le había dicho. Y fue, que, como Dios le vio flaco, le dijo: Levántate y desciende del real; et cum sudieris quod loquantur, tunc confortabuntur manus tuae, et securior ad hostium castra descendes, esto es: Cuando oyeres allí lo que hablan los hombres, entonces recibirás fuerzas en lo que te he dicho y bajarás con más seguridad a los ejércitos de los enemigos. Y así fue que, oyendo contar un sueño de un madianita a otro, en que había soñado que Gedeón los había de vencer, fue muy esforzado y comenzó a poner con grande alegría por obra la batalla. Donde se ve que no quiso Dios que ése se asegurase, pues no le dio la seguridad, sólo por vía sobrenatural, hasta que se confirmó naturalmente.

10. Y mucho más es de admirar lo que pasó acerca de esto en Moisés, que, con haberle Dios mandado con muchas (razones) y confirmándoselo con señales de la vara en serpiente y de la mano leprosa, que fuese a libertar los hijos de Israel, estuvo tan flaco y oscuro en esta ida, que, aunque se enojó Dios, nunca tuvo ánimo para acabar de tener (fuerte) fe, en el caso para ir hasta que le animó Dios con su hermano Aarón, diciendo (Ex. 4, 14-15): Aaron frater tuus levites scio quod eloquens sit: ecce ipse egredietur in occursum tuum, vidensque te, laetabitur corde. Loquere ad eum, et pone verba mea in ore eius, et ego ero in ore tuo, et in ore illius, etcétera; lo cual es como si dijera: Yo sé que tu hermano Aarón es hombre elocuente; cata que él te saldrá al encuentro y, viéndote, se alegrará de corazón; habla con él, y dile todas mis palabras, y yo seré en tu boca y en la suya, para que cada uno reciba crédito de la boca del otro.

11. Oídas estas palabras, Moisés animóse luego con la esperanza del consuelo del consejo que de su hermano había de tener. Porque esto tiene el alma humilde, que no se atreve a tratar a solas con Dios, ni se puede acabar de satisfacer sin gobierno y consejo humano. Y así lo quiere Dios, porque en aquellos que se juntan a

tratar la verdad, se junta él allí para declararla y confirmarla en ellos, fundada sobre razón natural, como dijo que lo había de hacer con Moisés y Aarón juntos, siendo en la boca del uno y en la boca del otro.

Que por eso también dijo en el Evangelio (Mt. 18, 20) que: Ubi fuerint duo vel tres congregati in nomine meo, ibi sum ego in medio eorum; esto es: Donde estuvieren dos o tres juntos para mirar lo que es más honra y gloria de mi nombre, yo estoy allí en medio de ellos, es a saber: aclarando y confirmando en sus corazones las verdades de Dios. Y es de notar que no dijo: Donde estuviere uno solo, yo estoy allí, sino, por lo menos, dos: para dar a entender que no quiere Dios que ninguno a solas se crea para sí las cosas que tiene por de Dios, ni se confirme ni afirme en ellas sin la Iglesia o sus ministros, porque con éste solo no estará él aclarándole y confirmándole la verdad en el corazón, y así quedará en ella flaco y frío.

12. Porque de aquí es lo que encarece el Eclesiastés (4, 10-12), diciendo: Vae soli, quia cum ceciderit, non habet sublevantem se. Si dormierint duo, fovebuntur mutuo: unus quomodo calefiet? et si quispiam praevaluerit contra unum, duo resistent ei; que quiere decir: ¡Ay del solo que cuando cayere no tiene quien le levante! Si dos durmieren juntos, calentarse ha el uno al otro, es a saber, con el calor de Dios, que está en medio; uno solo, ¿cómo calentará?; es a saber: ¿cómo dejará de estar frío en las cosas de Dios? Y, si alguno pudiere más y prevaleciere contra uno, esto es, el demonio, que puede y prevalece contra los que a solas se quieren haber en las cosas de Dios, dos juntos le resistirán, que son el discípulo y el maestro, que se juntan a saber y a hacer la verdad. Y hasta esto, ordinariamente se siente él solo tibio y flaco en ella, aunque más la hayan oído de Dios; tanto, que con haber mucho que san Pablo predicaba el Evangelio que dice él había oído, no de hombre, sino de Dios, no pudo acabar consigo de dejar de ir a conferirlo con san Pedro y los Apóstoles, diciendo (Gl. 2, 2): Ne forte in vanum currerem, aut cucurrissem, que quiere decir: No por ventura corriese en vano o hubiese corrido; no teniéndose por seguro hasta que le dio seguridad el hombre. Cosa, pues, notable parece, Pablo, pues él que os reveló ese Evangelio, ¿no pudiera también revelaros la seguridad de la falta que podíades hacer en la predicación de la verdad de él?

13. Aquí se da a entender claro cómo no hay de qué asegurarse en las cosas que Dios revela, sino es por el orden que vamos diciendo; porque, dado caso que la persona tenga certeza, como san Pablo tenía de su Evangelio, pues le había comenzado ya a predicar, que aunque la revelación sea de Dios, todavía el hombre puede errar acerca de ella (o) en lo tocante a ella. Porque Dios no siempre, aunque dice lo uno, dice lo otro; y muchas veces dice la cosa, y no dice el modo de hacerla, porque, ordinariamente, todo lo que se puede hacer por industria y consejo humano no lo hace él ni lo dice, aunque trate muy afablemente mucho tiempo con el alma. Lo cual conocía muy bien san Pablo; pues, aunque sabía le era revelado por Dios el Evangelio, le fue a conferir.

Y vemos esto claro en el Exodo (18, 21-22), donde, tratando Dios tan familiarmente con Moisés, nunca le había dado aquel consejo tan saludable que le dio su suegro Jetró, es a saber: que eligiese otros jueces para que le ayudasen y no estuviese esperando el pueblo desde la mañana hasta la noche. El cual consejo Dios aprobó, y no se lo había dicho, porque aquello era cosa que podía caber en razón y juicio humano. Acerca de las visiones y revelaciones y locuciones que Dios, no las suele revelar Dios porque siempre quiere que se aprovechen de éste en cuanto se pudiere, y todas ellas han de ser reguladas por éste, salvo las que son de fe, que exceden todo juicio y razón, aunque no son contra ella.

14. De donde no piense alguno que, porque sea cierto que Dios y los Santos traten con él familiarmente muchas cosas, por el mismo caso le han de declarar las faltas que tiene acerca de cualquier cosa, pudiendo él saberlo por otra vía. Y así, no hay que asegurarse, porque, como leemos haber acaecido en los Actos de los Apóstoles que, con ser san Pedro príncipe de la Iglesia y que inmediatamente era enseñado de Dios, acerca de cierta ceremonia que usaba entre las gentes erraba, y callaba Dios; tanto, que le reprendió san Pablo, según él allí afirma diciendo: Cum vidissem, quod non recte ad veritatem Evangeli ambularent, dixi coram omnibus: Si tu iudaeus cum sis, gentiliter vivis, quomodo gentes cogis iudaizare?; que quiere decir: Como yo viese, dice san Pablo, que no andaban rectamente los discípulos según la verdad del Evangelio, dije a Pedro delante de todos: Si siendo tú judío, como lo eres, vives gentílicamente, ¿cómo haces tal ficción que fuerzas a los gentiles a judaizar? (Gl. 2, 14). Y Dios no advertía esta falta a

san Pedro por sí mismo, porque era cosa que caía en razón aquella simulación, y la podía saber por vía razonal.

15. De donde muchas faltas y pecados castigará Dios en muchos el día del juicio, con los cuales habrá tenido acá muy ordinario trato y dado mucha luz y virtud, porque, en lo demás que ellos sabían que debían hacer, se descuidaron, confiando en aquel trato y virtud que tenían con Dios. Y así, como dice Cristo en el Evangelio (Mt. 7, 22), se maravillarán ellos entonces, diciendo: Domine, Domine nonne in nomine tuo prophetavimus, et in nomine tuo daemonia eiecimus, et in nomine tuo virtutes multas fecimus?, esto es; Señor, Señor, ¿por ventura las profecías que tú nos hablabas no las profetizamos en tu nombre (y en tu nombre echamos los demonios), y en tu nombre no hicimos muchos milagros y virtudes? Y dice el Señor que les responderá diciendo (Mt. 7, 23): Et tunc confitebor illis, quia numquam novi vos: discedite a me omnes qui operamini iniquitatem, es a saber: Apartaos de mí los obreros de maldad, porque nunca os conocí. De éstos era el profeta Balam y otros semejantes, a los cuales aunque hablaba Dios con ellos y les daba gracias, eran pecadores (Núm. 22-24). Pero en su tanto reprenderá también el Señor a los escogidos y amigos suyos, con quien acá se comunicó familiarmente, en las faltas y descuidos que ellos hayan tenido; de los cuales no era menester les advirtiese Dios por sí mismo, pues ya por ley y razón natural que les había dado se lo advertía.

16. Concluyendo, pues, en esta parte, digo y saco de lo dicho: que cualquiera cosa que el alma reciba, de cualquier manera que sea, por vía sobrenatural, clara y rasa, entera y sencillamente, ha de comunicarla luego con el maestro espiritual. Porque, aunque parece que no había para qué dar cuenta ni para qué gastar en eso tiempo, pues con desecharlo y no hacer caso de ello ni quererlo, como habemos dicho, queda el alma segura (mayormente cuando son cosas de visiones o revelaciones u otras comunicaciones sobrenaturales, que o son claras o va poco en que sean o no sean) todavía es muy necesario, aunque al alma le parezca que no hay para qué, decirlo todo. Y esto por tres causas:

La primera, porque, como habemos dicho, muchas cosas comunica Dios, cuyo efecto y fuerza y luz y seguridad, no la confirma del todo en el alma hasta que, como habemos dicho, se trate con quien Dios tiene puesto por juez espiritual de aquel alma, que es el que tiene poder de atarla o desatarla y aprobar y reprobar en ella; según lo habemos probado por las autoridades arriba alegadas y lo probamos cada día por experiencia, viendo en las almas humildes por quien pasan estas cosas, que, después que las han tratado con quien deben, quedan con nueva satisfacción, fuerza y luz y seguridad. Tanto, que a algunas les parece que, hasta que lo traten, ni se les asienta, ni es suyo aquello, y que entonces se lo dan de nuevo.

17. La segunda causa es porque ordinariamente ha menester el alma doctrina sobre las cosas que le acaecen, para encaminarla por aquella vía a la desnudez y pobreza espiritual que es la noche oscura. Porque si esta doctrina le va faltando, dado que el alma no quiera las tales cosas, sin entenderse se iría endureciendo en la vía espiritual y haciéndose a la del sentido, acerca del cual, en parte, pasan las tales cosas distintas.

18. La tercera causa es porque para la humildad y sujeción y mortificación del alma conviene dar parte de todo, aunque de todo ello no haga caso ni lo tenga en nada. Porque hay algunas almas que sienten mucho en decir las tales cosas, por parecerles que no son nada, y no saben cómo las tomará la persona con quien las han de tratar; lo cual es poca humildad, y, por el mismo caso, es menester sujetarse a decirlo. (Y hay otras) que sienten mucha vergüenza en decirlo, porque no vean que tienen ellas aquellas cosas que parecen de santos, y otras cosas que en decirlo sienten, y, por eso, que no hay para qué lo decir, pues no hacen ellas caso de ello; y, por el mismo caso, conviene que se mortifiquen y lo digan, hasta que estén humildes, llanas y blandas y prontas en decirlo, y después siempre lo dirán con facilidad.

19. Pero hase de advertir acerca de lo dicho que no, porque habemos puesto tanto en que las tales cosas se desechen y que no pongan los confesores a las almas en el lenguaje de ellas, convendrá que las muestren desabrimiento los padres espirituales acerca de ellas, ni de tal manera les hagan desvíos y desprecio en ellas, que les den ocasión a que se encojan y no se atrevan a manifestarlas, que será ocasión de dar en muchos inconvenientes si les cerrasen la puerta para decirlas. Porque, pues, (como habemos dicho), es medio y modo por donde Dios lleva las tales almas, no hay para qué estar mal con él ni por qué espantarse ni escandalizarse de él, sino antes con mucha benignidad y sosiego; poniéndoles ánimo y dándoles salida para que lo digan y, si fuere menester, poniéndoles precepto, porque, a veces, en la dificultad que algunas almas sienten en tratarlo, todo es menester.

Encamínenlas en la fe, enseñándolas buenamente a desviar los ojos de todas aquellas cosas, y dándoles doctrina en cómo han de desnudar el apetito y espíritu de ellas para ir adelante, y dándoles a entender cómo es más preciosa delante de Dios una obra o acto de voluntad hecho en caridad, que cuantas visiones (y revelaciones) y comunicaciones pueden tener del cielo, pues éstas ni son mérito ni demérito; y cómo muchas almas, no teniendo cosas de ésas, están sin comparación mucho más adelante que otras que tienen muchas.

CAPÍTULO 23

En que se comienza a tratar de las aprehensiones del entendimiento que son puramente por vía espiritual. Dice qué cosa sean.

1. Aunque la doctrina que habemos dado acerca de las aprehensiones del entendimiento que son por vía del sentido, según lo que de ellas había de tratar, queda algo corta, no he querido alargarme más en ella; pues, aun para cumplir con el intento que yo aquí llevo, que es desembarazar el entendimiento de ellas y encaminarle a la noche de la fe, antes entiendo me he alargado demasiado.

Por tanto, comenzaremos ahora a tratar de aquellas otras cuatro aprehensiones del entendimiento, que en el capítulo 10 dijimos ser puramente espirituales, que son visiones, revelaciones, locuciones y sentimientos espirituales. A las cuales llamamos puramente espirituales, porque no, como las corporales imaginarias, se comunican al entendimiento por vía de los sentidos corporales, sino, sin algún medio de algún sentido corporal exterior o interior, se ofrecen al entendimiento clara y distintamente por vía sobrenatural pasivamente, que es sin poner el alma algún acto u obra de su parte, a lo menos activo.

2. Es, pues, de saber que, hablando anchamente y en general, todas estas cuatro aprehensiones se pueden llamar visiones del alma, porque al entender del alma llamamos también ver del alma. Y, por cuanto todas estas aprehensiones son inteligibles al entendimiento, son llamadas visibles espiritualmente. Y así, las inteligencias que de ellas se forman en el entendimiento se pueden

llamar visiones intelectuales. Que, por cuanto todos los objetos de los demás sentidos, como son todo lo que se puede ver, y todo lo que se puede oír, y todo lo que se puede oler y gustar y tocar, son objeto del entendimiento en cuanto caen debajo de verdad o falsedad; de aquí es que, así como (a) los ojos corporales todo lo que es visible corporalmente les causa visión corporal, así a los ojos del alma espirituales, que es el entendimiento, todo lo que es inteligible le causa visión espiritual; pues, como habemos dicho, el entenderlo es verlo. Y así, estas cuatro aprehensiones, hablando generalmente, las podemos llamar visiones; lo cual no tienen los otros sentidos, porque el uno no es capaz del objeto del otro en cuanto tal.

3. Pero, porque estas aprehensiones se representan al alma al modo que a los demás sentidos, de aquí es que, hablando propia y específicamente, a lo que recibe el entendimiento a modo de ver (porque puede ver las cosas espiritualmente así como los ojos corporalmente) llamamos "visión"; y a lo que recibe como aprehendiendo y entendiendo cosas nuevas, así como el oído oyendo cosas no oídas, llamamos "revelación"; y a lo que recibe a manera de oír, llamamos "locución"; y a lo que recibe a modo de los demás sentidos, como es la inteligencia de suave olor espiritual, y de sabor espiritual, y deleite espiritual que el alma puede gustar sobrenaturalmente, llamamos "sentimientos espirituales". De todo lo cual él saca inteligencia o visión espiritual, sin aprehensión alguna de forma, imagen o figura de imaginación o fantasía natural, sino que inmediatamente estas cosas se comunican al alma por obra sobrenatural y por medio sobrenatural.

4. De éstas, pues, también, como de las demás aprehensiones corporales imaginarias hicimos, nos conviene desembarazar aquí el entendimiento, encaminándole y enderezándole por ellas en la noche espiritual de fe a la divina y sustancial unión de Dios; porque, no embarazándose y enmudeciéndose con ellas, se le impida el camino de la soledad y desnudez, que para esto se requiere, de todas las cosas. Porque, dado caso que éstas son más nobles aprehensiones y más provechosas y mucho más seguras que las corporales imaginarias (por cuanto son ya interiores, puramente espirituales y a que menos puede llegar el demonio, porque se comunican ellas al alma más pura y sutilmente sin obra alguna de ella ni de la imaginación, a lo menos activa) todavía no sólo se podría el entendimiento embarazar para el dicho camino, mas podría ser muy engañado por su poco recato.

5. Y aunque, en alguna manera, podríamos juntamente concluir con estas cuatro maneras de aprehensiones, dando el común consejo en ellas que en todas las demás vamos dando, de que ni se pretendan ni se quieran, todavía, porque a vueltas se dará más luz para hacerlo y se dirán algunas cosas acerca de ellas, es bueno tratar de cada una de ellas en particular. Y así, diremos de las primeras que son visiones espirituales o intelectuales.

CAPÍTULO 24

En que se trata de dos maneras que hay de visiones espirituales por vía sobrenatural.

1. Hablando ahora propiamente de las que son visiones espirituales sin medio de algún sentido corporal, digo que dos maneras de visiones pueden caer en el entendimiento: unas son de sustancias corpóreas, otras, de sustancias separadas o incorpóreas.

Las de las corpóreas son acerca de todas las cosas materiales que hay en el cielo y en la tierra, las cuales puede ver el alma aun estando en el cuerpo, mediante cierta lumbre sobrenatural derivada de Dios, en la cual puede ver todas las cosas ausentes, del cielo y de la tierra, según leemos haber visto san Juan en el capítulo 21 del Apocalipsis, donde cuenta la descripción y excelencia de la celestial Jerusalén, que vio en el cielo; y cual también se lee de san Benito, que en una visión espiritual vio todo el mundo. La cual visión dice santo Tomás en el primero de sus Quodlibetos que fue en la lumbre derivada de arriba, que habemos dicho.

2. Las otras visiones, que son de sustancias incorpóreas, no se pueden ver mediante esta lumbre derivada que aquí decimos, sino con otra lumbre más alta que se llama lumbre de gloria. Y así, estas visiones de sustancias incorpóreas, como son ángeles y almas, no son de esta vida ni se pueden ver en cuerpo mortal; porque, si Dios las quisiese comunicar al alma esencialmente, como ellas son, luego saldría de las carnes y se desataría de la vida mortal. Que, por eso, dijo Dios a Moisés (Ex. 33, 20) cuando le rogó le mostrase su esencia: Non videbit me homo, et vivet, esto es: No me verá hombre que pueda quedar vivo. Por lo cual, cuando los hijos de Israel pensaban que habían de ver a Dios, o que le habían visto, o

algún ángel, temían el morir, según se lee en el Exodo (20, 19), donde, temiendo los dichos, dijeron: Non loquatur nobis Dominus, ne forte moriamur, como si dijeran: No se nos comunique Dios manifiestamente, por que no muramos. Y también en los Jueces (13, 22), pensando Manué, padre de Sansón, que había visto esencialmente, el ángel que hablaba con él y con su mujer, el cual les había aparecido en forma de varón muy hermoso, dijo a su mujer: Morte moriemur, quia vidimus Dominum, que quiere decir: Moriremos, porque habemos visto al Señor.

3. Y así, estas visiones no son de esta vida, si no fuese alguna vez por vía de paso, y esto, dispensando Dios o salvando la condición y vida natural, abstrayendo totalmente al espíritu de ella, y que con su favor se suplan las veces naturales del alma acerca del cuerpo. Que, por eso, cuando se piensa que las vio san Pablo (es a saber: las sustancias separadas en el tercer cielo, dice el mismo Santo): Sive in corpore, sive extra corpus nescio; Dominus scit (2 Cor. 12, 2); esto es, que fue arrebatado a ellas, y lo que vio dice que no sabe si era en el cuerpo o fuera del cuerpo; que Dios lo sabe. En lo cual se ve claro que se traspuso de la vía natural, haciendo Dios el cómo. De donde también, cuando se cree haberle mostrado Dios su esencia a Moisés, se lee (Ex. 33, 22) que le dijo Dios que él le pondría en el horado de la piedra y ampararía cubriéndole con la diestra, y amparándole porque no muriese cuando pasase su gloria, la cual pasada era mostrarse por vía de paso, amparando él con su diestra la vida natural de Moisés.

Mas estas visiones tan sustanciales, como la de san Pablo y Moisés y nuestro Padre Elías cuando cubrió su rostro al silbo suave de Dios (3 Re. 19, 11-13), aunque son por vía de paso, rarísimas veces acaecen y casi nunca y a muy pocos, porque lo hace Dios en aquellos que son muy fuertes del espíritu de la Iglesia y ley de Dios, como fueron los tres arriba nombrados.

4. Pero, aunque estas visiones de sustancias espirituales no se pueden desnudar y claramente ver en esta vida con el entendimiento, puédense, empero, sentir en la sustancia del alma con suavísimos toques y juntas, lo cual pertenece a los sentimientos espirituales, de que con el divino favor trataremos después. Porque a éstos se endereza y encamina nuestra pluma, que es a la divina junta y unión del alma con la Sustancia divina, lo cual ha de ser cuando tratemos de la inteligencia mística y confusa u oscura que queda por decir, donde habemos de tratar cómo, mediante esta

noticia amorosa y oscura, se junta Dios con el alma en alto grado y divino. Porque, en alguna manera, esta noticia oscura amorosa, que es la fe, sirve en esta vida para la divina unión, como la lumbre de gloria sirve en la otra de medio para la clara visión de Dios.

5. Por tanto, tratemos ahora de las visiones de corpóreas sustancias que espiritualmente se reciben en el alma, las cuales son a modo de las visiones corporales. Porque, así como ven los ojos las cosas corporales mediante la luz natural, así el alma con el entendimiento, mediante la lumbre derivada sobrenaturalmente, que habemos dicho, ve interiormente esas mismas cosas naturales y otras, cuales Dios quiere, sino que hay diferencia en el modo y en la manera. Porque las espirituales e intelectuales mucho más clara y sutilmente acaecen que las corporales, porque, cuando Dios quiere hacer esa merced al alma, comunícala aquella luz sobrenatural que decimos, en que fácilmente y clarísimamente ve las cosas que Dios quiere, ahora del cielo, ahora de la tierra, no haciendo impedimento, ni al caso ausencia ni presencia de ellas. Y es, a veces, como si se le abriese una clarísima puerta y por ella viese (una luz) a manera de un relámpago, cuando en una noche oscura, súbitamente esclarece las cosas y las hace ver clara y distintamente, y luego las deja a oscuras, aunque las formas y figuras de ellas se quedan en la fantasía. Lo cual en el alma acaece muy más perfectamente, porque de tal manera se quedan en ella impresas aquellas cosas que con el espíritu vio en aquella luz, que, cada vez que advierte, las ve en sí como las vio antes, bien así como en el espejo se ven las formas que están en él cada vez que en él miren. Y es de manera que ya aquellas formas de las cosas que vio, nunca jamás se le quitan del todo del alma, aunque por tiempo se van haciendo algo remotas.

6. El efecto que hacen en el alma estas visiones es quietud, iluminación y alegría a manera de gloria, suavidad, limpieza y amor, humildad e inclinación o elevación del espíritu en Dios; unas veces más, otras menos; unas más en lo uno; otras en lo otro, según el espíritu en que se reciben y Dios quiere.

7. Puede también el demonio causar estas visiones en el alma mediante alguna lumbre natural, en que por sugestión espiritual aclara al espíritu las cosas, ahora sean presentes, ahora ausentes. De donde, sobre aquel lugar de san Mateo (4, 8) donde dice que el demonio a Cristo *ostendit omnia regna mundi et gloriam eorum*, es a saber: Le mostró todos los reinos del mundo y la gloria de ellos,

dicen algunos doctores que lo hizo por sugestión espiritual, porque con los ojos corporales no era posible hacerle ver tanto, que viese todos los reinos del mundo y su gloria.

Pero de estas visiones que causa el demonio a las que son de parte de Dios hay mucha diferencia. Porque los efectos que éstas hacen en el alma no son como los que hacen las buenas, antes hacen sequedad de espíritu acerca del trato con Dios e inclinación a estimarse, y a admitir y tener en algo las dichas visiones, y en ninguna manera causan blandura de humildad y amor de Dios. Ni las formas de éstas se quedan impresas en el alma con aquella claridad suave que las otras, ni duran, antes se raen luego del alma, salvo si el alma las estima mucho, que, entonces, la propia estimación hace que se acuerde de ellas naturalmente; mas es muy secamente y sin hacer aquel efecto de amor y humildad que las buenas causan cuando se acuerdan de ellas.

8. Estas visiones, por cuanto son de criaturas, con quien Dios ninguna proporción ni conveniencia esencial tiene, no pueden servir al entendimiento de medio próximo para la unión de Dios. Y así, conviene al alma haberse puramente negativa en ellas, como en las demás que habemos dicho, para ir adelante por el medio próximo, que es la fe. De donde, de aquellas formas de las tales visiones que se quedan en el alma impresas, no ha de hacer archivo ni tesoro el alma, ni ha de querer arrimarse a ellas, porque sería estarse con aquellas formas, imágenes y personajes, que acerca del interior reciben, embarazada, y no iría por negación de todas las cosas a Dios. Porque, dado caso que aquellas formas siempre se representen allí, no la impedirán mucho si el alma no quisiere hacer caso de ellas. Porque, aunque es verdad que la memoria de ellas incita al alma a algún amor de Dios y contemplación, pero mucho más incita y levanta la pura fe y desnudez a oscuras de todo eso, sin saber el alma cómo ni de dónde le viene.

Y así, acaecerá que ande el alma inflamada con ansias de amor de Dios muy puro, sin saber de dónde le vienen ni qué fundamento tuvieron. Y fue que, así como la fe se arraigó e infundió más en el alma mediante aquel vacío y tiniebla y desnudez de todas las cosas, pobreza espiritual (que todo lo podemos llamar una misma cosa), también juntamente se arraiga e infunde más en el alma la caridad de Dios. De donde, cuanto más el alma se quiere oscurecer y aniquilar acerca de todas las cosas exteriores e interiores que puede recibir, tanto más se infunde de fe, y por consiguiente, de amor y esperanza en ella, por cuanto estas tres virtudes teologales andan en uno.

9. Pero este amor algunas veces no lo comprende la persona ni lo siente, porque no tiene este amor su asiento en el sentido con ternura, sino en el alma con fortaleza y más ánimo y osadía que antes, aunque algunas veces redunde en el sentido y se muestre tierno y blando. De donde (para llegar a) aquel amor, alegría y gozo que le hacen y causan las tales visiones al alma, conviénele que tenga fortaleza y mortificación y amor para querer quedarse en vacío y a oscuras de todo ello, y fundar aquel amor y gozo en lo que no ve ni siente ni puede ver ni sentir en esta vida, que es Dios, el cual es incomprensible y sobre todo. Y, por eso, nos conviene ir a él por negación de todo, porque si no, dado caso que el alma sea tan sagaz, humilde y fuerte, que el demonio no la pueda engañar en ellas ni hacerla caer en alguna presunción, como lo suele hacer, no dejarán ir al alma adelante, por cuanto pone obstáculo a la desnudez espiritual y pobreza de espíritu, y vacío en fe, que es lo que se requiere para la unión del alma con Dios.

10. Y, porque acerca de estas visiones sirve también la misma doctrina que en el capítulo 19 y 20 dimos para las visiones y aprehensiones sobrenaturales del sentido, no gastaremos aquí más tiempo en decirlas.

CAPÍTULO 25

En que se trata de las revelaciones. Dice qué cosa sean y pone una distinción.

1. Por el orden que aquí llevamos, se sigue ahora tratar de la segunda manera de aprehensiones espirituales, que arriba llamamos revelaciones, las cuales propiamente pertenecen al espíritu de profecía. Acerca de lo cual, es primero de saber que revelación no es otra cosa que descubrimiento de alguna verdad oculta o manifestación de algún secreto o misterio: así como (si Dios diese al alma a entender alguna cosa, como) es declarando al entendimiento la verdad de ella, o descubriese al alma algunas cosas que él hizo, hace o piensa hacer.

2. Y, según esto, podemos decir que hay dos maneras de revelaciones: unas, que son descubrimiento de verdades al entendimiento, que propiamente se llaman noticias intelectuales o inteligencias; otras, que son manifestación de secretos, y éstas se llaman propiamente, y más que estotras, revelaciones. Porque las primeras no se pueden llamar en rigor revelaciones, porque aquéllas consisten en hacer Dios al alma verdades desnudas, no sólo acerca de las cosas temporales, sino también de las espirituales, mostrándoselas clara y manifiestamente. De las cuales he querido tratar debajo de nombre de revelaciones; lo uno, por tener mucha vecindad y alianza con ellas; lo otro, por no multiplicar muchos nombres de distinciones.

3. Pues, según esto, bien podremos distinguir ahora las revelaciones en dos géneros de aprehensiones. Al uno llamaremos noticias intelectuales, y al otro, manifestación de secretos y misterios ocultos de Dios; y concluiremos con ellos en dos capítulos lo más brevemente que pudiéremos, y en éste del primero.

CAPÍTULO 26

En que se trata de las inteligencias de verdades desnudas en el entendimiento; y dice cómo son en dos maneras y cómo se ha de haber el alma acerca de ellas.

1. Para hablar propiamente de esta inteligencia de verdades desnudas que se da al entendimiento, era necesario que Dios tomase la mano y moviese la pluma; porque sepas, amado lector, que excede toda palabra lo que ellas son para el alma en sí mismas. Mas, pues yo no hablo aquí de ellas de propósito, sino sólo para industriar y encaminar el alma en ellas a la divina unión, sufrirse ha hablar de ellas aquí corta y modificadamente cuanto baste para el dicho intento.

2. Esta manera de visiones, o, por mejor decir, de noticias de verdades desnudas, es muy diferente de la que acabamos de decir en el capítulo 24, porque no es como ver las cosas corporales con el entendimiento, pero consiste en entender y ver verdades de Dios o de las cosas que son, fueron y serán, lo cual es muy conforme al espíritu de profecía, como por ventura se declarará después.

3. De donde es de notar que este género de noticias se distingue en dos maneras de ellas; porque unas acaecen al alma acerca del Criador, otras acerca de las criaturas, como habemos dicho. Y aunque las unas y las otras son muy sabrosas para el alma, pero el deleite que causan en ella estas que son de Dios no hay cosa a qué le poder comparar, ni vocablos ni términos con qué le poder decir, porque son noticias del mismo Dios y deleite del mismo Dios; que, como dice David (Sal. 39, 6), no hay como él cosa alguna. Porque acaecen estas noticias derechamente acerca de Dios, sintiendo altísimamente de algún atributo de Dios, ahora de su omnipotencia, ahora de su fortaleza, ahora de su bondad y dulzura, etc.; y todas las veces que se siente, se pega en el alma aquello que se siente. Que, por cuanto es pura contemplación, ve claro el alma que no hay cómo poder decir algo de ello, si no fuese decir algunos términos generales que la abundancia del deleite y bien que allí sintieron les hace decir a las almas por quien pasa; mas no para que en ellos se pueda acabar de entender lo que allí el alma gustó y sintió.

4. Y así David (Sal. 18, 10-11), habiendo por él pasado algo de esto, sólo dijo (de ello) con palabras comunes y generales, diciendo: Iudicia Domini vera, iustificata in semetipsa. Desiderabilia super aurum et lapidem pretiosum multum, et dulciora super mel et favum; que quiere decir: Los juicios de Dios, esto es, las virtudes y atributos que sentimos en Dios, son verdaderos, en sí mismos justificados, más deseables que el oro y que la piedra preciosa muy mucho, y más dulces sobre el panal y la miel. Y de Moisés leemos (Ex. 34, 6-7) que en una altísima noticia que Dios le dio de sí, una vez que pasó delante de él, sólo dijo lo que se puede decir por los dichos términos comunes, y fue que, pasando el Señor por él en aquella noticia, se postró Moisés muy aprisa en la tierra, diciendo: Dominator Domine Deus, misericors et clemens, patiens et multae miserationis ac verax. Qui custodis misericordias in millia, etc.; que quiere decir: Emperador, Señor, Dios, misericordioso y clemente, paciente y de mucha miseración y verdadero, que guardas la misericordia que prometes en millares. Donde se ve que, no pudiendo Moisés declarar lo que en Dios conoció en una sola noticia, lo dijo y rebosó por todas aquellas palabras.

Y aunque, a veces en las tales noticias, palabras se dicen, bien ve el alma que no ha dicho nada de lo que sintió, porque ve que no hay nombre acomodado para poder nombrar aquello. Y así san Pablo (2 Cor. 12, 4), cuando tuvo aquella alta noticia de Dios, no curó de decir nada, sino decir que no era lícito al hombre tratar de ello.

5. Estas noticias divinas que son acerca de Dios, nunca son de cosas particulares, por cuanto son acerca del Sumo Principio; y, por eso, no se pueden decir en particular, si no fuese en alguna manera alguna verdad de cosa menos que Dios, que juntamente se echase de ver allí; mas aquéllas no, en ninguna manera. Y estas altas noticias no las puede tener sino el alma que llega a unión de Dios, porque ellas mismas son la misma unión; porque consiste el tenerlas en cierto toque que se hace del alma en la Divinidad, y así el mismo Dios es el que allí es sentido y gustado. Y, aunque no manifiesta y claramente como en la gloria, pero es tan subido y alto toque de noticia y sabor que penetra la sustancia del alma, que el demonio no se puede entrometer ni hacer otro semejante, porque no le hay, ni cosa que se compare, ni infundir sabor ni deleite semejante. Porque aquellas noticias saben a esencia divina y vida eterna, y el demonio no puede fingir cosa tan alta.

6. Podría él, empero, hacer alguna apariencia de simia, representando al alma algunas grandezas y henchimientos muy sensibles, procurando persuadir al alma que aquello es Dios; mas no de manera que entrasen en la sustancia del alma y la renovasen y enamorasen súbitamente, como hacen las de Dios. Porque hay algunas noticias y toques de éstos que hace Dios en la sustancia del alma que de tal manera la enriquecen, que no sólo basta una de ellas para quitar al alma de una vez todas las imperfecciones que ella no había podido quitar en toda la vida, mas la deja llena de virtudes y bienes de Dios.

7. Y le son al alma tan sabrosos y de tan íntimo deleite estos toques, que con uno de ellos se daría por bien pagada de todos los trabajos que en su vida hubiese padecido, aunque fuesen innumerables, y queda tan animada y con tanto brío para padecer muchas cosas por Dios, que le es particular pasión ver que no padece mucho.

8. Y a estas altas noticias no puede el alma llegar por alguna comparación ni imaginación suya, porque son sobre todo eso; y así, sin la habilidad del alma las obra Dios en ella. De donde, a veces, cuando ella menos piensa y menos lo pretende suele Dios dar al alma estos divinos toques, en que le causa ciertos recuerdos de Dios. Y éstos a veces se causan súbitamente en ella sólo en

acordarse de algunas cosas, y a veces harto mínimas. Y son tan sensibles, que algunas veces no sólo al alma, sino también al cuerpo hacen estremecer. Pero otras veces acaecen en el espíritu muy sosegado sin estremecimiento alguno, con súbito sentimiento del deleite y refrigerio en el espíritu.

9. Otras veces acaecen en alguna palabra que dicen u oyen decir, ahora de la sagrada Escritura, ahora de otra cosa. Mas no siempre son de una misma eficacia y sentimiento, porque muchas veces son harto remisos; pero, por mucho que sean, vale más uno de estos recuerdos y toques de Dios al alma que otras muchas noticias y consideraciones de las criaturas y obras de Dios. Y por cuanto estas noticias se dan al alma de repente y sin albedrío de ella, no tiene el alma que hacer en ellas en quererlas o no quererlas, sino háyase humilde y resignadamente acerca de ellas, que Dios hará su obra cómo y cuándo él quisiese.

10. Y en éstas no digo que se haya negativamente, como en las demás aprehensiones, porque ellas son parte de la unión, como habemos dicho, en que vamos encaminando al alma; por la cual la enseñamos a desnudarse y desasirse de todas las otras. Y el medio para que Dios la haga, ha de ser humildad y padecer por amor de Dios con resignación de toda retribución; porque estas mercedes no se hacen al alma propietaria, por cuanto son hechas con muy particular amor de Dios que tiene con la tal alma, porque el alma también se le tiene a él muy desapropiado. Que esto es lo que quiso decir el Hijo de Dios por san Juan (14, 21), cuando dijo: Qui autem diligit me, diligetur a Patre meo, et ego diligam eum, et manifestabo ei meipsum, que quiere decir: El que me ama, será amado de mi Padre, y yo le amaré y me manifestaré a mí mismo a él. En lo cual se incluyen las noticias y toques que vamos diciendo que manifiesta Dios al alma (que se llega a él y) de veras le ama.

11. La segunda manera de noticias o visiones de verdades interiores es muy diferente de esta que habemos dicho, porque es de cosas más bajas que Dios y en éstas se encierra el conocimiento de la verdad de las cosas en sí y el de los hechos y casos que acaecen entre los hombres. Y es de manera este conocimiento, que, cuando se le dan al alma a conocer estas verdades, de tal manera se le asientan en el interior sin que nadie la diga nada, que, aunque la digan otra cosa, no puede dar el consentimiento interior a ella, aunque se quiera hacer fuerza para asentir, porque está el espíritu conociendo otra cosa en la cosa con el espíritu que le tiene

presente a aquella cosa; lo cual es como verlo claro. Lo cual pertenece al espíritu de profecía y a la gracia que llama san Pablo (1 Cor. 12, 10) don de discreción de espíritus. Y aunque el alma tiene aquello que entiende por tan cierto y verdadero como habemos dicho, y no puede dejar de tener aquel consentimiento interior pasivo, no por eso ha de dejar de creer y dar el consentimiento de la razón a lo que le dijere y mandare su maestro espiritual, aunque sea muy contrario a aquello que siente, para enderezar de esta manera el alma en fe a la divina unión, a la cual ha de caminar el alma más creyendo que entendiendo.

12. De lo uno y de lo otro tenemos testimonios claros en la sagrada Escritura. Porque, acerca del conocimiento espiritual que se puede tener en las cosas, dice el Sabio (Sab. 7, 17-21) estas palabras: *Ipse dedit mihi horum quae sunt scientiam veram, ut sciam dispositionem orbis terrarum, et virtutes elementorum, initium et consummationem temporum, vicissitudinum permutationes, et consummationes temporum et morum mutationes, divisiones temporum, et anni cursus, et stellarum dispositiones, naturas animalium et iras bestiarum, vim ventorum, et cogitationes hominum, differentias virgultorum, et virtutes radicum, et quaecumque sunt abscondita, et improvisa didici: omnium enim artifex docuit me sapientia;* que quiere decir: Dióme Dios ciencia verdadera de las cosas que son: que sepa la disposición de la redondez de las tierras y las virtudes de los elementos; el principio y fin y mediación de los tiempos; los mudamientos de las mudanzas y las consumaciones de los tiempos, y las mudanzas de las costumbres, las divisiones de los tiempos, los cursos del año y las disposiciones de las estrellas; las naturalezas de los animales y las iras de las bestias, la fuerza y virtud de los vientos, y los pensamientos de los hombres; las diferencias de las plantas y árboles y las virtudes de las raíces, y todas las cosas que están escondidas aprendí, y las improvisas. Porque la Sabiduría, que es artífice de todas las cosas, me enseñó.

Y, aunque esta noticia que dice aquí el Sabio que le dio Dios de todas las cosas fue infusa y general, por esta autoridad se prueban suficientemente todas las noticias que particularmente infunde Dios en las almas por vía sobrenatural cuando él quiere. No porque les dé hábito general de ciencia, como se dio a Salomón en las cosas dichas, sino descubriéndoles a veces algunas verdades acerca de cualesquiera de todas estas cosas que aquí cuenta el Sabio.

Aunque verdad es que Nuestro Señor acerca de muchas cosas infunde hábitos a muchas almas, aunque nunca tan generales como el de Salomón, tal como aquellas diferencias de dones que cuenta san Pablo (1 Cor. 12, 8-10) que reparte Dios, entre los cuales pone sabiduría, ciencia, fe, profecía, discreción o conocimiento de espíritus, inteligencia de lenguas, declaración de las palabras, etc. Todas las cuales noticias son hábitos infusos, que gratis los da (Dios) a quien quiere, ahora natural, ahora sobrenaturalmente; naturalmente, así como a Balam y otros profetas idólatras y muchas sibilas a quien dio espíritu de profecía; y sobrenaturalmente, como a los santos Profetas y Apóstoles y otros santos.

13. Pero, allende de estos hábitos o gracias "gratis data", lo que decimos es que las personas perfectas o las que ya van aprovechando en perfección, muy ordinariamente suelen tener ilustración y noticia de las cosas presentes o ausentes; lo cual conocen por el espíritu que tienen ya ilustrado y purgado. Acerca de lo cual podemos entender aquella autoridad de los Proverbios (27, 19), es a saber: Quomodo in aquis resplendent vultus prospicientium, sic corda hominum manifesta sunt prudentibus: De la manera que en las aguas parecen los rostros de los que en ellas se miran, así los corazones de los hombres son manifiestos a los prudentes; que se entiende de aquellos que tienen ya sabiduría de santos, de lo cual dice la sagrada Escritura que es prudencia (Pv. 9, 10). Y a este modo, también estos espíritus conocen a veces en las demás cosas, aunque no siempre que ellos quieren, que eso es sólo de los que tienen el hábito, y aun ésos no tampoco siempre en todo, porque es como Dios quiere acudirles.

14. Pero es de saber que estos que tienen el espíritu purgado con mucha facilidad naturalmente pueden conocer, y unos más que otros, lo que hay en el corazón o espíritu interior, y las inclinaciones y talentos de las personas; y esto por indicios exteriores, aunque sean muy pequeños, como por palabras, movimientos y otras muestras. Porque, así como el demonio puede esto, porque es espíritu, así también lo puede el espiritual, según el dicho del Apóstol (1 Cor. 2, 15) que dice: Spiritualis autem iudicat omnia: El espiritual todas las cosas juzga. Y otra vez (1 Cor. 2, 10) dice: Spiritus enim omnia scrutatur, etiam profunda Dei: El espíritu todas las cosas penetra, hasta las cosas profundas de Dios. De donde, aunque naturalmente no pueden los espirituales conocer los pensamientos o lo que hay en el interior, por ilustración sobrenatural o por indicios bien lo pueden entender. Y aunque en el

conocimiento por indicios muchas veces se pueden engañar, las más veces aciertan. Mas ni de lo uno ni de lo otro hay que fiarse, porque el demonio se entremete aquí grandemente y con mucha sutileza, como luego diremos; y así siempre se han de renunciar las tales inteligencias (y noticias).

15. Y de que también de los hechos y casos de los hombres puedan tener los espirituales noticia aunque estén ausentes, tenemos testimonio y ejemplo en el cuarto de los Reyes (5, 26), donde, queriendo Giezi, siervo de nuestro Padre Eliseo, encubrirle el dinero que había recibido de Naamán Siro, dijo Eliseo: Nonne cor meum in praesenti erat, quando reversus est homo de curru suo in ocursum tui?: ¿Por ventura mi corazón no estaba presente cuando Naamán revolvió de su carro y te salió al encuentro? Lo cual acaeció espiritualmente, viéndolo con (el) espíritu como si pasase en presencia. Y lo mismo se prueba en el mismo libro (4 Re. 6, 11-12), donde se lee también del mismo Eliseo que, sabiendo todo lo que el rey de Siria trataba con sus príncipes en su secreto, lo decía al rey de Israel, y así no tenían efecto sus consejos, tanto, que viendo el rey de Siria que todo se sabía, dijo a su gente: ¿Por qué no me decís quién de vosotros me es traidor acerca del rey de Israel? Y entonces díjole uno de sus siervos: Nequaquam, domine mi rex, sed Eliseus propheta, qui est in Israel indicat regi Israel omnia verba quaecumque locutus fueris in conclavi tuo: No es así, señor mío, rey, sino que Eliseo profeta, que está en Israel, manifiesta al rey (de Israel) todas las palabras que en tu secreto hablas.

16. La una y la otra manera de estas noticias de cosas, también como de las otras, acaecen al alma pasivamente, sin hacer ella nada de su parte. Porque acaecerá que, estando la persona descuidada y remota, se le pondrá en el espíritu la inteligencia viva de lo que oye o lee, mucho más claro que la palabra suena; y, a veces, aunque no entienda las palabras si son de latín y no le sabe, se le representa la noticia de ellas aunque no las entienda.

17. Acerca de los engaños que el demonio puede hacer y hace en esta manera de noticias e inteligencias había mucho que decir, porque son grandes los engaños y muy encubiertos que en esta manera hace, por cuanto por sugestión puede representar al alma muchas noticias intelectuales y ponerlas con tanto asiento, que parezca que no hay otra cosa y, si el alma no es humilde y recelosa, sin duda la hará creer mil mentiras. Porque la sugestión hace a

veces mucha fuerza en el alma, mayormente cuando participa algo en la flaqueza del sentido, en que hace pegar la noticia con tanta fuerza, persuasión y asiento, que ha menester el alma entonces harta oración y fuerza para echarla de sí. Porque a veces suele representar pecados ajenos, y conciencias malas, y malas almas, falsamente y con mucha luz, todo por infamar y con gana de que se descubra aquello, porque se hagan pecados, poniendo celo en el alma de que es para que los encomiende a Dios. Que, aunque es verdad que Dios algunas veces representa a las almas santas necesidad, es de sus prójimos, para que las encomienden a Dios o las remedien, así como leemos que descubrió a Jeremías la flaqueza del profeta Baruc (Jr. 45, 3) para que le diese acerca de ella doctrina, muy muchas veces lo hace el demonio, y esto falsamente, para inducir en infamias, y pecados, y desconsuelos, de que tenemos muy mucha experiencia. Y otras veces pone con grande asiento otras noticias y las hace creer.

18. Todas estas noticias, ahora sean de Dios, ahora no, muy poco pueden servir al provecho del alma para ir a Dios si el alma se quisiese asir a ellas; antes, si no tuviese cuidado de negarlas en sí, no sólo la estorbarían, sino aun la dañarían harto y harían errar mucho; porque todos los peligros e inconvenientes que habemos dicho que puede haber en las aprehensiones sobrenaturales que habemos tratado hasta aquí y más puede haber en éstas. Por tanto, no me alargaré más aquí en esto, pues en las pasadas habemos dado doctrina bastante, sino sólo diré que haya gran cuidado en negarlas siempre, queriendo caminar a Dios por el no saber; y siempre dé cuenta a su confesor (o maestro) espiritual, estando siempre a lo que dijere. El cual muy de paso haga pasar al alma por ello, no haciéndole cuerpo de nada para su camino de unión; pues de estas cosas que pasivamente se dan al alma siempre se queda en ella el efecto que Dios quiere, sin que el alma ponga su diligencia en ello. Y así, no me parece hay para qué decir aquí el efecto que hacen las verdaderas ni el que hacen las falsas, porque sería cansar y no acabar; porque los efectos de éstas no se pueden comprender debajo de corta doctrina; por cuanto, como estas noticias son muchas y muy varias, también lo son los efectos, pues que las buenas los hacen buenos, y las malas, malos, etc. (En decir que todas se nieguen, queda dicho lo que basta para no errar).

CAPÍTULO 27

En que se trata del segundo género de revelaciones, que es descubrimiento de secretos (y misterios) ocultos. Dice la manera en que pueden servir para la unión de Dios y en qué estorbar, y cómo el demonio puede engañar mucho en esta parte.

1. El segundo género de revelaciones decíamos que eran manifestación de secretos y misterios ocultos. Este puede ser en dos maneras:

La primera, acerca de lo que es Dios en sí, y en ésta se incluye la revelación del misterio de la Santísima Trinidad y unidad de Dios.

La segunda es acerca de lo que es Dios en sus obras, y en ésta se incluyen los demás artículos de nuestra fe católica y las proposiciones que explícitamente acerca de ellas puede haber de verdades. En las cuales se incluyen y encierran mucho número de las revelaciones de los profetas, de promesas y amenazas de Dios, y otras cosas que habían y han de acaecer acerca de este negocio de fe.

Podemos también en esta segunda manera incluir otras muchas cosas particulares que Dios ordinariamente revela, así acerca del universo en general, como también en particular acerca de reinos, provincias y estados y familias y personas particulares.

De lo cual tenemos en las Divinas Letras ejemplos en abundancia, así de lo uno como de lo otro, mayormente en todos los Profetas en los cuales se hallan revelaciones de todas estas maneras. Que, por ser cosa clara y llana, no quiero gastar tiempo en alegarlos aquí, sino decir que estas revelaciones no sólo acaecen de palabra, porque las hace Dios de muchos modos y maneras: a veces con palabras solas, a veces por señales solas y figuras e imágenes y semejanzas solas, a veces juntamente con lo uno y con lo otro, como también es de ver en los Profetas, particularmente en todo el Apocalipsis, donde no solamente se hallan todos los géneros de revelaciones que habemos dicho, mas también los modos y maneras que aquí decimos.

2. De estas revelaciones que se incluyen en la segunda manera, todavía las hace Dios en este tiempo a quien quiere. Porque suele revelar a algunas personas los días que han de vivir, o los trabajos

que han de tener, o lo que ha de pasar por tal o tal persona, o por tal o tal reino, etc. Y aun acerca de los misterios de nuestra fe, descubrir y declarar al espíritu las verdades de ellos; aunque esto no se llama propiamente revelación, por cuanto ya está revelado, antes es manifestación o declaración de lo ya revelado.

3. Acerca de este género de revelaciones, puede el demonio mucho meter la mano, porque, como las revelaciones de este género ordinariamente son por palabras, figuras y semejanzas, etc., puede el demonio muy bien fingir otro tanto, mucho más que cuando las revelaciones (no) son en espíritu sólo. Y, por tanto, si acerca de la primera manera y la segunda que aquí decimos, en cuanto (a) lo que toca a nuestra fe, se nos revelase algo de nuevo o cosa diferente, en ninguna manera habemos de dar el consentimiento, aunque tuviésemos evidencia que aquel que lo decía era un ángel del cielo; porque así lo dice san Pablo (Gl. 1, 8), diciendo: *Licet nos, aut angelus de caelo evangelizet vobis praeterquam quod evangelizavimus vobis, anathema sit;* que quiere decir: Aunque nosotros o un ángel del cielo os declare o predique otra cosa fuera de la que os habemos predicado, sea anatema.

4. De donde, por cuanto no hay más artículos que revelar acerca de la sustancia de nuestra fe que los que ya están revelados a la Iglesia, no sólo no se ha de admitir lo que de nuevo se revelare al alma acerca de ella, pero (aun) le conviene, para cautela, de no ir admitiendo otras variedades envueltas; y por la pureza del alma, que la conviene tener en fe, aunque se le revelen de nuevo las ya reveladas, no creerlas porque entonces se revelan de nuevo, sino porque ya están reveladas bastantemente a la Iglesia; sino que, cerrando el entendimiento a ellas, sencillamente se arrime a la doctrina de la Iglesia y su fe, que, como dice san Pablo (Rm. 10, 17), entra *por el oído,* y no acomode el crédito y entendimiento a estas cosas de fe reveladas de nuevo, aunque más conformes y verdaderas le parezcan, si no quiere ser engañado. Porque el demonio, para ir engañando e ingiriendo mentiras, primero ceba con verdades y cosas verosímiles para asegurar y luego ir engañando; que es a manera de la cerda del que cose el cuero, que primero entra la cerda tiesa y luego tras ella el hilo flojo, el cual no pudiera entrar si no le fuera guía la cerda.

5. Y en esto se mire mucho; porque, aunque fuese verdad que no hubiese peligro del dicho engaño, conviene al alma mucho no querer entender cosas claras acerca de la fe para conservar puro y

entero el mérito de ella y también para venir en esta noche del entendimiento a la divina luz de la divina unión. E importa tanto esto de allegarse los ojos cerrados a las profecías pasadas en cualquiera nueva revelación, que, con haber el apóstol san Pedro visto la gloria del Hijo de Dios en alguna manera en el monte Tabor, con todo, dijo en su canónica (2 Pe. 1, 19) estas palabras: Et habemus firmiorem propheticum sermonem: cui benefacitis attendentes, etc.; lo cual es como si dijera: Aunque es verdad la visión que vimos de Cristo en el monte, más firme y cierta es la palabra de la profecía que nos es revelada, a la cual arrimando vuestra alma, hacéis bien.

6. Y si es verdad (que) por las causas ya dichas (es conveniente) cerrar los ojos a las ya dichas revelaciones que acaecen acerca de las proposiciones de la fe, ¿cuánto más necesario será no admitir ni dar crédito a las demás revelaciones que son de cosas diferentes, en las cuales ordinariamente mete el demonio la mano tanto, que tengo por imposible que deje de ser engañado en muchas de ellas el que no procurase desecharlas, según la apariencia de verdad y asiento que el demonio mete en ellas? Porque junta tantas apariencias y conveniencias para que se crean, y las asienta tan fijamente en el sentido y la imaginación, que le parece a la persona que sin duda acaecerá así. Y de tal manera hace asentar y aferrar en ello al alma, que si ella no tiene humildad, apenas la sacarán de ello y la harán creer lo contrario. Por tanto, el alma pura, cauta, y sencilla y humilde, con tanta fuerza y cuidado ha de resistir (y desechar) las revelaciones y otras visiones, como las muy peligrosas tentaciones; porque no hay necesidad de quererlas, sino de no quererlas para ir a la unión de amor. Que eso es lo que quiso decir Salomón (Ecli. 7, 1) cuando dijo: ¿Qué necesidad tiene el hombre de querer y buscar las cosas que son sobre su capacidad natural? Como si dijéramos: Ninguna necesidad tiene para ser perfecto de querer cosas sobrenaturales por vía sobrenatural, que es sobre su capacidad.

7. Y porque a las objeciones que contra esto se pueden poner está ya respondido en el capítulo 19 y 20 de este libro, remitiéndome a ellos, sólo digo que de todas ellas se guarde el alma para caminar pura y sin error en la noche de la fe a la unión.

CAPÍTULO 28

En que se trata de las locuciones (interiores) que sobrenaturalmente pueden acaecer al espíritu. Dice en cuántas maneras sean.

1. Siempre ha menester acordarse el discreto lector del intento y fin que en este libro llevo, que es encaminar al alma por todas las aprehensiones de ella, naturales y sobrenaturales, sin engaño ni embarazo en la pureza de la fe, a la divina unión con Dios. Para que así entienda cómo, aunque acerca de las aprehensiones del alma y doctrina que voy tratando no doy tan abundante doctrina ni desmenuzo tanto la materia y divisiones como por ventura requiere el entendimiento, no quedo corto en esta parte. Pues acerca de todo ello entiendo se dan bastantes avisos, luz y documentos para saberse haber prudentemente en todas las cosas del alma, exteriores e interiores, para pasar adelante.

Y ésta es la causa por qué con tanta brevedad he concluido con las aprehensiones de profecías, así como en las demás he hecho, habiendo mucho más que decir en cada una según las diferencias y modos y maneras que en cada una suele haber, que entiendo no se podrían acabar de saber; contentándome con que, a mi ver, queda dicha la sustancia y la doctrina y cautela que conviene para ello y para todo lo a ello semejante que pudiese acaecer en el alma.

2. Lo mismo haré ahora acerca de la tercera manera de aprehensiones, que decíamos eran locuciones sobrenaturales, que sin medio de algún sentido corporal se suelen hacer en los espíritus de los espirituales, las cuales, aunque son en tantas maneras, hallo que se pueden reducir todas a estas tres, conviene a saber: palabras sucesivas, formales y sustanciales.

Sucesivas llamo ciertas palabras distintas y formales que el espíritu recibe, no de sí, sino de tercera persona, a veces estando recogido, a veces no lo estando.

Palabras sustanciales son otras palabras que también formalmente se hacen al espíritu, a veces estando recogido, a veces no, las cuales en la sustancia del alma hacen y causan aquella sustancia y virtud que ellas significan. De todas las cuales iremos aquí tratando por su orden.

CAPÍTULO 29

En que se trata del primer género de palabras que algunas veces el espíritu recogido forma en sí. Dícese la causa de ellas y el provecho y daño que puede haber en ellas.

1. Estas palabras sucesivas siempre que acaecen es cuando está el espíritu recogido y embebido en alguna consideración muy atento. Y, en aquella misma materia que piensa, él mismo va discurriendo de uno en otro y formando palabras y razones muy a propósito con tanta facilidad y distinción, y tales cosas no sabidas de él va razonando y descubriendo acerca de aquello, que le parece que no es él el que hace aquello, sino que otra persona interiormente lo va razonando, o respondiendo, o enseñando.

Y, a la verdad, hay gran causa para pensar esto, porque él mismo se razona y se responde consigo, como si fuese una persona con otra. Y, a la verdad, en alguna manera es así, que, aunque el mismo espíritu es el que aquello hace como instrumento, el Espíritu Santo le ayuda muchas veces a producir y formar aquellos conceptos, palabras y razones verdaderas. Y así, se las habla, como si fuese tercera persona, a sí mismo. Porque como entonces el entendimiento está recogido y unido con la verdad de aquello que piensa, y el Espíritu Divino también está unido con él en aquella verdad, como lo está siempre en toda verdad, de aquí es que, comunicando el entendimiento en esta manera con el Espíritu Divino mediante aquella verdad, juntamente las demás verdades que son acerca de aquella que pensaba, abriéndole puerta y yéndole dando luz el Espíritu Santo enseñador. Porque ésta es una manera de las que enseña el Espíritu Santo.

2. Y de esta manera, alumbrado y enseñado de este Maestro el entendimiento, entendiendo aquellas verdades, juntamente va formando aquellos dichos él de suyo, sobre las verdades que de otra parte se le comunican. De manera que podemos decir que la voz es de Jacob y las manos son de Esaú (Gn. 27, 22). Y no podrá acabar de creer el que lo tiene que es así, sino que los dichos y palabras son de tercera persona; (porque no sabe con la facilidad que puede el entendimiento formar palabras para sí de tercera persona) sobre conceptos y verdades que se le comunican también de tercera persona.

3. Y, aunque es verdad que en aquella comunicación e ilustración del entendimiento en ella de suyo no hay engaño, pero puédelo haber y haylo muchas veces en las formales palabras y razones que sobre ello forma el entendimiento; que, por cuanto aquella luz a veces que se le da es muy sutil y espiritual, de manera que el entendimiento (no) alcanza a informarse bien en ella, y él es el que, como decimos, forma las razones de suyo, de aquí es que muchas veces las forma falsas, otras verisímiles o defectuosas. Que, como ya comenzó a tomar hilo de la verdad al principio, y luego pone de suyo la habilidad o rudeza de su bajo entendimiento, es fácil cosa ir variando conforme su capacidad; y todo en, este modo, como que habla tercera persona.

4. Yo conocí una persona que, teniendo estas locuciones sucesivas, entre algunas harto verdaderas y sustanciales que formaba del Santísimo Sacramento de la Eucaristía, había algunas que eran harto herejía. Y espántome yo mucho de lo que pasa en estos tiempos y es que cualquiera alma de por ahí con cuatro maravedís de consideración, si siente algunas locuciones de éstas en algún recogimiento, luego lo bautizan todo por de Dios, y suponen que es así, diciendo: "Díjome Dios"," respondióme Dios"; y no será así, sino que, como habemos dicho, ellos las más veces se lo dicen.

5. Y allende de esto, la gana que tienen de aquello y la afición que de ello tienen en el espíritu, hace que ellos mismos se lo respondan y piensen que Dios se lo responde y se lo dice. De donde vienen a dar en grandes desatinos si no tienen en esto mucho freno y el que gobierna estas almas no las impone en la negación de estas maneras de discursos. Porque en ellos más bachillería suelen sacar e impureza de alma que humildad y mortificación de espíritu, pensando que ya fue gran cosa y que habló Dios; y no habrá sido poco más que nada, o nada, o menos que nada. Porque lo que no engendra humildad, y caridad, y mortificación, y santa simplicidad, y silencio, etcétera, ¿qué puede ser? Digo, pues, que esto puede estorbar mucho para ir a la divina unión, porque aparta mucho al alma, si hace caso de ello, del abismo de la fe, en que el entendimiento ha de estar oscuro, y oscuro ha de ir por amor en fe y no por mucha razón.

6. Y si me dijeres que ¿por qué se ha de privar el entendimiento de aquellas verdades, pues alumbra en ellas el Espíritu de Dios al entendimiento, y así no puede ser malo?, digo que el Espíritu Santo

alumbra al entendimiento recogido, y que le alumbra al modo de su recogimiento y que el entendimiento no puede hallar otro mayor recogimiento que en fe; y así no le alumbrará el Espíritu Santo en otra cosa más que en fe; porque cuanto más pura y esmerada está el alma en fe, más tiene de caridad infusa de Dios; y cuanto más caridad tiene, tanto más la alumbra y comunica los dones del Espíritu Santo, porque la caridad es la causa y el medio por donde se les comunica.

Y, aunque es verdad que en aquella ilustración de verdades comunica al alma él alguna luz, pero es tan diferente la que es en fe, sin entender claro, de ésta cuanto a la calidad, como lo es el oro subidísimo del muy bajo metal; y cuanto a la cantidad, como excede la mar a una gota de agua. Porque en la una manera se le comunica sabiduría de una, o dos, o tres verdades, etc., y en la otra se le comunica toda la Sabiduría de Dios generalmente, que es el Hijo de Dios, que se comunica al alma en fe.

7. Y si me dijeres que todo será bueno, que no impide lo uno a lo otro, digo que impide mucho si el alma hace caso de ello, porque ya es ocuparse en cosas claras y de poco tomo, que bastan para impedir la comunicación del abismo de la fe, en la cual sobrenatural y secretamente enseña Dios al alma y la levanta en virtudes y dones como ella no sabe.

Y el provecho que aquella comunicación sucesiva ha de hacer no ha de ser poniendo el entendimiento de propósito en ella, porque antes iría de esta manera desviándola de sí, según aquello que dice la Sabiduría en los Cantares (6, 4) al alma, diciendo: Aparta tus ojos de mí, porque ésos me hacen volar, es a saber: volar lejos de ti y ponerme más alta, sino que simple y sencillamente, sin poner el entendimiento en aquello que sobrenaturalmente se está comunicando, aplique la voluntad con amor a Dios, pues en amor se van aquellos bienes comunicando, y de esta manera antes se comunicará más en abundancia que antes. Porque si en estas cosas que sobrenaturalmente y pasivamente se comunican se pone activamente la habilidad del natural entendimiento o de otras potencias, no llega su modo y rudeza a tanto, y así por fuerza las ha de modificar a su modo y, por el consiguiente, las ha de variar: y así, de necesidad, ir errando y formando las razones de suyo, y no ser ya aquello sobrenatural ni su figura, sino muy natural y harto erróneo y bajo.

8. Pero hay algunos entendimientos tan vivos y sutiles que, en estando recogidos en alguna consideración, naturalmente con gran facilidad, discurriendo en conceptos, los van formando en las dichas palabras y razones muy vivas, y piensan, ni más ni menos, que son de Dios, y no es sino el entendimiento, que con la lumbre natural, estando algo libre de la operación de los sentidos, sin otra alguna ayuda sobrenatural puede eso y más. Y de esto hay mucho; y se engañan muchos pensando que es mucha oración y comunicación de Dios y, por eso, o lo escriben o hacen escribir. Y acaecerá que no será nada ni tenga sustancia de alguna virtud y que no sirva más de para envanecerse con esto.

9. Estos aprendan a no hacer caso sino en fundar la voluntad en (fortaleza de) amor humilde, y obrar de veras, y padecer imitando al Hijo de Dios en su vida y mortificaciones; que éste es el camino para venir a todo bien espiritual, y no muchos discursos interiores.

10. También en este género de palabras interiores sucesivas mete mucho el demonio la mano, mayormente en aquellos que tienen alguna inclinación o afición a ellas porque, al tiempo que ellos se comienzan a recoger, suele el demonio ofrecerles harta materia de digresiones, formándole al entendimiento los conceptos palabras por sugestión, y le va precipitando y engañando sutilísimamente con cosas verisímiles. Y ésta es una de las maneras con que se comunica con los que tienen hecho algún pacto con él, tácito o expreso, y como se comunica con algunos herejes, mayormente con algunos heresiarcas, informándolos el entendimiento con conceptos y razones muy sutiles, falsas y erróneas.

11. De lo dicho queda entendido que estas locuciones sucesivas pueden proceder en el entendimiento de tres causas, conviene a saber: del Espíritu Divino, que mueve y alumbra al entendimiento, y de la lumbre natural del mismo entendimiento, y del demonio, que le puede hablar por sugestión.

Y decir ahora las señales e indicios para conocer cuándo proceden de una causa y cuándo de otra, sería algo dificultoso dar de ello enteras muestras e indicios; aunque bien se pueden dar algunos generales, y son éstos:

Cuando en las palabras y conceptos juntamente el alma va amando y sintiendo amor con humildad y reverencia de Dios, es señal que anda por allí el Espíritu Santo, el cual, siempre que hace algunas mercedes, las hace envueltas en esto.

Cuando procede de la viveza y lumbre solamente del entendimiento, el entendimiento es el que lo hace allí todo, sin aquella operación de virtudes, aunque la voluntad puede naturalmente amar en el conocimiento y luz de aquellas verdades, y, después de pasada la meditación, queda la voluntad seca, aunque no inclinada a vanidad ni a mal si el demonio de nuevo sobre aquello no la tentase. Lo cual no acaece en las que fueron de buen espíritu, porque después la voluntad queda ordinariamente aficionada a Dios e inclinada a bien, puesto que algunas veces después acaecerá quedar la voluntad seca, aunque la comunicación haya sido de buen espíritu, ordenándolo así Dios por algunas causas útiles para el alma; y otras veces no sentirá el alma mucho las operaciones o movimientos de aquellas virtudes, y será bueno lo que tuvo. Que por eso digo que es dificultosa de conocer algunas veces la diferencia que hay de unas a otras, por los varios efectos que en veces hacen; pero estos ya dichos son los comunes, aunque a veces en más, a veces en menos abundancia.

Aun las que son del demonio, a veces son dificultosas de entender y conocer, porque aunque es verdad que ordinariamente dejan la voluntad seca acerca del amor de Dios y el ánimo inclinado a vanidad, estimación o complacencia, todavía pone algunas veces en el ánimo una falsa humildad y afición hervorosa de voluntad fundada en amor propio, que a veces es menester que la persona sea harto espiritual para que lo entienda. Y esto hace el demonio por mejor encubrir(se), el cual sabe muy bien algunas veces hacer derramar lágrimas sobre los sentimientos que él pone, para ir poniendo en el alma las aficiones que él quiere. Pero siempre les procura mover la voluntad a que estimen aquellas comunicaciones interiores, y que hagan mucho caso de ellas, porque se den a ellas y ocupen el alma en lo que no es virtud, sino ocasión de perder la que hubiese.

12. Quedemos, pues, en esta necesaria cautela, así en las unas como en las otras, para no ser engañados ni embarazados con ellas: que no hagamos caudal de nada de ellas, sino sólo de saber enderezar la voluntad con fortaleza a Dios, obrando con perfección su ley y sus santos consejos, que es la sabiduría de los Santos, contentándonos de saber los misterios y verdades con la sencillez y verdad que nos les propone la Iglesia. Que esto basta para inflamar

mucho la voluntad, sin meternos en otras profundidades y curiosidades en que por maravilla falta peligro. Porque a este propósito dice san Pablo (Rm. 12, 3): No conviene saber más de lo que conviene saber. Y esto baste cuanto a esta materia de palabras sucesivas.

CAPÍTULO 30

En que trata de las palabras interiores que formalmente se hacen al espíritu por vía sobrenatural. Avisa el daño que pueden hacer y la cautela necesaria para no ser engañados en ellas.

1. El segundo género de palabras interiores son palabras formales que algunas veces se hacen al espíritu por vía sobrenatural sin medio de algún sentido, ahora estando el espíritu recogido, ahora no. Y llámolas "formales" porque formalmente al espíritu se las dice tercera persona, sin poner él nada en ello. Y por eso son muy diferentes que las que acabamos de decir; porque no solamente tienen la diferencia en que se hacen sin que el espíritu ponga de su parte algo en ellas, como hace en las otras, pero, como digo, acaécenle a veces sin estar recogidos, sino muy fuera de aquello que se le dice; lo cual no es así en las primeras sucesivas, porque siempre son acerca de lo que estaba considerando.

2. Estas palabras, a veces, son muy formadas, a veces no tanto; porque muchas veces son como conceptos en que se le dice algo, ahora respondiendo, ahora en otra manera hablándole al espíritu. Estas, a veces, son una palabra, a veces dos o más; a veces son sucesivas, como las pasadas, porque suelen durar, enseñando o tratando algo con el alma, y todas sin que ponga nada de suyo el espíritu, porque son todas como cuando habla una persona con otra. Como leemos haberle acaecido a Daniel (9, 22), que dice hablaba el ángel en él, lo cual era formal y sucesivamente razonando en su espíritu y enseñándole, según allí también dice el ángel, diciendo que había venido para enseñarle.

3. Estas palabras, cuando no son más que formales, el efecto que hacen en el alma no es mucho; porque, ordinariamente, sólo son para enseñar o dar luz en alguna cosa; y para hacer este efecto no es menester que hagan otro más eficaz que el fin que ellas traen. Y éste, cuando son de Dios, siempre le obran en el alma, porque

ponen al alma pronta y clara en aquello que se le manda o enseña, puesto que algunas veces no quitan al alma la repugnancia y dificultad, antes se la suelen poner mayor; lo cual hace Dios para mayor enseñanza, humildad y bien del alma. Y esta repugnancia más ordinariamente se la deja cuando le manda cosas de mayoría o cosas en que puede haber alguna excelencia para el alma; y en las cosas de humildad y bajeza les pone más facilidad y prontitud. Y así leemos en el Exodo (c. 3-4) que, cuando mandó Dios a Moisés que fuese a Faraón y librase al pueblo, tuvo tanta repugnancia, que fue menester mandárselo tres veces y mostrarle señales, y, con todo eso, no aprovechaba, hasta que Dios le dio por compañero a Aarón, que llevase parte de la honra.

4. Al contrario acaece cuando las palabras y comunicaciones son del demonio, que en las cosas de más valer pone facilidad y prontitud, y en las bajas, repugnancia. Que, cierto, aborrece Dios tanto el ver las almas inclinadas a mayorías, que aún cuando él se lo manda y las pone en ellas no quiere que tengan prontitud que comúnmente pone Dios en estas palabras formales al alma, son diferentes de esotras sucesivas, que no mueven tanto al espíritu como éstas, ni le ponen tanta prontitud, por ser éstas (más) formales y en que menos se entremete el entendimiento de suyo. Aunque no quita que algunas veces hagan más efecto algunas sucesivas, por la gran comunicación que a veces hay del Divino Espíritu con el humano; mas el modo es en mucha diferencia. En estas palabras formales no tiene el alma que dudar si las dice ella, porque bien se ve que no, mayormente cuando ella no estaba en lo que se le dijo; y si lo estaba, siente muy clara y distintamente que aquella viene de otra parte.

5. De todas estas palabras formales tan poco caso ha de hacer el alma como de las otras sucesivas; porque, demás de que ocuparía el espíritu de lo que no es legítimo y próximo medio para la unión de Dios, que es la fe, podría facilísimamente ser engañada del demonio; porque, a veces, apenas se conocerán cuáles sean dichas por buen espíritu y cuáles por malo. Que como éstas no hacen mucho efecto, apenas se pueden distinguir por los efectos, porque aun a veces las del demonio ponen más eficacia en los imperfectos que esotras de buen espíritu en los espirituales. No se ha de hacer lo que ellas dijeren, ni hacer caso de ellas, sean de bueno o mal espíritu; pero se han de manifestar al confesor maduro o a persona discreta y sabia, para que dé doctrina y vea lo que conviene en ello y dé su consejo, y se haya en ellas resignada y

negativamente. Y si no fuere hallada la tal persona experta, más vale, no haciendo caso de las tales palabras, no dar parte a nadie, porque fácilmente encontrará con algunas personas que antes le destruyan el alma que la edifiquen. Porque las almas no las ha de tratar cualquiera, pues es cosa de tanta importancia errar o acertar en tan grave negocio.

6. Y adviértase mucho en que el alma jamás dé su parecer, ni haga cosa ni la admita, de lo que aquellas palabras le dicen sin mucho acuerdo y consejo ajeno. Porque en esta materia acaecen engaños sutiles y extraños; tanto, que tengo para mí que el alma que no fuere enemiga de tener las tales cosas, no podrá dejar de ser engañada en muchas de ellas (o en poco o en mucho).

7. Y porque de estos engaños y peligros y de la cautela para ellos está tratado de propósito en el capítulo 17, 18, 19 y 20 de este libro, a los cuales me remito, no me alargo más aquí. Sólo digo que la principal doctrina es no hacer caso de ello en nada.

CAPÍTULO 31

En que se trata de las palabras sustanciales que interiormente se hacen al espíritu. Dícese la diferencia que hay de ellas a las formales, el provecho que hay en ellas y la resignación y respecto que el alma debe tener en ellas.

1. El tercer género de palabras interiores decíamos que eran palabras sustanciales, las cuales, aunque también son formales, por cuanto muy formalmente se imprimen en el alma, difieren, empero, en que la palabra sustancial hace efecto vivo y sustancial en el alma, y la solamente formal no así. De manera que, aunque es verdad que toda palabra sustancial es formal, no por eso toda palabra formal es sustancial, sino solamente aquella que, como arriba dijimos, imprime sustancialmente en el alma aquello que ella significa. Tal como si nuestro Señor dijese formalmente al alma: "Sé buena", luego sustancialmente sería buena; o si la dijese: "Ámame", luego tendría y sentiría en sí sustancia de amor de Dios; o si, temiendo mucho, la dijese: "No temas", luego sentiría gran fortaleza y tranquilidad. Porque el dicho de Dios y su palabra, como dice el Sabio (Ecli. 8, 4), es llena de potestad; y así hace sustancialmente en el alma aquello que le dice. Porque esto es lo que quiso decir

David (Sal. 67, 34) cuando dijo: Catad, que él dará a su voz, voz de virtud. Y así lo hizo con Abraham, que, en diciendo que le dijo: Anda en mi presencia y sé perfecto (Gn. 17, 1), luego fue perfecto y anduvo siempre acatando a Dios. Y éste es el poder de su palabra en el Evangelio, con que sanaba los enfermos, resucitaba los muertos, etc., solamente con decirlo. Y a este talle hace locuciones a algunas almas, sustanciales. Y son de tanto momento y precio, que le son al alma vida y virtud y bien incomparable, porque la hace más bien una palabra de éstas que cuanto el alma ha hecho toda su vida.

2. Acerca de éstas, ni tiene el alma qué hacer (ni qué querer, ni qué no querer, ni qué desechar, ni qué temer.

No tiene qué hacer) en obrar lo que ellas dicen, porque estas palabras sustanciales que se las dice Dios para que ella las ponga por obra, sino para obrarlas en ella; lo cual es diferente en las formales y sucesivas.

Y digo que no tiene qué querer ni no querer, porque ni es menester su querer para que Dios las obre, ni bastan con no querer para que dejen de hacer el dicho efecto; sino háyase con resignación y humildad en ellas.

No tiene qué desechar, porque el efecto de ellas queda sustanciado en el alma y lleno del bien de Dios, al cual, como le recibe pasivamente, su acción es menos en todo.

Ni tiene que temer algún engaño, porque ni el entendimiento ni el demonio pueden entrometerse en esto ni llegar a hacer pasivamente efecto sustancial en el alma, de manera que la imprima el efecto y hábitos de su palabra, si no fuese que el alma estuviese dada a él por pacto voluntario y, morando en ella como señor de ella, le imprimiese los tales efectos, no de bien, sino de malicia. (Que, por cuanto aquella alma estaba ya unida en nequicia voluntaria, podría fácilmente el demonio imprimirle los efectos de los dichos, y palabras en malicia). Porque, aun por experiencia, vemos que aun a las almas buenas en muchas cosas les hace harta fuerza por sugestión, poniéndoles grande eficacia en ellas; que, si fuesen malas, las podría consumir en ellas. Mas los efectos verisímiles a estos buenos no los puede imprimir, porque no hay comparación de palabras de Dios. Todas son como si no fuesen, puestas con ellas; ni su efecto es nada, puesto con el de ellas. Que, por eso, dice Dios por Jeremías (23, 28-29): ¿Qué tienen que ver las pajas con el trigo? ¿Por ventura mis palabras no son como fuego y como martillo que quebranta las peñas? Y así, estas palabras sustanciales sirven mucho para la unión del alma con Dios, y cuanto más interiores, más sustanciales (son) y más aprovechan. ¡Dichosa el alma a quien Dios las hablare! Habla, Señor, que tu siervo oye (1 Sm. 3, 10).

CAPÍTULO 32

En que se trata de las aprehensiones que recibe el entendimiento de los sentimientos interiores que sobrenaturalmente se hacen el alma. Dice la causa de ellos y en qué manera se ha de haber el alma para no impedir el camino de la unión de Dios en ellas.

1. Síguese ahora tratar del cuarto y último género de aprehensiones intelectuales, que decíamos podían caer en el entendimiento de parte de los sentimientos espirituales que muchas veces sobrenaturalmente se hacen al alma del espiritual, los cuales contamos entre las aprehensiones distintas del entendimiento.

2. Estos sentimientos espirituales distintos pueden caer en dos maneras. La primera, son sentimientos en el afecto de la voluntad; la segunda, son sentimientos en la sustancia del alma. Los unos y los otros pueden ser de muchas maneras.

Los de la voluntad, cuando son de Dios, son muy subidos; mas los que son de la sustancia del alma son altísimos y de gran bien y provecho. Los cuales ni el alma ni quien la trata pueden saber ni entender la causa de donde proceden, ni por qué obras Dios los haga.

Estas mercedes, porque no dependen de obras que el alma haga ni de consideraciones que tenga, aunque estas cosas son buena disposición para ellas, dalo Dios a quien quiere y por lo que él quiere; porque acaecerá que una persona se habrá ejercitado en muchas obras, y no la dará estos toques; y otra en muchas menos, y se los dará subidísimos y en mucha abundancia. Y así, no es menester que el alma esté actualmente empleada y ocupada en cosas espirituales, aunque estarlo es mucho mejor para tenerlos, para que Dios dé los toques de donde el alma tiene los dichos sentimientos, porque las más veces está harto descuidada de ellos.

De estos toques, unos son distintos y que pasan presto; otros no son tan distintos y duran más.

3. Estos sentimientos, en cuanto son sentimientos solamente, no pertenecen al entendimiento, sino a la voluntad; y así no trato de propósito aquí de ellos, hasta que tratemos de la noche y purgación de la voluntad en sus aficiones, que será en el libro 3º que se sigue. Pero, porque muchas y las más veces, de ellos redunda en el entendimiento aprehensión y noticia e inteligencia, convenía hacer aquí mención de ellos sólo para este fin. Por tanto, es de saber que de estos sentimientos -así de los de la voluntad como de los que son en la sustancia del alma, ahora sean los toques de Dios que los causan repentinos, ahora sean durables y sucesivos- muchas veces, como digo, redunda en el entendimiento aprehensión de noticia o inteligencia, la cual suele ser un subidísimo sentir de Dios y sabrosísimo en el entendimiento; al cual no se puede poner nombre tampoco, como al sentimiento de donde redunda. Y estas noticias a veces son en una manera, a veces en otra; a veces más subidas y claras, a veces menos, y menos claras, según lo son también los toques que Dios hace, que causan los sentimientos de donde ellas proceden, y según la propiedad de ellos.

4. Para (dar) cautela y encaminar al entendimiento por estas noticias en fe a la unión con Dios, no es menester aquí gastar mucho almacén; porque, como quiera que los sentimientos que habemos dicho se hagan pasivamente en el alma, sin que ella haga algo de su parte efectivamente para recibirlos, así también las noticias de ellos se reciben pasivamente en el entendimiento que llaman los filósofos posible, sin que él haga nada de su parte. De donde, para no errar en ellos ni impedir su provecho, él tampoco ha de hacer nada en ellos, sino haberse pasivamente acerca de ellos, sin entrometer su capacidad natural. Porque, como habemos dicho que acaece en las palabras sucesivas, facilísimamente con su actividad turbará y deshará aquellas noticias delicadas, que son una sabrosa inteligencia sobrenatural a que no llega el natural ni la puede comprender haciendo, sino recibiendo.

Y así, no ha de procurarlas ni tener gana de admitirlas, porque el entendimiento no vaya de suyo formando otras, ni el demonio tenga entrada con otras varias y falsas; lo cual puede él muy bien hacer por medio de los dichos sentimientos o los que él de suyo puede poner en el alma que se da a estas noticias. Háyase resignada, humilde y pasivamente en ellas: que, pues pasivamente las recibe de Dios, él se las comunicará cuando él fuere servido, viéndola humilde y desapropiada. Y de esta manera no impedirá en sí el provecho que estas noticias hacen para la divina unión (que es grande, porque todos estos toques son de unión), la cual pasivamente se hace en el alma.

5. Lo dicho basta acerca de esto, porque, cualquiera cosa que al alma acaezca acerca del entendimiento, se hallará la cautela y doctrina para ella en las divisiones ya dichas. Y, aunque parezca diferente y que en ninguna manera se comprehende, ninguna inteligencia hay que no se pueda reducir a una de ellas y sacarse doctrina para ellas.

LIBRO TERCERO

En que se trata de la purgación de la noche activa de la memoria y voluntad. Dase doctrina cómo se ha de haber el alma acerca de las aprehensiones de estas dos potencias para venir a unirse con Dios, según las dichas dos potencias, en perfecta esperanza y caridad.

CAPÍTULO 1

1. Instruida ya la primera potencia del alma, que es el entendimiento, por todas sus aprehensiones en la primera virtud teológica, que es la fe, para que según esta potencia se pueda unir el alma con Dios por medio de pureza de fe, resta ahora hacer lo mismo acerca de las otras dos potencias del alma, que son memoria y voluntad, purificándolas también acerca de sus aprehensiones, para que, según estas dos potencias, el alma se venga a unir con Dios en perfecta esperanza y caridad, lo cual se hará brevemente en este 3º libro. Porque habiendo concluido con el entendimiento, que es el receptáculo de todos los demás objetos en su manera, en lo cual está andado mucho camino para lo demás, no es necesario alargarnos tanto acerca de estas potencias; porque no es posible que, si el espiritual instruyere bien al entendimiento en fe según la doctrina que se le ha dado, no instruya también de camino a las otras dos potencias en las otras dos virtudes, pues las operaciones de las unas dependen de las otras.

2. Pero porque, para cumplir con el estilo que se lleva y también para que mejor se entienda, es necesario hablar en la propia y determinada materia, habremos aquí de poner las propias aprehensiones de cada potencia, y primero de las de la memoria, haciendo de ellas aquí la distinción que basta para nuestro propósito. La cual podremos sacar de la distinción de sus objetos que son tres: naturales, imaginarios y espirituales; según los cuales, también son en tres maneras las noticias de la memoria, es a saber: naturales y sobrenaturales e imaginarias espirituales.

3. De las cuales, mediante el favor divino, iremos aquí tratando, comenzando de las noticias naturales, que son de objeto más exterior. Y luego se tratará de las aficiones de la voluntad, con que se concluirá este libro tercero de la noche activa espiritual.

CAPÍTULO 2

En que trata de las aprehensiones naturales de la memoria, y se dice cómo se ha de vaciar de ellas para que el alma se pueda unir con Dios según esta potencia.

1. Necesario le es al lector advertir en cada libro de éstos al propósito que vamos hablando, porque, si no, podránle nacer muchas dudas acerca de lo que fuere leyendo, como ahora las podría tener en lo que habemos dicho del entendimiento y ahora diremos de la memoria, y después diremos de la voluntad. Porque, viendo cómo aniquilamos (las potencias acerca de sus operaciones, quizá la parecerá que antes destruimos) el camino del ejercicio espiritual que le edificamos; lo cual sería verdad si quisiésemos instruir aquí no más que a principiantes, a los cuales conviene disponerse por esas aprehensiones discursivas y aprehensibles.

2. Pero, porque aquí vamos dando doctrina para pasar adelante en contemplación a unión de Dios (para lo cual todos esos medios y ejercicios sensitivos de potencias han de quedar atrás y en silencio, para que Dios de suyo obre en el alma la divina unión) conviene ir por este estilo desembarazando y vaciando y haciendo negar a las potencias su jurisdicción natural y operaciones, para que se dé lugar a que sean infundidas e ilustradas de lo sobrenatural, pues su capacidad no puede llegar a negocio tan alto, antes estorban, si no se pierde de vista.

3. Y así, siendo verdad, como lo es, que a Dios el alma antes le ha de ir conociendo por lo que no es que por lo que es, de necesidad, para ir a él ha de ir negando y no admitiendo hasta lo último que pudiere negar de sus aprehensiones, así naturales como sobrenaturales. Por lo cual así lo haremos ahora en la memoria, sacándola de sus límites y quicios naturales y subiéndola sobre sí, esto es, sobre toda noticia distinta y posesión aprehensible, en suma esperanza de Dios incomprehensible.

4. Comenzando, pues, por las noticias naturales, digo que noticias naturales en la memoria son todas aquellas que puede formar de los objetos de los cinco sentidos corporales, que son: oír, ver, oler, gustar y palpar, y todas las que a este talle ella pudiere fabricar y formar. Y de todas estas noticias y formas se ha de desnudar y vaciar, y procurar perder la aprehensión imaginaria de ellas, de manera que en ella no le dejen impresa noticia ni rastro de cosa, sino que se quede calva y rasa, como si no hubiese pasado por ella, olvidada y suspendida de todo.

Y no puede ser menos sino que acerca de todas las formas se aniquile la memoria si se ha de unir con Dios. Porque esto no puede ser (si no se desnuda totalmente) de todas las formas, que no son Dios, pues Dios no cae debajo de forma ni noticia alguna distinta, como lo habemos dicho en la noche del entendimiento. Y, pues ninguno puede servir a dos señores, como dice Cristo (Mt. 6, 24), no puede la memoria estar juntamente unida en Dios y en las formas y noticias distintas; y como Dios no tiene forma ni imagen que pueda ser comprehendida de la memoria, de aquí es que, cuando está unida con Dios, como también por experiencia se ve cada día, se queda sin forma y sin figura, perdida la imaginación, embebida la memoria en un sumo bien, en grande olvido, sin acuerdo de nada; porque aquella divina unión la vacía la fantasía y barre de todas las formas y noticias, y la sube a lo sobrenatural.

5. Y así, es cosa notable lo que a veces pasa en esto; porque algunas veces, cuando Dios hace estos toques de unión en la memoria, súbitamente le da un vuelco en el cerebro, que es donde ella tiene su asiento, tan sensible que le parece se desvanece toda la cabeza y que se pierde el juicio y el sentido. Y esto, a veces más, a veces menos, según que es más o menos fuerte el toque. Y entonces, a causa de esta unión, se vacía y purga la memoria, como digo, de todas las noticias, y queda olvidada y a veces

olvidadísima, que ha menester hacerse gran fuerza y trabajar para acordarse de algo.

6. Y de tal manera es a veces este olvido de la memoria y suspensión de la imaginación, por estar la memoria unida con Dios, que se pasa mucho tiempo sin sentirlo ni saber qué se hizo aquel tiempo. Y como está entonces suspensa la imaginativa, aunque entonces le hagan cosas que causen dolor, no lo siente; porque sin imaginación no hay sentimiento. Y para que Dios venga a hacer estos toques de unión, conviénele al alma desunir la memoria de todas las noticias aprehensibles. Y estas suspensiones es de notar que ya en los perfectos no las hay así (por cuanto hay ya perfecta unión), que son de principio de unión.

7. Dirá alguno que bueno parece esto, pero que de aquí se sigue la destrucción del uso natural y curso de las potencias, y que quede el hombre como bestia, olvidado, y aun peor, sin discurrir ni acordarse de las necesidades y operaciones naturales; y que Dios no destruye la naturaleza, antes la perfecciona, y de aquí necesariamente se sigue su destrucción, pues se olvida de lo moral y razonal para obrarlo, y de lo natural para ejercitarlo, porque de nada de esto se puede acordar, pues se priva de las noticias y formas que son el medio de la reminiscencia.

8. A lo cual respondo que es así, que cuanto más va uniéndose la memoria con Dios, más va perfeccionando las noticias distintas hasta perderlas del todo, que es cuando en perfección llega al estado de unión. Y así, al principio, cuando ésta se va haciendo, no puede dejar de traer grande olvido acerca de todas las cosas, pues se le van rayendo las formas y noticias, y así hace muchas faltas acerca del uso y trato exterior, no acordándose de comer ni de beber, ni si hizo, si vio, si no vio y si dijeron o no dijeron por el absorbimiento de la memoria en Dios.

Pero, ya que llega a tener hábito de unión, que es un sumo bien, ya no tiene esos olvidos en esa manera en lo que es razón moral y natural; antes en las operaciones convenientes y necesarias tiene mucha mayor perfección. Aunque éstas no las obra ya por formas y noticias de la memoria, porque en habiendo hábito de unión, que es ya estado sobrenatural, desfallece del todo la memoria y las demás potencias en sus naturales operaciones y pasan de su término natural al de Dios, que es sobrenatural; y así, estando la memoria transformada en Dios, no se le pueden imprimir formas ni noticias de cosas. Por lo cual, las operaciones de la memoria y de las demás potencias en este estado todas son divinas, porque poseyendo ya Dios las potencias, como ya entero señor de ellas, por la transformación de ellas en sí, él mismo es el que las mueve y manda divinamente según su divino espíritu y voluntad. Y entonces es de manera que las operaciones no son distintas, sino que las que obra el alma son de Dios y son operaciones divinas; que, por cuanto, como dice san Pablo (1 Cor. 6, 17), el que se une con Dios, un espíritu se hace con él, de aquí es que las operaciones del alma unida son del Espíritu Divino, y son divinas.

9. Y de aquí es que las obras de las tales almas sólo son las que conviene y son razonables, y no las que no convienen; porque el Espíritu de Dios las hace saber lo que han de saber, e ignorar lo que conviene ignorar, y acordarse de lo que se han de acordar sin formas (o con formas) y olvidar lo que es de olvidar, y las hace amar lo que han de amar, y no amar lo que no es en Dios. Y así, todos los primeros movimientos de las potencias de las tales almas son divinos; y no hay que maravillar que los movimientos y operaciones de estas potencias sean divinos, pues están transformadas en ser divino.

10. De estas operaciones traeré algunos ejemplos, y sea éste uno. Pide una persona a otra que está en este estado que la encomiende a Dios. Esta persona no se acordará de hacerlo por alguna forma ni noticia que se le quede en la memoria de aquella persona; y si conviene encomendarla a Dios, que será queriendo Dios recibir oración por la tal persona, la moverá la voluntad dándole gana que lo haga; y, si no quiere Dios aquella oración, aunque se haga fuerza a orar por ella, no podrá ni tendrá gana; y a veces se la pondrá Dios para que ruegue por otros que nunca conoció ni oyó. Y es porque Dios sólo mueve las potencias de estas almas para aquellas (obras) que convienen según la voluntad y ordenación de Dios, y no se pueden mover a otras; y así, las obras y ruego de estas almas siempre tienen efecto. Tales eran las de la gloriosísima Virgen Nuestra Señora, la cual, estando desde el principio levantada a este alto estado, nunca tuvo en su alma impresa forma de alguna criatura, ni por ella se movió, sino siempre su moción fue por el Espíritu Santo.

11. Otro ejemplo: ha de acudir a tal tiempo a cierto negocio necesario; no se acordará por forma ninguna, sino que, sin saber

cómo, se le asentará en el alma cuándo y cómo convendrá acudir a aquello, sin que haya falta.

12. Y no sólo en estas cosas les da luz el Espíritu Santo, sino en muchas que suceden y sucederán, y casos muchos, aunque sean ausentes. Y esto, aunque algunas veces es por formas intelectuales, muchas es sin formas aprehensibles, no sabiendo ellos cómo saben aquello. Pero esto les viene de parte de la Sabiduría divina; que, por cuanto estas almas se ejercitan en no saber ni aprehender nada con las potencias, lo vienen generalmente, como lo decimos en el Monte, a saber todo, según aquello que dice el Sabio (Sab. 7, 21): El artífice de todo, que es la Sabiduría, me lo enseñó todo.

13. Dirás, por ventura, que el alma no podrá vaciar y privar tanto la memoria de todas las formas y fantasías, que pueda llegar a un estado tan alto, porque hay dos dificultades que son sobre las fuerzas y habilidad humana, que son: despedir lo natural con habilidad natural, que no puede ser, y tocar y unirse a lo sobrenatural, que es mucho más dificultosa; y, por hablar la verdad, con natural habilidad sólo, es imposible.

Digo que es verdad que Dios la ha de poner en este estado sobrenatural; mas que ella, cuando es en sí, se ha de ir disponiendo, lo cual puede hacer naturalmente mayormente con el ayuda que Dios va dando. Y así, al modo que de su parte va entrando en esta negación y vacío de formas, la va Dios poniendo en la posesión de la unión. Y esto va Dios obrando en ella pasivamente, como diremos, Deo dante, en la noche pasiva del alma. Y así, cuando Dios fuere servido, según el modo de su disposición, la acabará de dar el hábito de la divina unión perfecta.

14. Y los divinos efectos que hace en el alma cuando lo es, así de parte del entendimiento como de la memoria y voluntad, no los decimos en esta noche y purgación activa, porque sólo con ésta no se acaba de hacer la divina unión; pero dirémoslos en la pasiva, mediante la cual se hace la junta del alma con Dios.

Y así sólo diré aquí el modo necesario para que activamente la memoria, cuanto es de su parte, se ponga en esta noche y purgación. Y es que ordinariamente el espiritual tenga esta cautela: en todas las cosas que oyere, viere, oliere, gustare o tocare, no haga archivo ni presa de ellas en la memoria, sino que las deje luego olvidar, y (lo) procure con la eficacia, si es menester, que otros acordarse; de manera que no le quede en la memoria alguna noticia ni figura de ellas, como si en el mundo no fuesen, dejando la memoria libre y desembarazada, no atándola a ninguna consideración de arriba ni de abajo, como si tal potencia de memoria no tuviese, dejándola libremente perder en olvido, como cosa que estorba. Pues todo lo natural, si se quiere usar de ello en lo sobrenatural, antes estorba que ayuda.

15. Y si acaeciesen aquellas dudas y objeciones que arriba en lo del entendimiento, conviene a saber: que no se hace nada, y que se pierde tiempo, y que se privan de los bienes espirituales que el alma puede recibir por vía de la memoria, allí está respondido a todo, y más adelante, en la noche pasiva. Por eso no hay para qué detenernos.

Aquí sólo conviene advertir que, aunque en algún tiempo no se sienta el provecho de esta suspensión de noticias y formas, no por eso se ha de cansar el espiritual; que no dejará Dios de acudir a su tiempo. Y por un bien tan grande, mucho conviene pasar y sufrir con paciencia y esperanza.

16. Y, aunque es verdad que apenas se hallará alma que en todo y por todo tiempo sea movida de Dios, teniendo tan continua unión con Dios, que sin medio de alguna forma sean sus potencias siempre movidas divinamente, todavía hay almas que muy ordinariamente son movidas de Dios en sus operaciones, y ellas no son las que se mueven, según aquello de san Pablo (Rm. 8, 14): que los hijos de Dios, que son estos transformados y unidos en Dios, son movidos del Espíritu de Dios, esto es, a divinas obras en sus potencias. Y no es maravilla que las operaciones sean divinas, pues que la unión del alma es divina.

CAPÍTULO 3

En que se dicen tres maneras de daños que recibe el alma no oscureciéndose acerca de las noticias y discursos de la memoria. Dice aquí el primero.

1. A tres daños e inconvenientes está sujeto el espiritual que todavía quiere usar de las noticias y discursos naturales de la

memoria para ir a Dios o para otra cosa: los dos son positivos, y el uno es privativo. El primero es de parte de las cosas del mundo; el segundo, de parte del demonio; el tercero y privativo es el impedimento y estorbo que hacen y le causan para la divina unión.

2. El primero, que es de parte del mundo, es estar sujeto a muchas maneras de daños por medio de las noticias y discursos, así como falsedades, imperfecciones, apetitos, juicios, perdimiento de tiempo y otras muchas cosas, que crían en el alma muchas impurezas. Y que de necesidad haya de caer en muchas falsedades, dando lugar a las noticias y discursos, está claro; que muchas veces ha de parecer lo verdadero falso y lo cierto dudoso, y al contrario, pues apenas podemos de raíz conocer una verdad. De todas las cuales se libra si oscurece la memoria en todo discurso y noticia.

3. Imperfecciones a cada paso las hay si pone la memoria en lo que oyó, vio, tocó, olió y gustó, etc.; en lo cual se le ha de pegar alguna afición, ahora de dolor, ahora de temor, ahora de odio, o de vana esperanza y vano gozo y vanagloria, etc.; que todas éstas, por lo menos son imperfecciones, y, a veces, buenos pecados veniales, etc.; y en el alma pegan mucha impureza sutilísimamente, aunque sean los discursos y noticias acerca (de cosas) de Dios.

Y que se le engendren apetitos, también se ve claro, pues de las dichas noticias y discursos naturalmente nacen, y sólo querer tener la dicha noticia y discurso es apetito. Y que ha de tener también muchos toques de juicios, bien se ve, pues no puede dejar de tropezar con la memoria en males y bienes ajenos, en que a veces parece lo malo bueno, y lo bueno malo. De todos los cuales daños yo creo no habrá quien bien se libre, si no es cegando y oscureciendo la memoria acerca de todas las cosas.

4. Y si me dijeres que bien podrá el hombre vencer todas estas cosas cuando le vinieren, digo que del todo puramente es imposible si hace caso de noticias, porque en ellas se ingieren mil imperfecciones e impertinencias, y algunas tan sutiles y delgadas, que, sin entenderlo el alma, se le pegan de suyo, así como la pez al que la toca, y que mejor se vence todo de una vez negando la memoria en todo.

Dirás también que se priva el alma de muchos buenos pensamientos y consideraciones de Dios, que aprovechan mucho al alma para que Dios la haga mercedes. Digo que, para esto, más aprovecha la pureza del alma, que consiste en que no se le pegue ninguna afición de criatura, ni de temporalidad, ni advertencia eficaz (de ello); de lo cual entiendo no se dejará de pegar mucho por la imperfección que de suyo tienen las potencias en sus operaciones. Por lo cual, mejor es aprender a poner las potencias en silencio y callando, para que hable Dios; porque, como habemos dicho, para este estado las operaciones naturales se han de perder de vista, lo cual se hace, como cuando dice el profeta (Os. 2, 14), cuando venga el alma según estas sus potencias a soledad y le hable Dios al corazón.

5. Y si todavía replicas, diciendo que no tendrá bien ninguno el alma si no considera y discurre la memoria en Dios, y que se le irán entrando muchas distracciones y flojedades, digo que es imposible que, si la memoria se recoge acerca de lo de allá y de lo de acá juntamente, que se le entren males y distracciones, ni otras impertinencias ni vicios, las cuales cosas siempre entran por vagueación de la memoria, porque no hay por dónde ni de dónde entren. Eso fuera si cerrara la puerta a las consideraciones y discursos cerca de las cosas de arriba y la abriéramos para las de abajo; pero aquí a todas cosas de donde eso puede venir la cerramos, haciendo a la memoria que quede callada y muda, y sólo el oído del espíritu en silencio a Dios, diciendo con el profeta (1 Sm. 3, 10): Habla, Señor, que tu siervo oye. Tal dijo el Esposo en los Cantares (4, 12) que había de ser su Esposa, diciendo: Mi hermana es huerto cerrado y fuente sellada, es a saber, a todas las cosas que en él pueden entrar.

6. Estése, pues, cerrado sin cuidado y pena, que el que entró a sus discípulos corporalmente, las puertas cerradas, y les dio paz sin ellos saber ni pensar que aquello podía ser, ni el cómo podía ser (Jn. 20, 19-20), entrará espiritualmente en el alma sin que ella sepa ni obre el cómo, teniendo ella las puertas de las potencias, memoria, entendimiento y voluntad, cerradas a todas las aprehensiones, y se las llenará de paz, declinando sobre ella, como el profeta dice (Is. 48, 18), como un río de paz, en que la quitará todos los recelos y sospechas, turbación y tiniebla que le hacían temer que estaba o que iba perdida. No pierda (el) cuidado de orar y espere en desnudez y vacío, que no tardará su bien.

CAPÍTULO 4

Que trata del segundo daño que puede venir al alma de parte del demonio por vía de las aprehensiones naturales de la memoria.

1. El segundo daño positivo que al alma puede venir por medio de las noticias de la memoria, es de parte del demonio, el cual tiene gran mano en el alma por este medio. Porque puede añadir formas, noticias y discursos, y por medio de ellos afectar el alma con soberbia, avaricia, ira, envidia, etc., y poner odio injusto, amor vano, y engañar de muchas maneras. Y allende de esto, suele él dejar las cosas y asentarlas en la fantasía de manera que las que son falsas, parezcan verdaderas, y las verdaderas falsas. Y, finalmente, todos los demás engaños que hace el demonio y males al alma entran por las noticias y discursos de la memoria; la cual si se oscurece en todas ellas y se aniquila en olvido, cierra totalmente la puerta a este daño del demonio y se libra de todas estas cosas, que es gran bien. Porque el demonio no puede (nada) en el alma si no es mediante las operaciones de las potencias de ella, principalmente por medio de las noticias, porque de ellas dependen casi todas las demás operaciones de las demás potencias. De donde, si la memoria se aniquila en ellas, el demonio no puede nada, porque nada halla de donde asir, y sin nada, nada puede.

2. Yo quisiera que los espirituales acabasen bien de echar de ver cuántos daños les hacen los demonios en las almas por medio de la memoria cuando se dan mucho a usar de ella, cuántas tristezas y aflicciones, y gozos malos vanos los hacen tener, así acerca de lo que piensan en Dios como de las cosas del mundo, y (cuántas impurezas les dejan arraigadas en el espíritu), haciéndolos también grandemente distraer del sumo recogimiento, que consiste en poner toda el alma, según sus potencias, en solo (el) bien incomprehensible y quitarla de todas las cosas aprehensibles, porque no son bien incomprehensible. Lo cual, aunque no se siguiera tanto bien de este vacío como es ponerse en Dios, por sólo ser causa de librarse de muchas penas, aflicciones y tristezas, allende de las imperfecciones y pecados de que se libra, es grande bien.

CAPÍTULO 5

Del tercer daño que se le sigue al alma por vía de las noticias distintas naturales de la memoria.

1. El daño tercero que se sigue al alma por vía de las aprehensiones naturales de la memoria, es privativo, porque la pueden impedir el bien moral y privar del espiritual.

Y para decir primero cómo estas aprehensiones impiden al alma el bien moral, es de saber que el bien moral consiste en la rienda de las pasiones y freno de los apetitos desordenados; de lo cual se sigue en el alma tranquilidad, paz, sosiego y virtudes morales, que es el bien moral. Esta rienda y freno no la puede tener de veras el alma no olvidando y apartando cosas de sí, de donde le nacen las aficiones. Y nunca le nacen al alma turbaciones si no es de las aprehensiones de la memoria; porque, olvidadas todas las cosas, no hay cosa que perturbe la paz ni que muevan los apetitos, pues, como dicen, lo que el ojo no ve, el corazón no lo desea.

2. Y de esto cada momento sacamos experiencia, pues vemos que, cada vez que el alma se pone a pensar alguna cosa, queda movida y alterada, o en poco o en mucho, acerca de aquella cosa, según es la aprehensión: si pesada y molesta, saca tristeza (u odio, etc.); si agradable, saca apetito y gozo, etc. De donde, por fuerza ha de salir después turbación en la mudanza de aquella aprehensión; y así, ahora tiene gozos, ahora tristezas, ahora odio, ahora amor, y no puede perseverar siempre de una manera, que es el efecto de la tranquilidad moral, si no es cuando procura olvidar todas las cosas. Luego claro está que las noticias impiden mucho en el alma el bien de las virtudes morales.

3. Y que también la memoria embarazada impida el bien espiritual, claramente se prueba por lo dicho; porque el alma alterada que no tiene fundamento de bien moral, no es capaz, en cuanto tal, del espiritual, el cual no se imprime sino en el alma moderada y puesta en paz.

Y, allende de esto, si el alma hace presa y caso de las aprehensiones de la memoria, como quiera que el alma no puede advertir más que una cosa, si se emplea en cosas aprehensibles, como son las noticias de la memoria, no es posible que esté libre para lo incomprensible, que es Dios; porque, (como siempre habemos dicho), para que el alma vaya a Dios antes ha de ir no comprehendiendo que comprehendiendo; hase de trocar lo conmutable y comprehensible por lo inconmutable e incomprehensible.

CAPÍTULO 6

De los provechos que se siguen al alma en el olvido y vacío de todos los pensamientos y noticias que acerca de la memoria naturalmente puede tener.

1. Por los daños que habemos dicho que al alma tocan por las aprehensiones de la memoria, podemos también colegir los provechos a ellos contrarios que se le siguen del olvido y vacío de ellas; pues, según dicen los naturales, la misma doctrina que sirve para un contrario sirve también para el otro.

Porque, cuanto a lo primero, goza de tranquilidad y paz del ánimo, pues carece de la turbación y alteración que nacen de los pensamientos y noticias de la memoria; y por el consiguiente, de pureza de conciencia y de alma, que es más. Y en esto tiene gran disposición para la sabiduría humana y divina y virtudes.

2. Cuanto a lo segundo, líbrase de muchas sugestiones y tentaciones y movimientos del demonio, que él por medio de los pensamientos y noticias ingiere en el alma, y la hace caer en muchas impurezas y pecados, según dice David (Sal. 72, 8), diciendo: Pensaron y hablaron maldad. Y así, quitados los pensamientos de en medio, no tiene el demonio con qué combatir al espíritu naturalmente.

3. Cuanto a lo tercero, tiene en sí el alma, mediante este olvido y recogimiento de todas las cosas, disposición para ser movida del Espíritu Santo y enseñada por él; el cual, como dice el Sabio (Sab. 1, 5), se aparta de los pensamientos que son fuera de razón.

Pero, aunque otro provecho no se siguiese al hombre que las penas y turbaciones de que se libra por este olvido y vacío de memoria, era grande ganancia y bien para él. Pues que las penas y turbaciones que de las cosas y casos adversos en el alma se crían, de nada sirven ni aprovechan para la bonanza de los mismos casos y cosas; antes de ordinario, no sólo a éstos, sino a la misma alma dañan. Por lo cual dijo David (Sal. 38, 7): De verdad, vanamente se conturba todo hombre. Porque claro está que siempre es vano el conturbarse, pues nunca sirve para provecho alguno. Y así, aunque todo se acabe y se hunda y todas las cosas sucedan al revés y adversas, vano es el turbarse, pues, por eso, antes se dañan más que se remedian. Y llevarlo todo con igualdad tranquila y pacífica, no sólo aprovecha al alma para muchos bienes, sino también para que en esas mismas adversidades se acierte mejor a juzgar de ellas y ponerles remedio conveniente.

4. De donde, conociendo bien Salomón (Ecli. 3, 12) el daño y provecho de esto, dijo: Conocí que no había cosa mejor para el hombre que alegrarse y hacer bien en su vida. Donde da a entender que en todos los casos, por adversos que sean, antes nos habemos de alegrar que turbar, por no perder el mayor bien que toda la prosperidad, que es la tranquilidad del ánimo y paz en todas las cosas adversas y prósperas, llevándolas todas de una manera. La cual el hombre nunca perdería si no sólo se olvidase de las noticias y dejase pensamientos, pero aun se apartase de oír, y ver, y tratar cuanto en sí fuese. Pues que nuestro ser es tan fácil y deleznable, que, aunque esté bien ejercitado, apenas dejará de tropezar con la memoria en cosas que turben y alteren el ánimo que estaba en paz y tranquilidad, no se acordando de cosas. Que por eso dijo Jeremías (Lm. 3, 20): Con memoria me acordaré, y mi alma en mi desfallecerá con dolor.

CAPÍTULO 7

En que se trata del segundo género de aprehensiones de la memoria, que son imaginarias y noticias sobrenaturales.

1. Aunque en el primer género de aprehensiones naturales habemos dado doctrina también para las imaginarias, que son naturales, convenía hacer esta división por amor de otras formas y noticias que guarda la memoria en sí, que son de cosas sobrenaturales, así como de visiones, revelaciones, locuciones y sentimientos por vía sobrenatural. De las cuales cosas, cuando han pasado por el alma, se suele quedar imagen, forma y figura, o noticia impresa, (ahora en el alma), ahora en la memoria o fantasía, a veces muy viva y eficazmente. Acerca de lo cual es menester

también dar aviso, porque la memoria, no se embarace con ellas y le sean impedimento para la unión de Dios en esperanza pura y entera.

2. Y digo que el alma, para conseguir este bien, nunca sobre las cosas claras y distintas que por ella hayan pasado por vía sobrenatural ha de hacer reflexión para conservar en sí las formas y figuras y noticias de aquellas cosas. Porque siempre habemos de llevar este presupuesto: que cuanto el alma más presa hace en alguna aprehensión natural o sobrenatural distinta y clara, menos capacidad y disposición tiene en sí para entrar en el abismo de la fe, donde todo lo demás se absorbe. Porque, como queda dicho, ningunas formas ni noticias sobrenaturales que pueden caer en la memoria son Dios, y de todo lo que no es Dios se ha de vaciar el alma para ir a Dios; luego también la memoria de todas estas formas y noticias se ha de deshacer para unirse con Dios en esperanza, porque toda posesión es contra esperanza, la cual, como dice san Pablo (Hb. 11, 1), es de lo que no se posee.

De donde, cuanto más la memoria se desposee, tanto más tiene de esperanza, y cuanto más de esperanza tiene, tanto más tiene de unión de Dios; porque acerca de Dios, cuanto más espera el alma, tanto más alcanza. Y entonces espera más cuando se desposee más; y cuando se hubiere desposeído perfectamente, perfectamente quedará con la posesión de Dios en unión divina. Mas hay muchos que no quieren carecer de la dulzura y sabor de la memoria en las noticias, y por eso no vienen a la suma posesión y entera dulzura; porque el que no renuncia todo lo que posee, no puede ser su discípulo (Lc. 14, 33).

CAPÍTULO 8

De los daños que las noticias de cosas sobrenaturales puede hacer al alma si hace reflexión sobre ellas. Dice cuántos sean.

1. A cinco géneros de daños se aventura el espiritual si hace presa y reflexión sobre estas noticias y formas que se le imprimen de las cosas que pasan por él por vía sobrenatural.

2. El primero es que muchas veces se engaña teniendo lo uno por lo otro.

El segundo es que está cerca y en ocasión de caer en alguna presunción o vanidad.

El tercero es que el demonio tiene mucha mano para le engañar por medio de las dichas aprehensiones.

El cuarto es que le impide la unión en esperanza con Dios.

El quinto es que, por la mayor parte, juzga de Dios bajamente.

3. Cuanto al primer género, está claro que, si el espiritual hace presa y reflexión sobre las dichas noticias y formas, se ha de engañar muchas veces acerca de su juicio, porque, como ninguno cumplidamente puede saber las cosas que naturalmente pasan por su imaginación, ni tener entero y cierto juicio sobre ellas, mucho menos podrá tenerle acerca de las sobrenaturales que son sobre nuestra capacidad, y que raras veces acaecen.

De donde muchas veces pensará que son las cosas de Dios, y no será sino su fantasía; y muchas que lo que es de Dios pensará que es del demonio, y lo que es del demonio, que es de Dios. Y muy muchas veces se le quedarán formas y noticias muy asentadas de bienes y males ajenos o propios, y otras figuras que se le representaron, y las tendrá por muy ciertas y verdaderas, y no lo serán, sino muy gran falsedad. Y otras serán verdaderas, y las juzgará por falsas; aunque esto por más seguro lo tengo, porque suele nacer de humildad.

4. Y ya que no se engañe en la verdad, podráse engañar en la cantidad o cualidad, pensando que lo que es poco es mucho, y lo que es mucho, poco. Y acerca de la cualidad, teniendo lo que tiene en su imaginación por tal o tal cosa, y no será sino tal o tal; poniendo, como dice Isaías (5, 20), las tinieblas por luz, y la luz por tinieblas, y lo amargo por dulce, y lo dulce por amargo. Y, finalmente, ya que acierte en lo uno, maravilla será no errar acerca de lo otro; el cual, aunque no quiera aplicar el juicio para juzgarlo, basta que le aplique en hacer caso, para que, a lo menos pasivamente, se le pegue algún daño, ya que no en este género, será en alguno de esotros cuatro que luego iremos diciendo.

5. Lo que le conviene al espiritual para no caer en este daño de engañarse en su juicio es no querer aplicar su juicio para saber qué

sea lo que en sí tiene y siente, o qué será tal o tal visión, noticias o sentimiento, ni tenga gana de saberlo, ni haga caso, sino sólo para decirlo al padre espiritual, para que le enseñe a vaciar la memoria de aquellas aprehensiones. Pues todo cuanto ellas son en sí, no le pueden ayudar al amor de Dios tanto cuanto el menor acto de fe viva y esperanza que se hace en vacío y renunciación de todo.

CAPÍTULO 9

Del segundo género de daños, que es peligro de caer en propia estimación y vana presunción.

1. Las aprehensiones sobrenaturales ya dichas de la memoria son también a los espirituales grande ocasión para caer en alguna presunción o vanidad, si hacen caso de ellas para tenerlas en algo. Porque, así como está muy libre de caer en este vicio el que no tiene nada de eso, pues no ve en sí de qué presumir; así, por el contrario, el que lo tiene, tiene la ocasión en la mano de pensar que ya es algo, pues tiene aquellas comunicaciones sobrenaturales. Porque, aunque es verdad que lo pueden atribuir a Dios y darle gracias teniéndose por indignos, con todo eso se suele quedar cierta satisfacción oculta en el espíritu y estimación de aquello y de sí, de que, sin sentirlo, les hace harta soberbia espiritual.

2. Lo cual pueden ver ellos bien claramente en el disgusto que les hace y desvío con quien no les alaba su espíritu ni les estima aquellas cosas que tienen, y la pena que les da cuando piensan o les dicen que otros tienen aquellas cosas o mejores. Todo lo cual nace de secreta estimación y soberbia, y ellos no acaban de entender que por ventura están metidos en ella hasta los ojos. Que piensan que basta cierta manera de conocimiento de su miseria, estando juntamente con esto llenos de oculta estimación y satisfacción de sí mismos, agradándose más de su espíritu y bienes espirituales que del ajeno; como el fariseo que daba gracias a Dios que no era como los otros hombres y que tenía tales y tales virtudes, en lo cual tenía satisfacción de sí y presunción (Lc. 18, 11-12). Los cuales, aunque formalmente no lo digan como éste, lo tienen habitualmente en el espíritu. Y aun algunos llegan a ser tan soberbios, que son peores que el demonio; que como ellos ven en sí algunas aprehensiones y sentimientos devotos y suaves de Dios, a su parecer, ya se satisfacen de manera que piensan están muy

cerca de Dios, y aún que los que no tienen aquello están muy bajos, y los desestiman como el fariseo (al publicano).

3. Para huir este pestífero daño, a los ojos de Dios aborrecible, han de considerar dos cosas. La primera, que la virtud no está en las aprehensiones y sentimientos de Dios, por subidos que sean, ni en nada de lo que a este talle pueden sentir en sí; sino, por el contrario, está en lo que no sienten en sí, que es en mucha humildad y desprecio de sí y de todas sus cosas -muy formado y sensible en el alma-, y gustar de que los demás sientan de él aquello mismo, no queriendo valer nada en el corazón ajeno.

4. Lo segundo, han menester advertir que todas las visiones y revelaciones y sentimientos del cielo y cuanto más ellos quisieren pensar, no valen tanto como el menor acto de humildad, la cual tiene los efectos de la caridad, que no estima sus cosas ni las procura, ni piensa mal sino de sí, y de sí ningún bien piensa, sino de los demás (1 Cor. 13, 4-7). Pues, según esto, conviene que no les hinchan el ojo estas aprehensiones sobrenaturales, sino que las procuren olvidar para quedar libres.

CAPÍTULO 10

Del tercer daño que se le puede seguir al alma de parte del demonio, por las aprehensiones imaginarias de la memoria.

1. Por todo lo que queda dicho arriba, se colige y entiende bien cuánto daño se le puede seguir al alma, por vía de estas aprehensiones sobrenaturales, de parte del demonio, pues no solamente puede representar en la memoria y fantasía muchas noticias y formas falsas que parezcan verdaderas y buenas, imprimiéndolas en el espíritu y sentido con mucha eficacia y certificación por sugestión, de manera que le parezca al alma que no hay otra cosa, sino que aquello es así como se le asienta (porque, como se transfigura en ángel de luz, parécele al alma luz); y también en las verdaderas que son de parte de Dios puede tentarla de muchas maneras, moviéndole los apetitos y afectos, ahora espirituales, ahora sensitivos, desordenadamente acerca de ellas. Porque si el alma gusta de las tales aprehensiones, esle muy fácil al demonio hacerle crecer los apetitos y afectos y caer en gula espiritual y otros daños.

2. Y para hacer esto mejor, suele él sugerir y poner gusto, sabor y deleite en el sentido acerca de las mismas cosas de Dios, para que el alma, enmelada y encandilada en aquel sabor, se vaya cegando con aquel gusto y poniendo los ojos más en el sabor que en el amor, a lo menos ya no tanto en el amor, y que haga más caso de la aprehensión que de la desnudez y vacío que hay en la fe y esperanza y amor de Dios, y de aquí vaya poco a poco engañándola y haciéndola creer sus falsedades con gran felicidad.

Porque al alma ciega, ya la falsedad no le parece falsedad, y lo malo no le parece malo, etc.; porque le parecen las tinieblas luz, y la luz tinieblas, y de ahí viene a dar en mil disparates, así acerca de lo natural, como de lo moral, como también de lo espiritual; y ya lo que era vino se le volvió vinagre. Todo lo cual le viene porque al principio no fue negando el gusto de aquellas cosas sobrenaturales; del cual, como al principio es poco o no es tan malo, no se recata tanto el alma, y déjale estar y crece, como el grano de mostaza en árbol grande (Mt. 13, 32). Porque pequeño yerro, como dicen, en el principio, grande es en el fin.

3. Por tanto, para huir este daño grande del demonio, conviene mucho al alma no querer gustar de las tales cosas, porque certísimamente irá cegándose en el tal gusto y cayendo; porque el gusto y deleite y sabor, sin que en ello ayude el demonio, de su misma cosecha ciegan al alma. Y así lo dio a entender David (Sal. 138, 11) cuando dijo: *Por ventura en mis deleites me cegarán las tinieblas, y tendré la noche por mi luz.*

CAPÍTULO 11

Del cuarto daño que se le sigue al alma de las aprehensiones sobrenaturales distintas de la memoria, que es impedirle la unión.

1. De este cuarto daño no hay mucho que decir, por cuanto está ya declarado a cada paso en este 3º libro, en que habemos probado cómo, para que el alma se venga a unir con Dios en esperanza, ha de renunciar toda posesión de la memoria, pues que, para que la esperanza sea entera de Dios, nada ha de haber en la memoria que no sea Dios; y como, también habemos dicho, ninguna forma, ni figura, ni imagen, ni otra noticia que pueda caer en la memoria, sea Dios ni semejante a él, ahora celestial, ahora terrena, natural o

sobrenatural, según enseña David (Sal. 85, 8), diciendo: *Señor, en los dioses ninguno hay semejante a ti,* de aquí es que, si la memoria quiere hacer alguna presa de algo de esto, se impide para Dios: lo uno, porque se embaraza, y lo otro, porque, mientras más tiene de posesión, tanto menos tienede esperanza.

2. Luego necesario le es al alma quedarse desnuda y olvidada de formas y noticias distintas de cosas sobrenaturales para no impedir la unión, según la memoria, en esperanza perfecta con Dios.

CAPÍTULO 12

Del quinto daño que al alma se le puede seguir en las formas y aprehensiones imaginarias sobrenaturales, que es juzgar de Dios baja e impropiamente.

1. No le es al alma menor el quinto daño que se le sigue de querer retener en la memoria e imaginativa las dichas formas e imágenes de las cosas que sobrenaturalmente se le comunican, mayormente si quiere tomarlas por medio para la divina unión, porque es cosa muy fácil juzgar del ser y alteza de Dios menos digna y altamente de lo que conviene a su incomprehensibilidad. Porque, aunque la razón y juicio no haga expreso concepto de que Dios será semejante a algo de aquello, todavía la misma estimación de aquellas aprehensiones, si, en fin, las estima, hace y causa en el alma un no estimar y sentir de Dios tan altamente como enseña la fe, que nos dice ser incomparable, incomprehensible, etc.

Porque, demás de que todo lo que el alma pone en la criatura quita de Dios, naturalmente se hace en el interior de ella, por medio de la estimación de aquellas cosas aprehensibles, cierta comparación de ellas a Dios que no deja juzgar ni estimar de Dios tan altamente como debe. Porque las criaturas, ahora terrenas, ahora celestiales, y todas las noticias e imágenes distintas, naturales y sobrenaturales, que pueden caer en las potencias del alma, por altas que sean ellas en esta vida, ninguna comparación ni proporción tiene con el ser de Dios, por cuanto Dios no cae debajo de género y especie, y ellas sí, como dicen los teólogos. Y el alma en esta vida no es capaz de recibir clara y distintamente sino lo que cae debajo de género y especie. Que por eso dice san Juan (1, 18) que *ninguno jamás vio a Dios.* E Isaías (64, 4), que *no subió en* corazón de hombre cómo sea Dios. Y Dios dijo a Moisés (Ex. 33, 20) que no le podía ver en este estado de vida. Por tanto, el que embaraza la memoria y las demás potencias del alma con lo que ellas pueden comprehender, no puede estimar a Dios ni sentir de él como debe.

2. Pongamos una baja comparación: Claro está que cuanto más uno pusiese los ojos en los criados del rey y más reparase en ellos, menos caso hacía del rey y en tanto menos le estimaba; porque, aunque el aprecio no esté formal y distintamente en el entendimiento, estálo en la obra, pues cuanto más pone en los criados, tanto más quita de su señor; y entonces no juzgaba éste del rey muy altamente, pues los criados le parecen algo delante del rey, su señor. Así acaece al alma para con su Dios cuando hace caso de las dichas criaturas. Aunque esta comparación es muy baja, porque Dios es de otro ser que sus criaturas, en que infinitamente dista de todas ellas; por tanto, todas ellas han de quedar perdidas de vista, y en ninguna forma de ellas ha de poner el alma los ojos, para poderlos poner en Dios por fe y esperanza.

3. De donde los que no solamente hacen caso de las dichas aprehensiones imaginarias, sino que piensan que Dios será semejante a alguna de ellas y que por ellas podrán ir a unión de Dios, ya éstos yerran mucho, y siempre irán perdiendo la luz de la fe en el entendimiento, por medio de la cual esta potencia se une con Dios, y también no crecerán en la alteza de la esperanza, por medio de la cual la memoria se une con Dios en esperanza, lo cual ha de ser desuniéndose de todo lo imaginario.

CAPÍTULO 13

De los provechos que saca el alma en apartar de sí las aprehensiones de la imaginativa, y responde a cierta objeción y declara una diferencia que hay entre las aprehensiones imaginarias naturales y sobrenaturales.

1. Los provechos que hay en vaciar la imaginativa de las formas imaginarias, bien se echa de ver por los cinco daños que quedan dichos que le causan al alma si las quiere tener en sí, como también dijimos de las formas naturales.

Pero, además de éstos, hay otros provechos de harto descanso y quietud para el espíritu. Porque, dejado que naturalmente la tiene cuando está libre de imágenes y formas, está libre también del cuidado de si son buenas o malas, y de cómo se ha de haber en las unas y cómo en las otras, y el trabajo y tiempo que había de gastar en los maestros espirituales queriendo que se las averigüen si son buenas o malas o si de este género o del otro; lo cual no ha menester querer saber, pues de ninguna ha de hacer caso. Y así el tiempo y caudal del alma, que había de gastar en esto y en entender con ellas, lo puede emplear en otro mejor y más provechoso ejercicio, que es el de la voluntad para con Dios, y en cuidar de buscar la desnudez y pobreza espiritual y sensitiva, que consiste en querer de veras carecer de todo arrimo consolatorio y aprehensivo, así interior como exterior. Lo cual se ejercita bien queriendo y procurando desarrimarse de estas formas, pues que de ahí se le seguirá un tan gran provecho, como es allegarse a Dios, que no tiene imagen, ni forma, ni figura, tanto cuanto más se enajenare de todas formas e imágenes y figuras imaginarias.

2. Pero dirás, por ventura, que ¿por qué muchos espirituales dan por consejo que se procuren aprovechar las almas de las comunicaciones y sentimientos de Dios, y que quieran recibir de él, para tener que darle, pues si él no nos da, no le damos nada? Y que san Pablo (1 Tes. 5, 19) dice: No queráis apagar el espíritu. Y el Esposo a la Esposa (Ct. 8, 6): Ponme como señuelo sobre tu corazón, como señuelo sobre tu brazo, lo cual ya es alguna aprehensión. Todo lo cual, según la doctrina arriba dicha, no sólo no se ha de procurar, mas, aunque Dios lo envíe, se ha de desechar y desviar. Y que, claro está que, pues Dios lo da, para bien lo da y buen efecto hará; que no habemos de arrojar las margaritas a mal. Y aun es género de soberbia no querer admitir las cosas de Dios, como que sin ellas, por nosotros mismos, nos podemos valer.

3. Para satisfacción de esta objeción, es menester advertir lo que dijimos en el capítulo 15 y 16 del segundo libro, donde se responde en mucha parte a esta duda. Porque allí dijimos que el bien que redunda en el alma de las aprehensiones sobrenaturales, cuando son de buena parte, pasivamente se obra en el alma en aquel mismo instante que se representan al sentido, sin que las potencias de suyo hagan alguna operación. De donde no es menester que la voluntad haga acto de admitirlas, porque, como también habemos dicho, si el alma entonces quiere obrar con sus potencias, antes

con su operación baja natural impediría la sobrenatural que por medio de estas aprehensiones obra Dios entonces en ella, que sacase algún provecho de su ejercicio de obra, sino que, así como se le da al alma pasivamente el espíritu de aquellas aprehensiones imaginarias, así pasivamente se ha de haber en ellas el alma sin poner sus acciones interiores o exteriores en nada.

Y esto es guardar los sentimientos de Dios, porque de esta manera no los pierde por su manera baja de obrar. Y esto es también no apagar el espíritu, porque apagarle hía si el alma se quisiese haber de otra manera que Dios la lleva. Lo cual haría si, dándole Dios el espíritu pasivamente, como hace en estas aprehensiones, ella entonces se quisiese haber en ellas activamente, obrando con el entendimiento o queriendo algo en ellas.

Y esto está claro, porque si el alma entonces quiere obrar por fuerza, no ha de ser su obra más que natural, porque de suyo no puede más; porque a la sobrenatural no se mueve ella ni se puede mover, sino muévela Dios y pónela en ella. Y así, si entonces el alma quiere obrar de fuerza, en cuanto en sí es, ha de impedir con su obra activa la pasiva que Dios le está comunicando, que (es) el espíritu, porque se pone en su propia obra, que es de otro género y más baja que la que Dios la comunica; porque la de Dios es pasiva y sobrenatural y la del alma, activa y natural. Y esto sería apagar el espíritu.

4. Que sea más baja, también está claro; porque las potencias del alma no pueden de suyo hacer reflexión y operación, sino sobre alguna forma, figura e imagen; y ésta es la corteza y accidente de la sustancia y espíritu que hay debajo de la tal corteza y accidente. La cual sustancia y espíritu no se une con las potencias del alma en verdadera inteligencia y amor, si no es cuando ya cesa la operación de las potencias; porque la pretensión y fin de la tal operación no es sino venir a recibir en el alma la sustancia entendida y amada de aquellas formas. De donde la diferencia que hay entre la operación activa y pasiva, y la ventaja, es la que hay entre lo que se está haciendo y está ya hecho, que es como entre lo que se pretende conseguir y alcanzar y entre lo que está ya (conseguido y) alcanzado.

De donde también se saca que, si el alma quiere emplear activamente sus potencias en las tales aprehensiones sobrenaturales (en que, como habemos dicho, le da Dios el espíritu de ellas pasivamente), no sería menos que dejar lo hecho para volverlo a hacer, y ni gozaría lo hecho ni con sus acciones haría nada sino impedir a lo hecho, porque, como decimos, no pueden llegar de suyo al espíritu que Dios daba al alma sin el ejercicio de ellas. Y así, derechamente sería apagar el espíritu que de las dichas aprehensiones imaginarias Dios infunde, si el alma hiciese caudal de ellas. Y así las ha de dejar habiéndose en ellas pasiva y negativamente; porque entonces Dios mueve al alma a más que ella pudiera ni supiera. Que, por eso, dijo el profeta (Hab. 2, 1): Estaré en pie sobre mi custodia y afirmaré el paso sobre mi munición, y contemplaré lo que se me dijere; que es como si dijera: levantado estaré sobre toda la guardia de mis potencias, y no daré paso adelante en mis operaciones, y así podré contemplar lo que se me dijere, esto es, entenderé y gustaré lo que se me comunicare sobrenaturalmente.

5. Y lo que también se alega del Esposo (Ct. 8, 6) entiéndese aquello del amor que pide a la Esposa, que tiene por oficio entre los amados de asimilar el uno al otro en la principal parte de ellas. Y por eso (él) dice a ella que le ponga en su corazón por señuelo (Ct. 8, 6), donde todas las saetas de amor del aljaba vienen a dar, que son las acciones y motivos de amor, porque todas den en él estando allí por señuelo de ellas, y así todas sean para él, y así se asemeja el alma a él por las acciones y movimientos de amor, hasta transformarse en él. Y dice que le ponga también como señuelo en el brazo, porque en él está el ejercicio de amor, pues en él se sustenta y regala el Amado.

6. Por tanto, de todo lo que el alma ha de procurar en todas las aprehensiones que de arriba le vinieren (así imaginarias como de otro cualquiera género, no me da más visiones que locuciones, o sentimientos, o revelaciones) es, no haciendo caso de la letra y corteza, esto es, de lo que significa o representa o da a entender, sólo advertir en tener el amor de Dios que interiormente le causan al alma. Y de esta manera han de hacer caso de los sentimientos no de sabor, o suavidad, o figuras, sino de los sentimientos de amor que le causan.

Y para sólo este efecto bien podrá algunas veces acordarse de aquella imagen y aprehensión que le causó el amor, para poner el espíritu en motivo de amor; porque, aunque no hace después tanto efecto cuando se acuerda como la primera vez que se comunicó, todavía cuando se acuerda se renueva el amor, y hay levantamiento de mente en Dios, mayormente cuando es la recordación de algunas figuras, imágenes o sentimientos sobrenaturales que suelen sellarse e imprimirse en el alma, de manera que duran mucho tiempo, y algunas nunca se quitan del alma. Y estas que así se sellan en el alma, casi cada vez que el alma advierte en ellas le hacen divinos efectos de amor, suavidad, luz, etc., unas veces más, otras menos, porque para esto se las imprimieron. Y así, es una grande merced a quien Dios la hace, porquees tener en sí un minero de bienes.

7. Estas figuras que hacen los tales efectos están asentadas vivamente en el alma; que no son como las otras imágenes y formas que se conservan en la fantasía; y así, no ha menester el alma ir a esta potencia por ellas cuando se quisiere acordar, porque ve que las tiene en sí misma, como se ve la imagen en el espejo. Cuando acaeciere a alguna alma tener en sí las dichas figuras formalmente, bien podrá acordarse de ellas para el efecto de amor que dije, porque no le estorbarán para la unión de amor en fe, como no quiera embeberse en la figura, sino aprovecharse del amor, dejando luego la figura; y así, antes le ayudará.

8. Dificultosamente se puede conocer cuándo estas imágenes están impresas en el alma y cuándo en la fantasía; porque las de la fantasía también suelen ser muy frecuentes. Porque algunas personas suelen ordinariamente traer en la imaginación y fantasía visiones imaginariasy con grande frecuencia se las representan de una (misma) manera, ahora porque tienen el órgano muy aprehensivo y, por poco que piensan, luego se les representa y dibuja aquella figura ordinaria en la fantasía; ahora porque se las pone el demonio; ahora también porque se las pone Dios, sin que se impriman en el alma formalmente.

Pero puédense conocer por los efectos, porque las que son naturales o del demonio, aunque más se acuerden de ellas, ningún efecto hacen bueno ni renovación espiritual en el alma, sino secamente las miran. Aunque las que son buenas, todavía, acordándose de ellas, hacen algún efecto bueno en aquél que hizo al alma la primera vez; pero las formales que se imprimen en el alma, casi siempre que advierte le hacen algún efecto.

9. El que hubiere tenido éstas conocerá fácilmente las unas y las otras, porque está muy clara la mucha diferencia al que tiene experiencia. Sólo digo que las que se imprimen formalmente en el

alma con duración, más raras veces acaecen; pero ahora sean éstas, ahora aquéllas, bueno le es al alma no querer comprehender nada, sino a Dios por fe en esperanza.

Y a esotro que dice la objeción, que parece soberbia desechar estas cosas si son buenas, digo que antes es humildad prudente aprovecharse de ellas en el mejor modo, como queda dicho, y guiarse por lo más seguro.

CAPÍTULO 14

En que se trata de las noticias espirituales en cuanto pueden caer en la memoria.

1. Las noticias espirituales pusimos por tercer género de aprehensiones de la memoria, no porque ellas pertenezcan al sentido corporal de la fantasía como las demás (pues no tienen imagen y forma corporal), pero porque también caen debajo de reminiscencia y memoria espiritual, pues que, después de haber caído en el alma alguna de ellas, se puede, cuando quisiere, acordar de ella. Y esto, no por la efigie e imagen que dejase la tal aprehensión en el sentido corporal -porque, por ser corporal, como decimos, no tiene capacidad para formas espirituales-, sino que intelectual y espiritualmente se acuerda de ella por la forma que en el alma de si dejó impresa, que también es forma o noticia, o imagen espiritual o formal, por lo cual se acuerda, o por el efecto que hizo; que por eso pongo estas aprehensiones entre las de la memoria, aunque no pertenezcan a las de la fantasía.

2. Cuáles son estas noticias y cómo se haya de haber en ellas el alma para ir a la unión de Dios suficientemente está dicho en el capítulo 24 del libro segundo, donde las tratamos como aprehensiones del entendimiento. Véanse allí, porque allí dijimos cómo eran en dos maneras: unas increadas y otras de criaturas.

Sólo, lo que toca al propósito de cómo se ha de haber la memoria acerca de ellas para ir a la unión, digo que, como acabo de decir de las formas en el precedente capítulo, de cuyo género son también éstas que son de cosas criadas, cuando le hicieren buen efecto se puede acordar de ellas, no para quererlas retener en sí, sino para avivar el amor y noticia de Dios. Pero si no le causa el acordarse de ellas buen efecto, nunca quiera pasarlas por la memoria.

Mas de las increadas digo que se procure acordar las veces que pudiere, porque le harán grande efecto, pues, como allí dijimos, son toques y sentimientos de unión de Dios, que es donde vamos encaminando al alma. Y de esto no se acuerda la memoria por alguna forma, imagen o figura que imprimiesen en el alma, porque no la tienen aquellos toques y sentimientos de unión del Criador, sino por el efecto que en ella hicieron la luz, amor, deleite y renovación espiritual, etc., de las cuales cada vez que se acuerda, se renueva algo de esto.

CAPÍTULO 15

En que se pone el modo general cómo se ha de gobernar el espiritual acerca de este sentido.

1. Para concluir, pues, con este negocio de la memoria, será bien poner aquí al lector espiritual en una razón el modo que universalmente ha de usar para unirse con Dios según este sentido; porque, aunque (en) lo dicho queda bien entendido, todavía, resumiéndoselo aquí, lo tomará más fácilmente.

Para lo cual ha de advertir que, pues lo que pretendemos es que el alma se una con Dios según la memoria en esperanza, y que lo que se espera es de lo que no se posee, y que cuanto menos se posee de otras cosas, más capacidad hay y más habilidad para esperar lo que se espera y consiguientemente más esperanza, y que cuantas más cosas se poseen, menos capacidad y habilidad hay para esperar, y consiguientemente menos esperanza, y que, según esto, cuanto más el alma desaposesionare la memoria de formas y cosas memorables que no son Dios, tanto más pondrá la memoria en Dios y más vacía la tendrá para esperar de él el lleno de su memoria. Lo que ha de hacer, pues, para vivir en entera y pura esperanza de Dios, es que todas las veces que le ocurrieren noticias, formas e imágenes distintas, sin haber asiento en ellas, vuelva luego el alma a Dios en vacío de todo aquello memorable con afecto amoroso, no pensando ni mirando en aquellas cosas más de lo que le bastan las memorias de ellas para entender (y hacer) lo que es obligado, si ellas fueren de cosa tal. Y esto, sin poner (en ellas) afecto ni gusto, porque no dejen efecto de si en el alma. Y así, no ha de dejar el hombre de pensar y acordarse de lo que debe hacer y saber, que, como no hay aficiones de propiedad, no le harán daño. Aprovechan para esto los versillos del Monte que están en el capítulo (13) del primer libro.

2. Pero hase de advertir aquí que no por eso convenimos, ni queremos convenir en esta nuestra doctrina con la de aquellos pestíferos hombres que, persuadidos de la soberbia y envidia de Satanás, quisieron quitar de delante de los ojos de los fieles el santo y necesario uso e ínclita adoración de las imágenes de Dios y de los Santos, antes esta nuestra doctrina es muy diferente de aquélla; porque aquí no tratamos que no haya imágenes y que no sean adoradas, como ellos, sino damos a entender la diferencia que hay de ellas a Dios, y que de tal manera pasen por lo pintado, que no impidan de ir a lo vivo, haciendo en ello más presa de la que basta para ir a lo espiritual.

Porque, así como es bueno y necesario el medio para el fin, como lo son las imágenes para acordarnos de Dios y de los Santos, así cuando se toma y se repara en el medio más que por solo medio, estorba e impide tanto en su tanto como otra cualquier cosa diferente; cuánto más que en lo que yo más pongo la mano es en las imágenes y visiones sobrenaturales, (acerca) de las cuales acaecen muchos engaños y peligros.

Porque acerca de la memoria y adoración y estimación de las imágenes, que naturalmente la Iglesia Católica nos propone, ningún engaño ni peligro puede haber, pues en ellas no se estima otra cosa sino lo que representan. Ni la memoria de ellas dejará de hacer provecho al alma, pues aquélla no se tiene sino con amor de al que representan; que, como no repare en ellas más que para esto, siempre le ayudarán a la unión de Dios, como deje volar al alma, cuando Dios la hiciere merced, de lo pintado a Dios vivo, en olvido de toda criatura y cosa de criatura.

CAPÍTULO 16

En que se comienza a tratar de la noche oscura de la voluntad. Pónese la división de las afecciones de la voluntad.

1. No hubiéramos hecho nada en purgar al entendimiento para fundarle en la virtud de la fe, y a la memoria en la de la esperanza, si no purgásemos también la voluntad acerca de la tercera virtud, que es la caridad, por la cual las obras hechas en fe son vivas y tienen gran valor, y sin ella no valen nada, pues, como dice Santiago (2, 20), *sin obras de caridad, la fe es muerta.*

Y para haber ahora de tratar de la noche y desnudez activa de esta potencia, para enterarla y formarla en esta virtud de la caridad de Dios, no hallé autoridad más conveniente que la que se escribe en el Deuteronomio, capítulo 6 (v. 5), donde dice Moisés: *Amarás a tu Señor Dios de todo tu corazón, y de toda tu ánima, y de toda tu fortaleza.* En la cual se contiene todo lo que el hombre espiritual debe hacer y lo que yo aquí le tengo de enseñar para que de veras llegue a Dios por unión de voluntad por medio de la caridad. Porque en ella se manda al hombre que todas las potencias, y apetitos, y operaciones, y aficiones de su alma emplee en Dios, de manera que toda la habilidad y fuerza del alma no sirva más que para esto, conforme a lo que dice David (Sal. 58, 10), diciendo: *Fortitudinem meam ad te custodiam.*

2. La fortaleza del alma consiste en sus potencias, pasiones y apetitos, todo lo cual es gobernado por la voluntad; pues cuando estas potencias, pasiones y apetitos enderaza en Dios la voluntad y las desvía de todo lo que no es Dios, entonces guarda la fortaleza del alma para Dios, y así viene a amar a Dios de toda su fortaleza.

Y para que esto el alma pueda hacer, trataremos aquí de purgar la voluntad de todas sus afecciones desordenadas, de donde nacen los apetitos, afectos y operaciones desordenadas, de donde le nace también no guardar toda su fuerza a Dios.

Estas afecciones o pasiones son cuatro, es a saber: gozo, esperanza, dolor y temor. Las cuales pasiones, poniéndolas en obra de razón en orden a Dios, de manera que el alma no se goce sino de lo que es puramente honra y gloria de Dios, ni tenga esperanza de otra cosa, ni se duela sino de lo que a esto tocare, ni tema sino sólo a Dios, está claro que enderezan y guardan la fortaleza del alma y su habilidad para Dios. Porque cuanto más se gozare el alma en otra cosa que en Dios, tanto menos fuertemente se empleará su gozo en Dios; y cuanto más esperare otra cosa, tanto menos espera en Dios; y así de las demás.

3. Y para que demos más por entero doctrina de esto, iremos, como es nuestra costumbre, tratando en particular de cada una de estas cuatro pasiones y de los apetitos de la voluntad; porque todo el negocio para venir a unión de Dios está en purgar la voluntad de sus afecciones y apetitos, porque así de voluntad humana y baja venga a ser voluntad divina, hecha una misma cosa con la voluntad de Dios.

4. Estas cuatro pasiones tanto más reinan en el alma y la combaten, cuanto la voluntad está menos fuerte en Dios y más pendiente de criaturas; porque entonces con mucha facilidad se goza de cosas que no merecen gozo, y espera lo que no aprovecha, y se duele de lo que, por ventura, se había de gozar, y teme donde no hay que temer.

5. De estas afecciones nacen al alma todos los vicios e imperfecciones que tiene cuando están desenfrenadas, y también todas sus virtudes cuando están ordenadas y compuestas.

Y es de saber que, al modo que una de ellas se fuere ordenando y poniendo en razón, de ese mismo modo se pondrán todas las demás, porque están tan aunadas y tan hermanadas entre sí estas cuatro pasiones del alma, que donde actualmente va la una, las otras también van virtualmente; y si la una se recoge actualmente, las otras tres virtualmente a la misma medida también se recogen. Porque, si la voluntad se goza de alguna cosa, consiguientemente, a esa misma medida, la ha de esperar, y virtualmente (va) allí incluido el dolor y temor acerca de ella; y a la medida que de ella va quitando el gusto, va también perdiendo el temor y dolor de ella y quitando la esperanza.

Porque la voluntad, con estas cuatro pasiones, es significada por aquella figura que vio Ezequiel (1, 8-9) de cuatro animales juntos en un cuerpo, que tenía cuatro haces y las alas del uno estaban asidas a las del otro, y cada uno iba delante su haz, y cuando iban adelante no volvían atrás. Y así, de tal manera estaban asidas las plumas de cada una de estas afecciones a las de cada una de esotras, que doquiera que actualmente llevaba la una su faz, esto es, su operación, necesariamente las otras han de caminar virtualmente con ella; y cuando se abajare la una, como allí dice, se han de abajar todas, y cuando se elevare, se elevarán. Donde fuere tu esperanza, irá tu gozo, y temor y dolor; y si se volviere, ellas se volverán, y así de las demás.

6. Donde has de advertir que dondequiera que fuere una pasión de éstas, irá también toda el alma y la voluntad y las demás potencias, y vivirán todas cautivas en la tal pasión, y las demás tres pasiones en aquélla estarán vivas para afligir al alma con sus prisiones y no la dejar volar a la libertad y descanso de la dulce contemplación y unión. Que, por eso, te dijo Boecio que, si querías con luz clara entender la verdad, echases de ti los gozos, y la esperanza, y temor, y dolor; porque, en cuanto estas pasiones reinan, no dejan estar al alma con la tranquilidad y paz que se requiere para la sabiduría que natural y sobrenaturalmente puede recibir.

CAPÍTULO 17

En que se comienza a tratar de la primera afección de la voluntad. Dícese qué cosa es gozo y hácese distinción de las cosas de que la voluntad puede gozar.

1. La primera de las pasiones del alma y afecciones de la voluntad es el gozo, el cual, en cuanto toca a lo que de él pensamos decir, no es otra cosa que un contentamiento de la voluntad con estimación de alguna cosa que tiene por conveniente; porque nunca la voluntad se goza sino cuando la cosa le hace aprecio y da contento.

Esto es cuanto al gozo activo, que es cuando el alma entiende distinta y claramente de lo que se goza, y está en su mano gozarse y no gozarse. Porque hay otro gozo pasivo, en que se puede hallar la voluntad gozando sin entender cosa clara y distinta, y a veces entendiéndola, de qué sea el tal gozo, no estando en su mano tenerle o no tenerle. Y de éste trataremos después. Ahora diremos del gozo en cuanto es activo y voluntario de cosas distintas y claras.

2. El gozo puede nacer de seis géneros de cosas o bienes, conviene a saber: temporales, naturales, sensuales, morales, sobrenaturales y espirituales, acerca de los cuales habemos de ir por su orden poniendo la voluntad en razón, para que no, embarazada con ellos, deje de poner la fuerza de su gozo en Dios.

Para todo ello conviene presuponer un fundamento, que será como un báculo en que nos habemos de ir siempre arrimando. Y conviene llevarle entendido, porque es la luz por donde nos habemos de guiar y entender en esta doctrina y enderezar en todos estos bienes el gozo a Dios, y es: que la voluntad no se debe gozar sino sólo de aquello que es gloria y honra de Dios, y que la mayor honra que le podemos dar es servirle según la perfección evangélica; y lo que es fuera de esto es de ningún valor y provecho para el hombre.

CAPÍTULO 18

Que trata del gozo acerca de los bienes temporales. Dice cómo ha de enderezar el gozo en ellos a Dios.

1. El primer género de bienes que dijimos son los temporales, y por bienes temporales entendemos aquí riquezas, estados, oficios y otras pretensiones, e hijos, parientes, casamientos, etc.; todas las cuales son cosas de que se puede gozar la voluntad.

Pero cuán vana cosa sea gozarse los hombres de las riquezas, títulos, estados, oficios, y otras cosas semejantes que suelen ellos pretender, está claro; porque, si por ser el hombre más rico fuera más siervo de Dios, debiérase gozar en las riquezas; pero antes le son causa que le ofenda, según lo enseña el Sabio (Ecli. 11, 10), diciendo: Hijo, si fueres rico, no estarás libre de pecado. Que, aunque es verdad que los bienes temporales, de suyo, necesariamente no hacen pecar, pero porque ordinariamente con flaqueza de afición se ase el corazón del hombre a ellos y falta a Dios, lo cual es pecado, porque pecado es faltar a Dios, por eso dice el Sabio que no estarás libre de pecado.

Que por eso el Señor las llamó en el Evangelio espinas (Mt. 13, 22; Lc. 8, 14), para dar a entender que el que las manoseare con la voluntad quedará herido de algún pecado. Y aquella exclamación que hace en el Evangelio (por san Lucas, tan para temer), diciendo (Lc. 18, 24): ¡Cuán dificultosamente entrarán en el reino de los cielos los que tienen riquezas!, es a saber, el gozo en ellas, bien da a entender que no se debe el hombre gozar en las riquezas, pues a tanto peligro se pone. Que para apartarnos de él dijo también David (Sal. 61, 11): Si abundaren las riquezas, no pongáis en ellas el corazón.

2. Y no quiero traer aquí más testimonios en cosa tan clara, porque tampoco acabaría de alegar Escritura, porque ¿cuándo acabaría de decir los males que de ellas dice Salomón en el Eclesiastés? El cual, como hombre que habiendo tenido muchas riquezas y sabiendo bien lo que eran, dijo que todo cuanto había debajo del sol era vanidad de vanidades, aflicción de espíritu y vana solicitud de ánimo (1, 14); y que el que ama las riquezas no sacará fruto de ellas (5, 9); y que las riquezas se guardan para mal de su señor (5, 12), según se ve en el Evangelio (Lc. 12, 20), donde a aquel que se gozaba porque tenía ganados muchos frutos para muchos años, se le dijo del cielo: Necio, esta noche te pedirán el alma para que venga a cuenta, y lo que allegaste, ¿cúyo será? Y, finalmente, cómo David (Sal. 48, 17-19) nos enseña lo mismo, diciendo que no tengamos envidia cuando nuestro vecino se enriqueciere, pues no le aprovechará nada para la otra vida; dando allí a entender que antes le podríamos tener lástima.

3. Síguese, pues, que el hombre ni se ha de gozar de las riquezas cuando las tiene (él) ni cuando las tiene su hermano, sino si con ellas sirven a Dios. Porque si por alguna vía se sufre gozarse en ellas, como se han de gozar en las riquezas, es cuando se expenden y emplean en servicio de Dios; pues de otra manera no sacará de ellas provecho.

Y lo mismo se ha de entender de los demás bienes de títulos, (estados), oficios, etc., en todo lo cual es vano el gozarse sino en si en ello sirven más a Dios y llevan más seguro el camino para la vida eterna. Y porque claramente no puede saber si es todo así, que sirve más a Dios, etc., vana cosa sería gozarse determinadamente sobre estas cosas, porque no puede ser razonable el tal gozo, pues que, como dice el Señor (Mt. 16, 26): Aunque gane todo el mundo, puede uno perder su alma. No hay, pues, de qué se gozar, sino en si sirve más a Dios.

4. Pues sobre los hijos tampoco hay de qué se gozar, ni por ser muchos, ni ricos, y adornados de dones y gracias naturales y bienes de fortuna, sino en si sirven a Dios. Pues que Absalón, hijo de David, ni su hermosura, ni su riqueza, ni su linaje le sirvió de nada, pues no sirvió a Dios (2 Sm. 14, 25) Por tanto, vana cosa fue haberse gozado de lo tal.

De donde también es vana cosa desear tener hijos, como hacen algunos que hunden y alborotan al mundo con deseos de ellos, pues que no saben si serán buenos y servirán a Dios, y si el contento que de ellos esperan será dolor, y el descanso y consuelo trabajo y desconsuelo, y la honra deshonra y ofender más a Dios con ellos, como hacen muchos; de los cuales dice Cristo (Mt. 23, 15) que cercan la mar y la tierra para enriquecerlos y hacerlos doblado hijos de perdición que fueron ellos.

5. Por tanto, aunque todas las cosas se le rían al hombre y todas sucedan prósperamente, antes se debe recelar que gozarse, pues en aquello crece la ocasión y el peligro de olvidar a Dios (y ofenderle). Que, por eso, dice Salomón que se recataba él, diciendo en el Eclesiastés (2, 2): A la risa juzgué por error, y al gozo dije: ¿Por qué te engañas en vano? Que es como si dijera: Cuando se me reían las cosas, tuve por engaño y error gozarme en ellas, porque grande error, sin duda, (e insipiencia) es la del hombre que se goza de lo que se le muestra alegre y risueño, no sabiendo de cierto que de allí se le sigue algún bien eterno. El corazón del necio, dice el Sabio (Ecli. 7, 5), está donde está la alegría; mas el del sabio donde está la tristeza, porque la alegría ciega el corazón y no le deja considerar ni ponderar las cosas, y la tristeza hace abrir los ojos y mirar el provecho y daño de ellas. Y de aquí es que, como también dice el mismo (7, 4), es mejor la ira que la risa; por tanto, mejor es ir a la casa del llanto que a la del convite, porque en aquélla se muestra el fin de todos los hombres, como también dice el Sabio (Ecli. 7, 3).

6. (Pues gozarse sobre la mujer o sobre el marido, cuando claramente no saben que sirven a Dios mejor en su casamiento, también sería vanidad; pues antes debían tener confusión, por ser el matrimonio causa, como dice san Pablo (1 Cor. 7, 33-34) de que, por tener cada una puesto el corazón en el otro, no le tengan entero con Dios. Por lo cual dice (1 Cor. 7, 27) que si te hallases libre de mujer, no quieras buscar mujer, porque ya que se tenga, conviene que sea con tanta libertad de corazón como si no la tuviese. Lo cual, juntamente con lo que habemos dicho de los bienes temporales, nos enseña él (1 Cor. 7, 29-31) por estas palabras, diciendo: Esto es cierto lo que os digo, hermanos, que el tiempo es breve; lo que resta es que los que tienen mujeres sean como los que no las tienen; y los que lloran, como los que no lloran; y los que se gozan, como los que no se gozan; y los que compran, como los que no poseen; y los que usan de este mundo, como los que no le usan).

Y así, no se ha de poner el gozo en otra cosa que en lo que toca a servir a Dios, porque lo demás es vanidad y cosa sin provecho, pues el gozo que no es según Dios no le puede aprovechar (al alma).

CAPÍTULO 19

De los daños que se le pueden seguir al alma de poner el gozo en los bienes temporales.

1. Si los daños que al alma cercan por poner el afecto de la voluntad en los bienes temporales hubiésemos de decir, ni tinta ni papel bastaría, y el tiempo sería corto. Porque desde muy poco puede llegar a grandes males y destruir grandes bienes: así, como de una centella de fuego, si no se apaga, se pueden encender grandes fuegos que abrasen el mundo.

Todos estos daños tienen raíz y origen en un daño privativo principal que hay en este gozo, que es apartarse de Dios; porque, así como allegándose a él el alma por la afección de la voluntad de ahí le nacen todos los bienes, así apartándose de él por esta afección de criatura, dan en ella todos los daños y males a la medida del gozo y afección con que se junta con la criatura, porque eso es el apartarse de Dios. De donde, según el apartamiento que cada uno hiciere de Dios en más o en menos, podrá entender ser sus daños en más o en menos extensiva o intensivamente, y juntamente de ambas maneras, por la mayor parte.

2. Este daño privativo, de donde decimos que nacen los demás privativos y positivos, tiene cuatro grados, uno peor que otro. Y cuando el alma llegare al cuarto, habrá llegado a todos los males y daños que se pueden decir en este caso. Estos cuatro grados nota muy bien Moisés en el Deuteronomio (32, 15) por estas palabras, diciendo: *Empachóse el amado y dio trancos hacia atrás. Empachóse, engrosóse y dilatóse. Dejó a Dios su hacedor, y alejóse de Dios, su salud.*

3. El empacharse el alma que era amada antes que se empachara, es engolfarse en este gozo de criaturas. Y de aquí sale el primer

grado de este daño, que es volver atrás; lo cual es un embotamiento de la mente acerca de Dios, que le oscurece los bienes de Dios, como la niebla oscurece al aire para que no sea bien ilustrado de la luz del sol. Porque, por el mismo caso que el espiritual pone su gozo en alguna cosa y da rienda al apetito para impertinencias, se entenebrece acerca de Dios y anubla la sencilla inteligencia del juicio, según lo enseña el Espíritu Divino en el libro de la Sabiduría (4, 12), diciendo: El uso y juntura de la vanidad y burla oscurece los bienes, y la instancia del apetito trastorna y pervierte el sentido y juicio sin malicia. Donde da a entender el Espíritu Santo que, aunque no haya malicia concebida en el entendimiento del alma, sólo la concupiscencia y gozo de éstas basta para hacer en ella este primer grado de este daño, que es el embotamiento de la mente y la oscuridad del juicio para entender la verdad y juzgar bien de cada cosa como es.

4. No basta santidad y buen juicio que tenga el hombre para que no deje de caer en este daño, si da lugar a la concupiscencia o gozo de las cosas temporales; que por eso dijo Dios por Moisés (Ex. 23, 8), avisándonos, estas palabras: No recibas dones, que hasta los prudentes ciegan. Y esto era hablando particularmente con los que habían de ser jueces, porque han menester tener el juicio limpio y despierto, lo cual no tendrían con la codicia y gozo de las dádivas. Y también por eso mandó Dios al mismo Moisés (Ex. 18, 21-22) que pusiese por jueces a los que aborreciesen la avaricia, porque no se les embotase el juicio con el gusto de las pasiones. Y así dice que no solamente no la quieran, sino que la aborrezcan. Porque, para defenderse uno perfectamente de la afección de amor, hase de sustentar en aborrecimiento, defendiéndose con el un contrario del otro. Y así, la causa por que el profeta Samuel fue siempre tan recto e ilustrado juez es porque, como él dijo en el libro de los Reyes (1 Re. 12, 3), nunca había recibido de alguno alguna dádiva.

5. El segundo grado de este daño privativo sale de este primero; el cual se da a entender en aquello que se sigue de la autoridad alegada, es a saber: "Empachóse, engrosóse y dilatóse". Y así, este segundo grado es dilatación de la voluntad ya con más libertad en las cosas temporales; la cual consiste en no se le dar ya tanto ni penarse, ni tener ya en tanto el gozarse y gustar de los bienes criados. Y esto le nació de haber primero dado rienda al gozo; porque, dándole lugar, se vino a engrosar el alma en él, como dice allí, y aquella grosura de gozo y apetito le hizo dilatar y extender más la voluntad en las criaturas. Y esto trae consigo grandes

daños; porque este grado segundo le hace apartarse de las cosas de Dios y santos ejercicios y no gustar de ellos, porque gusta de otras cosas y va dándose a muchas imperfecciones e impertinencias y gozos y vanos gustos.

6. Y totalmente este segundo grado, cuando es consumado, quita al hombre los continuos ejercicios que tenía, y que toda su mente y codicia ande ya en lo secular. Y ya los que están en este segundo grado, no solamente tienen oscuro el juicio y entendimiento para conocer las verdades y la justicia como los que están en el primero; mas aun tienen ya mucha flojedad y tibieza y descuido en saberlo y obrarlo, según de ellos dice Isaías (1, 23) por estas palabras: Todos aman las dádivas y se dejan llevar de las retribuciones, y no juzgan al pupilo, y la causa de la viuda no llega a ellos para que de ella hagan caso. Lo cual no acaece en ellos sin culpa, mayormente cuando les incumbe de oficio; porque ya los de este grado no carecen de malicia como los del primero carecen. Y así, se van más apartando de la justicia y virtudes, porque van más extendiendo la voluntad en la afección de las criaturas. Por tanto, la propiedad de los de este grado segundo es gran tibieza en las cosas espirituales y cumplir muy mal con ellas, ejercitándolas más por cumplimiento o por fuerza, o por el uso que tienen en ellas, que por razón de amor.

7. El tercer grado de este daño privativo es dejar a Dios del todo, no curando de cumplir su ley por no faltar a las cosas y bienes del mundo, dejándose caer en pecados mortales por la codicia. Y este tercer grado se nota en lo que se va siguiendo en la dicha autoridad, que dice: "Dejó a Dios su hacedor" (Dt. 32, 15).

En este grado se contienen todos aquellos que de tal manera tienen las potencias del alma engolfadas en las cosas del mundo y riquezas y tratos, que no se dan nada por cumplir con lo que les obliga la ley de Dios; y tienen grande olvido y torpeza acerca de lo que toca a su salvación, y tanta más viveza y sutileza acerca de las cosas del mundo; tanto, que los llama Cristo en el Evangelio (Lc. 16, 8) hijos de este siglo; y dice de ellos que son más prudentes en sus tratos y agudos que los hijos de la luz en los suyos. Y así en lo de Dios no son nada y en lo del mundo lo son todo. Y éstos propiamente son los avarientos, los cuales tienen ya (tan) extendido y derramado el apetito y gozo en las cosas criadas, y tan afectadamente, que no se pueden ver hartos, sino que antes su apetito crece tanto más y su sed cuanto ellos están más apartados de la fuente que solamente los podía hartar, que es Dios; porque de éstos dice el mismo Dios por Jeremías (2, 13), diciendo: Dejáronme a mí, que soy fuente de agua viva, y cavaron para sí cisternas rotas, que no pueden tener aguas. Y esto es porque en las criaturas no halla el avaro con qué apagar su sed, sino con qué aumentarla. Estos son los que caen en mil maneras de pecados por amor de los bienes temporales, y son innumerables sus daños. Y de éstos dice David (Sal. 72, 7): Transierunt in affectum cordis.

8. El cuarto grado de este daño privativo (se nota) en lo último de nuestra autoridad, que dice: "Y alejóse de Dios, su salud". A lo cual vienen del tercer grado que acabamos de decir, porque, de no hacer caso de poner su corazón en la ley de Dios por causa de los bienes temporales, viene el alejarse mucho de Dios el alma del avaro, según la memoria, entendimiento y voluntad, olvidándose de él como si no fuese su Dios; lo cual es porque ha hecho para sí dios del dinero y bienes temporales, como dice san Pablo (Col. 3, 5), diciendo que la avaricia es servidumbre de ídolos. Porque este cuarto grado llega hasta olvidar a Dios y poner el corazón, que normalmente debía poner en Dios, formalmente en el dinero, como si no tuviesen otro Dios.

9. De este cuarto grado son aquellos que no dudan de ordenar las cosas sobrenaturales a las temporales como a su dios, como lo debían hacer al contrario, ordenándolas a ellas a Dios, si le tuvieran por su Dios, como era razón. De éstos fue el inicuo Balam, que la gracia que Dios le había dado vendía (Nm. 22, 7); y también Simón Mago, que pensaba estimarse la gracia de Dios por el dinero (queriéndola comprar (Act. 8, 18-19). En lo cual estimaba en más el dinero, pues le parecía que había quien lo estimase en más dándole gracia por el dinero).

Y de este cuarto grado en otras muchas maneras hay muchos al día de hoy, que allá con sus razones, oscurecidas con la codicia en las cosas espirituales, sirven al dinero y no a Dios, y se mueven por el dinero y no por Dios, poniendo delante el precio y no el divino valor y premio, haciendo de muchas maneras al dinero su principal dios y fin, anteponiéndole al último fin, que es Dios.

10. De este último grado son también todos aquellos miserables que, estando tan enamorados de los bienes, los tienen tan por su dios, que no dudan de sacrificarles sus vidas cuando ven que este su dios recibe alguna mengua temporal, desesperándose y dándose ellos la muerte (por miserables fines), mostrando ellos

mismos por sus manos el desdichado galardón que de tal dios se consigue; que, como no hay que esperar de él, da desesperación (y muerte. Y a los que no persigue hasta este último daño de muerte, los hace morir viviendo en penas de solicitud y otras muchas miserias, no dejando entrar alegría en su corazón y que no les luzca bien ninguno en la tierra, pagando siempre el tributo de su corazón al dinero en tanto que penan por él, allegándolo a él para la última calamidad suya de justa perdición, como lo advierte el Sabio (Ecli. 5, 12), diciendo que las riquezas están guardadas para el mal de su señor.

11. Y de este cuarto grado son aquellos que dice san Pablo (Rm. 1, 28) que tradidit illos in reprobum sensum; porque hasta estos daños trae al hombre el gozo cuando se pone en las posesiones últimamente. Mas a los que menos daños hace es de tener harta lástima, pues, como habemos dicho, hace volver al alma muy atrás en la vía de Dios. Y por tanto, como dice David (Sal. 48, 17-18): No temas cuando se enriqueciere el hombre, esto es, no le hayas envidia, pensando que te lleva ventaja, porque, cuando acabare, no llevará nada, ni su gloria y gozo bajarán con él).

CAPÍTULO 20

De los provechos que se siguen al alma en apartar el gozo de las cosas temporales.

1. Ha, pues, el espiritual de mirar mucho que no se le comience a asir el corazón y el gozo a las cosas temporales, temiendo que de poco vendrá a mucho, creciendo de grado en grado, pues de lo poco se viene a lo mucho, y de pequeño principio, al fin es el negocio grande; como una centella basta para quemar un monte y todo el mundo. Y nunca se fíe por ser pequeño el asimiento, si no le corta luego, pensando que adelante lo hará; porque, si cuando es tan poco y al principio, no tiene ánimo para acabarlo, cuando sea mucho y más arraigado, ¿cómo piensa y presume que podrá?, mayormente diciendo Nuestro Señor en el Evangelio (Lc. 16, 10) que el que es infiel en lo poco, también lo será en lo mucho; porque el que lo poco evita, no caerá en lo mucho. Mas en lo poco hay gran daño, pues está ya entrada la cerca y la muralla del corazón; y como dice el adagio: el que comienza, la mitad tiene hecho. Por lo

cual nos avisa David (Sal. 61, 11), diciendo que, aunque abunden las riquezas, no les apliquemos el corazón.

2. Lo cual, aunque el hombre no hiciese por su Dios y por lo que le obliga la perfección cristiana, por los provechos que temporalmente se le siguen, demás de los espirituales, había de libertar perfectamente su corazón de todo gozo acerca de lo dicho. Pues no sólo se libra de los pestíferos daños que habemos dicho en el precedente capítulo, pero, demás de eso, en quitar el gozo de los bienes temporales adquiere virtud de liberalidad, que es una de las principales condiciones de Dios, la cual en ninguna manera se puede tener con codicia.

Demás de esto, adquiere libertad de ánimo, claridad en la razón, sosiego, tranquilidad y confianza pacífica en Dios, y culto y obsequio verdadero en la voluntad para Dios.

Adquiere más gozo y recreación en las criaturas con el desapropio de ellas, el cual no se puede gozar en ellas si las mira con asimiento de propiedad; porque éste es un cuidado que, como lazo, ata al espíritu en la tierra y no le deja anchura de corazón.

Adquiere más, en el desasimiento de las cosas, clara noticia de ellas para entender bien las verdades acerca de ellas, así natural como sobrenaturalmente; por lo cual las goza muy diferentemente que el que está asido a ellas, con grandes ventajas y mejorías. Porque éste las gusta según la verdad de ellas, esotro según la mentira de ellas; (éste según lo mejor, esotro según lo peor; éste según la sustancia, esotro que ase su sentido a ellas, según el accidente; porque el sentido no puede coger ni llegar más que al accidente, y el espíritu, purgado de nube y especie de accidente, penetra la verdad y valor de las cosas, porque ése es su objeto). Por lo cual el gozo anubla el juicio como niebla, porque no puede haber gozo voluntario de criatura sin propiedad voluntaria, así como no puede haber gozo en cuanto es pasión, que no haya también propiedad habitual en el corazón; y la negación y purgación de tal gozo deja al juicio claro, como al aire los vapores cuando se deshacen.

3. Gózase, pues, éste en todas las cosas, no teniendo el gozo apropiado a ellas, como si las tuviese todas; y esotro, en cuanto las mira con particular aplicación de propiedad, pierde todo el gusto de todas en general; éste, en tanto que ninguna tiene en el corazón,

las tiene, como dice san Pablo (2 Cor. 6, 10), todas en gran libertad; esotro, en tanto que tiene de ellas algo con voluntad asida, no tiene ni posee nada, antes ellas le tienen poseído a él el corazón; por lo cual, como cautivo, pena; de donde, cuantos gozos quiere tener en las criaturas, de necesidad ha de tener otras tantas apreturas y penas en su asido y poseído corazón.

Al desasido no le molestan cuidados, ni en oración ni fuera de ella, y así, sin perder tiempo, con facilidad hace mucha hacienda espiritual; pero a esotro todo se le suele ir en dar vueltas y revueltas sobre el lazo a que está asido y apropiado su corazón, y con diligencia aun apenas se puede libertar por poco tiempo de este lazo del pensamiento y gozo de lo que está asido el corazón.

Debe, pues, el espiritual, al primer movimiento, cuando se le va el gozo a las cosas, reprimirle, acordándose del presupuesto que aquí llevamos: que no hay cosa en que el hombre se deba gozar, sino en si sirve a Dios y en procurar su honra y gloria en todas las cosas, enderezándolas sólo a esto y desviándose en ellas de la vanidad, no mirando en ellas su gusto ni consuelo.

4. Hay otro provecho muy grande y principal en desasir el gozo de las criaturas, que es dejar el corazón libre para Dios, que es principio dispositivo para todas las mercedes que Dios le ha de hacer, sin la cual disposición no las hace; y son tales, que aun temporalmente, por un gozo que por su amor y por la perfección del Evangelio deje, le dará ciento (por uno) en esta vida, como en el mismo Evangelio (Mt. 19, 29) lo promete Su Majestad.

Mas, aunque no fuese por estos intereses, sino sólo por el disgusto que a Dios se da en estos gozos de criaturas, había el espiritual de apagarlos en su alma. Pues que vemos en el Evangelio (Lc. 12, 20) que, sólo porque aquel rico se gozaba porque tenía bienes para muchos años, se enojó tanto Dios, que le dijo que aquella misma noche había de ser su alma llevada a cuenta. De donde habemos de creer que todas las veces que vanamente nos gozamos está Dios mirando y diciendo algún castigo y trago amargo según lo merecido, que, a veces, sea más de ciento tanto más la pena que redunda del (tal) gozo que lo que se gozó. Que, aunque es verdad que en aquello que dice por san Juan en el Apocalipsis (18, 7) de Babilonia, diciendo que cuanto se había gozado y estado en deleite le diesen de tormentos y pena, no es para decir que no será más (la pena) que el gozo (que sí será, pues por breves placeres se dan eternos tormentos), sino para dar a entender que no quedará cosa sin su castigo particular, porque el que la inútil palabra castigará (Mt. 12, 36), no perdonará el gozo vano.

CAPÍTULO 21

En que se trata cómo es vanidad poner el gozo de la voluntad en los bienes naturales y cómo se ha de enderezar a Dios por ellos.

1. Por bienes naturales entendemos aquí hermosura, gracia, donaire, complexión corporal y todas las demás dotes corporales; y también en el alma, buen entendimiento, discreción, con las demás cosas que pertenecen a la razón.

En todo lo cual poner el hombre el gozo, (porque él o los que a él pertenecen tengan tales partes y no más), y no dar antes gracias a Dios, que las da para ser por ellas más conocido y amado, y sólo por eso gozarse, vanidad y engaño es, como lo dice Salomón (Pv. 31, 30), diciendo: Engañosa es la gracia y vana la hermosura; la que teme a Dios, ésa será alabada. En lo cual se nos enseña que antes en estos dones naturales se debe el hombre recelar, pues por ellos puede el hombre fácilmente distraerse del amor de Dios y caer en vanidad, atraído de ellos, y ser engañado. Que, por eso, dice que la gracia corporal es engañadora, porque en la vía al hombre engaña y le atrae a lo que no le conviene, por vano gozo y complacencia de sí o del que la tal gracia tiene; y que "la hermosura es vana", pues que al hombre hace caer de muchas maneras cuando la estima y en ella se goza, pues sólo se debe gozar en si sirve a Dios en él o en otros por él; mas antes debe temer y recelarse (que) no, por ventura, sean causa de sus dones y gracias naturales que Dios sea ofendido por ellas, por su vana presunción o por extrema afición poniendo los ojos en ellas.

Por lo cual debe tener recato y vivir con cuidado el que tuviere las tales partes, que no dé causa a alguno, por su vana ostentación, que se aparte un punto de Dios su corazón. Porque estas gracias y dones de naturaleza son tan provocativas y ocasionadas, así al que las posee como al que las mira, que apenas hay quien se escape de algún lacillo y liga de su corazón en ellas. Donde, por este temor, habemos visto que muchas personas espirituales, que tenían algunas partes de éstas, alcanzaron de Dios con oraciones que las desfigurase, por no ser causa y ocasión a sí o a otras personas de alguna afición o gozo vano.

2. Ha, pues, el espiritual de purgar y oscurecer su voluntad en este vano gozo, advirtiendo que la hermosura y todas las demás partes naturales son tierra, y que de ahí vienen y a la tierra vuelven; y que la gracia y donaire es humo y aire de esa tierra; y que, para no caer en vanidad, lo ha de tener por tal y por tal estimarlo, y en estas cosas enderezar el corazón a Dios en gozo y alegría de que Dios es en sí todas esas hermosuras y gracias eminentísimamente, en infinito sobre todas las criaturas; y que, como dice David (Sal. 101, 27), todas ellas, como la vestidura, se envejecerán y pasarán, y sólo él permanece inmutable para siempre. Y por eso, si en todas las cosas no enderezare a Dios su gozo, siempre será falso y engañado; porque de este tal se entiende aquel dicho de Salomón (Ecli. 2, 2), que dice hablando con el gozo acerca de las criaturas, diciendo: Al gozo dije: ¿Por qué te dejas engañar en vano?; esto es, cuando se deja atraer de las criaturas el corazón.

CAPÍTULO 22

De los daños que se le siguen al alma de poner el gozo de la voluntad en los bienes naturales.

1. Aunque muchos de estos daños y provechos que voy contando en estos géneros de gozos son comunes a todos, con todo, porque derechamente siguen al gozo y desapropio de él, aunque el gozo sea de cualquier género de estas seis divisiones que voy tratando, por eso en cada una (digo) algunos daños y provechos que también se hallan en la otra, por ser, como digo, anejos al gozo que anda por todas. Mas mi principal intento es decir los (particulares) daños y provechos que acerca de cada cosa, por el gozo o no gozo de ella, se siguen al alma; los cuales llamo particulares, porque de tal manera primaria e inmediatamente se causan de tal género de gozo, que no se causan del otro sino secundaria y mediatamente. Ejemplo: el daño de la tibieza del espíritu, de todo y de cualquier género de gozo se causa directamente, y así este daño es a todos estos seis géneros general. Pero el fornicio es daño particular, que sólo derechamente sigue al gozo de los bienes naturales que vamos diciendo.

2. Los daños, pues, espirituales y corporales que derecha y efectivamente se siguen al alma cuando pone el gozo en los bienes naturales, se reducen a seis daños principales.

El primero es vanagloria, presunción, soberbia y desestima del prójimo; porque no puede uno poner los ojos de la estimación en una cosa que no los quite de las demás. De lo cual se sigue, por lo menos, desestima real de las demás cosas; porque, naturalmente, poniendo la estimación en una cosa, se recoge el corazón de las demás cosas en aquella que estima, y de este desprecio real es muy fácil caer en el intencional y voluntario de algunas cosas de esotras, en particular o en general, no sólo en el corazón, sino mostrándolo con la lengua, diciendo: tal o tal cosa, tal o tal persona no es como tal o tal.

El segundo daño es que mueve el sentido a complacencia y deleite sensual y lujuria.

El tercer daño es hacer caer en adulación y alabanzas vanas, en que hay engaño y vanidad, como dice Isaías (3, 12), diciendo: *Pueblo mío, el que te alaba te engaña.* Y la razón es porque, aunque algunas veces dicen verdad alabando gracias y hermosura, todavía por maravilla deja de ir allí envuelto algún daño, o haciendo caer al otro en vana complacencia y gozo, y llevando allí sus afectos e intenciones imperfectas.

El cuarto daño es general, porque se embota mucho la razón y el sentido del espíritu también como en el gozo de los bienes temporales, y aun en cierta manera mucho más; porque como los bienes naturales son más conjuntos al hombre que los temporales, con más eficacia y presteza hace el gozo de los tales impresión y huella en el sentido y más frecuentemente le embelesa. Y así, la razón y juicio no quedan libres, sino anublados con aquella afección de gozo muy conjunto.

Y de aquí nace el quinto daño, que es distracción de la mente en criaturas.

Y de aquí nace y se sigue la tibieza y flojedad de espíritu, que es el sexto daño, también general, que suele llegar a tanto, que tenga tedio grande y tristeza en las cosas de Dios, hasta venirlas a aborrecer.

Piérdese en este gozo infaliblemente el espíritu puro, por lo menos al principio; porque si algún espíritu se siente, será muy sensible y grosero, poco espiritual y poco interior y recogido, consistiendo más en gusto sensitivo que en fuerza de espíritu. Porque, pues el espíritu está tan bajo y flaco, que así no apaga el hábito del tal gozo (porque, para no tener el espíritu puro, basta tener este hábito imperfecto, aunque, cuando se ofrezca, no consienta en los actos del gozo), más debe vivir, en cierta manera, en la flaqueza del sentido que en la fuerza del espíritu; si no, en la fortaleza y perfección que tuviere en las ocasiones lo verá. Aunque no niego que puede haber muchas virtudes con hartas imperfecciones; mas con estos gozos no apagados, no puro ni sabroso espíritu interior, porque reina la carne, que milita contra el espíritu (Gl. 5, 17), y aunque no sienta daño el espíritu, por lo menos se le causa ocultamente distracción.

3. Pero, volviendo a hablar en aquel segundo daño, que contiene en sí daños innumerables, aunque no se pueden comprehender con la pluma ni significar con palabras, no es oscuro ni oculto hasta dónde llegue y cuánta sea esta desventura nacida del gozo puesto en las gracias y hermosura natural, pues que cada día por esta causa se ven tantas muertes de hombres, tantas honras perdidas, tantos insultos hechos, tantas haciendas disipadas, tantas emulaciones y contiendas, tantos adulterios, estupros y fornicios cometidos y tantos santos caídos en el suelo, que se comparen a la tercera parte de las estrellas del cielo derribadas con la cola de aquella serpiente en la tierra (Ap. 12, 4); el oro fino, perdido su primor y lustre, en el cieno; y los ínclitos y nobles de Sión, que se vestían de oro primo, estimados en vasos de barro quebrados, hechos tiestos (Lm. 4, 1-2).

4. ¿Hasta dónde no llega la ponzoña de este daño? ¿Y quién no bebe o poco o mucho de este cáliz dorado de la mujer babilónica del Apocalipsis (17, 4)? Que (en sentarse ella sobre aquella gran bestia, que tenía siete cabezas y diez coronas, da a entender que apenas hay alto ni bajo, ni santo ni pecador que no dé a beber de su vino, sujetando en algo su corazón, pues, como allí se dice de ella (17, 2), fueron embriagados todos los reyes de la tierra del vino de su prostitución. Y a todos los estados coge, hasta el supremo e ínclito del santuario y divino sacerdocio, asentando su abominable vaso, como dice Daniel (9, 27) en el lugar santo; apenas dejando fuerte que poco o mucho no le dé a beber del vino de este cáliz, que es este vano gozo. Que, por eso, dice que "todos los reyes de

la tierra fueron embriagados de este vino", pues tan pocos se hallarán que, por santos que hayan sido, no les haya embelesado y trastornado algo esta bebida del gozo y gusto de la hermosura y gracias naturales.

5. Donde es de notar el decir que se embriagaron; porque, por poco que se beba del vino de este gozo, luego al punto se ase al corazón, y embelesa y hace el daño de oscurecer la razón, como a los asidos del vino. Y es de manera que, si luego no se toma alguna triaca contra este veneno con que se eche fuera presto, peligro corre la vida del alma. Porque, tomando fuerzas la flaqueza espiritual, le traerá a tanto mal que, como Sansón (Ju. 16, 19), sacados los ojos de su vista y cortados los cabellos de su primera fortaleza, se verá moler en las atahonas, cautivo entre sus enemigos, y después, por ventura, morir la segunda muerte, como él con ellos; causándole todos estos daños la bebida de este gozo espiritualmente, como a él corporalmente se los causó y causa hoy a muchos; y después le vengan a decir sus enemigos, no sin grande confusión suya: ¿Eres tú el que rompías los lazos doblados, desquijarrabas los leones, matabas los mil filisteos y arrancabas los postigos, y te librabas de todos tus enemigos?

6. Concluyamos, pues, poniendo el documento necesario contra esta ponzoña, y sea: luego que el corazón se sienta mover de este vano gozo de bienes naturales, se acuerde cuán vana cosa es gozarse de otra que de servir a Dios y cuán peligrosa y perniciosa; considerando cuánto daño fue para los ángeles gozarse y complacerse de su hermosura y bienes naturales, pues por esto cayeron en los abismos feos, y cuántos males siguen a los hombres cada día por esa misma vanidad; y por eso se animen con tiempo a tomar el remedio que dice el poeta a los que comienzan a aficionarse a lo tal: *Date priesa ahora al principio a poner remedio; porque cuando los males han tenido tiempo de crecer en el corazón, tarde viene el remedio y la medicina. No mires al vino,* **dice** *el Sabio (Pv. 23, 31-32), cuando su color está rubicundo y resplandece en el vidrio; entra blandamente, y (al fin) muerde como culebra y derrama venenos como el régulo.*

CAPÍTULO 23

De los provechos que saca el alma de no poner el gozo en los bienes naturales.

1. Muchos son los provechos que al alma se le siguen de apartar su corazón de semejante gozo, porque, demás que dispone para el amor de Dios y las otras virtudes, derechamente da lugar a la humildad para sí mismo y (a) la caridad general para con los prójimos; porque, no aficionándose a ninguno por los bienes naturales aparentes, que son engañadores, le queda el alma libre y clara para amarlos a todos racional y espiritualmente, como Dios quiere que sean amados. En lo cual se conoce que ninguno merece amor si no es por la virtud que hay en él. Y cuando de esta suerte se ama, es muy según Dios y aun con mucha libertad; y si es con asimiento, es con mayor asimiento de Dios; porque entonces cuanto más crece este amor, tanto más crece el de Dios, y cuanto más el (de) Dios, tanto más éste del prójimo; porque de lo que es en Dios es una misma razón y una misma la causa.

2. Síguesele otro excelente provecho en negar este género de gozo, y es que cumple y guarda el consejo de Nuestro Salvador, que dice por san Mateo (16, 24) que el que quisiere seguirle se niegue a sí mismo. Lo cual en ninguna manera podría hacer el alma si pusiese el gozo en sus bienes naturales, porque el que hace algún caso de sí no se niega ni sigue a Cristo.

3. Hay otro grande provecho en negar este género de gozo, y es que causa en el alma grande tranquilidad y evacua las digresiones, y hay recogimiento en los sentidos, mayormente en los ojos. Porque, no queriendo gozarse en eso, ni quiere mirar ni dar los demás sentidos a esas cosas, por no ser atraído ni enlazado de ellas, ni gastar tiempo ni pensamiento en ellas: hecho semejante a la prudente serpiente, que tapa sus oídos por no oír los encantadores y le hagan algunos impresión (Sal. 57, 5). Porque guardando las puertas del alma, que son los sentidos, mucho se guarda y aumenta la tranquilidad y pureza de ella.

4. Hay otro provecho no menor en los que ya están aprovechados en la mortificación de este género de gozo, y es que los objetos y las noticias feas no les hacen la impresión e impureza que a los que todavía les contenta algo de esto. Y, por eso, a la negación y mortificación de este gozo se le sigue la espiritual limpieza de alma y cuerpo, esto es, de espíritu y sentido, y va teniendo conveniencia angelical con Dios, haciendo a su alma y cuerpo digno templo del

Espíritu Santo. Lo cual no puede ser así, si su corazón se goza en los bienes y gracias naturales; que para esto no es menester consentimiento ni memoria de cosa fea, pues aquel gozo basta para la impureza del alma y sentido con la noticia de lo tal, pues que dice el Sabio (Sab. 1, 5) que el Espíritu Santo se apartará de los pensamientos que no son de entendimiento, esto es, de la razón superior en orden a Dios.

5. Otro provecho general se le sigue, y es que, demás que se libra de los males y daños arriba dichos, se excusa también de vanidades sin cuento y de muchos otros daños, así espirituales como temporales, y mayormente de caer en la poca estima que son tenidos todos aquellos que son vistos gozarse o preciarse de las dichas partes naturales, suyas o ajenas. Y así son tenidos y estimados por cuerdos y sabios, como de verdad lo son, todos aquellos que no hacen caso de estas cosas, sino de aquello de que gusta Dios.

6. De los dichos provechos se sigue el último, que es un generoso bien del alma, tan necesario para servir a Dios como es la libertad del espíritu, con que fácilmente se vencen las tentaciones, y se pasan bien los trabajos, y crecen prósperamente las virtudes.

CAPÍTULO 24

Que trata del tercer género de bienes en que puede la voluntad poner la afección del gozo, que son los sensuales. Dice cuáles sean y de cuántos géneros y cómo se ha de enderezar la voluntad a Dios purgándose de este gozo.

1. Síguese tratar del gozo acerca de los bienes sensuales, que es el tercer género de bienes en que decíamos poder gozarse la voluntad. Y es de notar que por bienes sensuales entendemos aquí todo aquello que en esta vida puede caer en el sentido de la vista, del oído, del olfato, gusto y tacto, y de la fábrica interior del discurso imaginario, que todo pertenece a los sentidos corporales, interiores y exteriores.

2. Y para oscurecer y purgar la voluntad del gozo acerca de estos objetos sensibles, encaminándola a Dios por ellos, es necesario presuponer una verdad, y es: que, como muchas veces habemos dicho, el sentido de la parte inferior del hombre, que es del que vamostratando, no es ni puede ser capaz de conocer ni

comprehender a Dios como Dios es. De manera que ni el ojo le puede ver ni cosa que se parezca a él, ni el oído puede oír su voz ni sonido que se le parezca, ni el olfato puede oler olor tan suave, ni el gusto alcanza sabor tan subido y sabroso, ni el tacto puede sentir toque tan delicado y tan deleitable ni cosa semejante; ni puede caer en pensamiento ni imaginación su forma, ni figura alguna que le represente, diciéndolo Isaías (64, 4; 1 Cor. 2, 9) así: *Que ni ojo le vio, ni oído le oyó, ni cayó en corazón de hombre.*

3. Y es aquí de notar que los sentidos pueden recibir gusto o deleite, o de parte del espíritu, mediante alguna comunicación (que recibe de Dios interiormente, o de parte de las cosas exteriores comunicadas a) los sentidos. Y, según lo dicho, ni por vía del espíritu ni por la del sentido puede conocer a Dios la parte sensitiva; porque, no teniendo ella habilidad que llegue a tanto, recibe lo espiritual sensitiva y sensualmente, y no más. De donde para la voluntad en gozarse del gusto causado de alguna de estas aprehensiones sería vanidad, por lo menos, e impedir la fuerza de la voluntad que no se emplease en Dios, poniendo su gozo sólo en él. Lo cual no puede ella hacer enteramente si no es purgándose y oscureciéndose del gozo acerca de este género, como de los demás.

4. Dije con advertencia: que si parase el gozo en algo de lo dicho, sería vanidad, porque cuando no para en eso, sino que, luego que siente la voluntad el gusto de lo que oye, ve y trata, se levanta a gozar en Dios y le es motivo y fuerza para eso, muy bueno es. Y entonces no sólo no se han de evitar las tales mociones cuando causan esta devoción y oración, mas se pueden aprovechar de ellas, y aun deben, para tan santo ejercicio; porque hay almas que se mueven mucho en Dios por los objetos sensibles. Pero ha de haber mucho recato en esto, mirando los efectos que de ahí sacan; porque muchas veces muchos espirituales usan de las dichas recreaciones de sentidos con pretexto de oración y de darse a Dios, y es de manera que más se puede llamar recreación que oración y darse gusto a sí mismos más que a Dios; y la intención que tienen es para Dios, y el efecto que sacan es para la recreación sensitiva, en que sacan más flaqueza de imperfección que avivar la voluntad y entregarla a Dios.

5. Por lo cual quiero poner aquí un documento para (que se vea) cuándo dichos sabores de los sentidos hacen provecho y cuándo no. Y es que todas las veces que, oyendo músicas u otras cosas, y

viendo cosas agradables, y oliendo suaves olores, y gustando algunos sabores y delicados toques, luego al primer movimiento se pone la noticia y afección de la voluntad en Dios, dándole más gusto aquella noticia que el motivo sensual que se la causa, y no gusta del tal motivo sino por eso, es señal que saca provecho de lo dicho y que le ayuda lo tal sensitivo al espíritu. Y en esta manera se puede usar, porque entonces sirven los sensibles al fin para que Dios los crió y dio, que es para ser por ellos más amado y conocido. Y es aquí de saber que aquel a quien estos sensibles hacen el puro efecto espiritual que digo, no por eso tiene apetito, ni se le da casi nada por ellos, aunque cuando se le ofrecen le dan mucho gusto, por el gusto que tengo dicho que de Dios le causan; y así no se solicita por ellos, y cuando se le ofrecen, como digo, luego pasa la voluntad de ellos, y los deja y se pone en Dios.

6. La causa de no dársele mucho de estos motivos, aunque le ayudan (para ir) a Dios, es porque, como el espíritu que tiene esta prontitud de ir con todo y por todo a Dios está tan cebado y prevenido y satisfecho con el espíritu de Dios, que no echa menos nada ni lo apetece; y si lo apetece para esto, luego se le pasa y se le olvida, y no hace caso.

Pero el que no sintiere esta libertad de espíritu en las dichas cosas y gustos sensibles, sino que su voluntad se detiene en estos gustos y se ceba de ellos, daño le hacen y debe apartarse de usarlos. Porque, aunque con la razón se quiera ayudar de ellos para ir a Dios, todavía, por cuanto el apetito gusta de ellos, según lo sensual, y conforme al gusto siempre es el efecto, más cierto es hacerle estorbo que ayuda, y más daño que provecho. Y cuando viere que reina en sí el apetito de las tales recreaciones, debe mortificarle; porque cuanto más fuere fuerte, tiene más de imperfección y flaqueza.

7. Debe, pues, el espiritual, en cualquiera gusto que de parte del sentido se le ofreciere, ahora sea acaso, ahora de intento, aprovecharse de él sólo para Dios, levantando a él el gozo del alma para que su gozo sea útil y provechoso y perfecto, advirtiendo que todo gozo que no es en negación y aniquilación de otro cualquiera gozo, aunque sea de cosa al parecer muy levantada, es vano y sin provecho y estorba para la unión de la voluntad en Dios.

CAPÍTULO 25

Que trata de los daños que el alma recibe en querer poner el gozo de la voluntad en los bienes sensuales.

1. Cuanto a lo primero, si el alma no oscurece y apaga el gozo que de las cosas sensuales le puede nacer, enderezando a Dios el tal gozo, todos los daños generales que habemos dicho que nacen de otro cualquier género de gozo, se le siguen de éste, que es de cosas sensuales, como son: oscuridad de la razón, tibieza y tedio espiritual, etc. Pero, en particular, muchos son los daños en que derechamente puede caer por este gozo, así espirituales como corporales sensuales.

2. Primeramente, del gozo de las cosas visibles, no negándole para ir a Dios, se le puede seguir derechamente vanidad de ánimo y distracción de la mente, codicia desordenada, deshonestidad, descompostura interior y exterior, impureza de pensamientos y envidia.

3. Del gozo en oír cosas inútiles, derechamente nace distracción de la imaginación, parlería, envidia, juicios inciertos y variedad de pensamientos, y de éstos otros muchos y perniciosos daños.

4. De gozarse en olores suaves le nace asco de los pobres, que es contra la doctrina de Cristo, enemistad a la servidumbre, poco rendimiento de corazón en las cosas humildes e insensibilidad espiritual, por lo menos según la proporción de su apetito.

5. Del gozo en el sabor de los manjares, derechamente nace gula y embriaguez, ira, discordia y falta de caridad con los prójimos y pobres, como tuvo con Lázaro aquel epulón que comía cada día espléndidamente (Lc. 16, 19). De ahí nace el destemple corporal, las enfermedades; nacen los malos movimientos, porque crecen los incentivos de la lujuria. Críase derechamente gran torpeza en el espíritu y estrágase el apetito de las cosas espirituales, de manera que no pueda gustar de ellas, ni aun estar en ellas ni tratar de ellas. Nace también de este gozo distracción de los demás sentidos y del corazón y descontento acerca de muchas cosas.

6. Del gozo acerca del tacto en cosas suaves, muchos más daños y más perniciosos nacen, y que más en breve trasvierten el sentido al espíritu y apagan su fuerza y vigor. De aquí nace el abominable

vicio de la molicie o incentivos para ella, según la proporción del gozo de este género; críase la lujuria, hace al ánimo afeminado y tímido y al sentido halagüeño y melífluo y dispuesto para pecar y hacer daño; infunde vana alegría y gozo en el corazón, y cría soltura de lengua y libertad de ojos y a los demás sentidos embelesa y embota, según la cantidad del tal apetito, empacha el juicio, sustentándole en insipiencia y necedad espiritual, y moralmente cría cobardía e inconstancia; y, con tiniebla en el ánima y flaqueza de corazón, hace temer aun donde no hay que temer; cría este gozo espíritu de confusión algunas veces e insensibilidad acerca de la conciencia y del espíritu, por cuanto debilita mucho la razón y la pone de suerte que ni sepa tomar buen consejo ni darle, y queda incapaz para los bienes espirituales y morales, inútil como un vaso quebrado (Ecli. 21, 17).

7. Todos estos daños se causan de este género de gozo, en unos más intensamente, según la intensión del tal gozo y según también la facilidad o flaqueza o inconstancia del sujeto en que cae; porque naturales hay que de pequeña ocasión recibirán más detrimentos que otros de muchas.

8. Finalmente, de este género de gozo en el tacto se puede caer en tantos males y daños, como habemos dicho, acerca de los bienes naturales, que, por estar allí ya dichos, aquí no los refiero, como tampoco digo otros muchos daños que hace, como son mengua en los ejercicios espirituales y penitencia corporal, y tibieza e indevoción acerca del uso de los sacramentos de la Penitencia y Eucaristía.

CAPÍTULO 26

De los provechos que se siguen al alma en la negación del gozo acerca de las cosas sensibles, los cuales son espirituales y temporales.

1. Admirables son los provechos que el alma saca de la negación de este gozo: de ellos, son espirituales, y de ellos, temporales.

2. El primero es que, recogiendo el alma su gozo de las cosas sensibles, se restaura acerca de la distracción en que por el demasiado ejercicio de los sentidos ha caído, recogiéndose en

Dios; y consérvase el espíritu y virtudes que ha adquirido, y se aumentan y va ganando.

3. El segundo provecho espiritual que saca en no se querer gozar acerca de lo sensible es excelente, conviene a saber: que podemos decir con verdad que de sensual se hace espiritual, de animal se hace racional y aún que de hombre camina a porción angelical, y que de temporal y humano se hace divino y celestial; porque, así como el hombre que busca el gusto de las cosas sensuales y en ellas pone su gozo no merece ni se le debe otro nombre que estos que habemos dicho, es a saber: sensual, animal, temporal, etcétera, así, cuando levanta el gozo de estas cosas sensibles, merece todos éstos, conviene a saber: espiritual, celestial, etc.

4. Y que esto sea verdad, está claro; porque, como quiera que el ejercicio de los sentidos y fuerza de la sensualidad contradiga, como dice el Apóstol (Gl. 5, 17), a la fuerza y ejercicio espiritual, de aquí es que, menguando y acabando las unas de estas fuerzas, han de crecer y aumentarse las otras fuerzas contrarias, por cuyo impedimento no crecían, y así, perfeccionándose el espíritu, que es la porción superior del alma que tiene respecto y comunicación con Dios, merece todos los dichos atributos, pues que se perfecciona en bienes y dones de Dios espirituales y celestiales.

Y lo uno y lo otro se prueba por san Pablo (1 Cor. 2, 14), el cual al sensual, que es el que el ejercicio de su voluntad sólo trae en lo sensible, (le llama) animal, que no percibe las cosas de Dios; y a esotro, que levanta a Dios la voluntad, llama espiritual, y que éste lo penetra y juzga todo hasta los profundos de Dios. Por tanto, tiene aquí el alma un admirable provecho de una grande disposición para recibir bienes de Dios y dones espirituales.

5. Pero el tercer provecho es que con grande exceso se le aumentan los gustos y el gozo de la voluntad temporalmente; pues, como dice el Salvador (Mt. 19, 29), en esta vida por uno le dan ciento. De manera que, si un gozo niegas, ciento tanto te dará el Señor en esta vida temporal y espiritualmente; como también, por un gozo que de esas cosas sensibles tengas, te nacerá ciento tanto de pesar y sinsabor. Porque, de parte del ojo ya purgado en los gozos de ver, se le sigue al alma gozo espiritual, enderezado a Dios en todo cuanto ve, ahora sea divino, ahora profano lo que ve. De parte del oído purgado en el gozo de oír, se le sigue al alma ciento tanto de gozo muy espiritual y enderezado a Dios en todo cuanto

oye, ahora sea divino, ahora profano lo que oye; y así en los demás sentidos ya purgados; porque, así como en el estado de la inocencia a nuestros primeros padres todo cuanto veían y hablaban y comían en el paraíso les servía para mayor sabor de contemplación, por tener ellos bien sujeta y ordenada la parte sensitiva a la razón, así el que tiene el sentido purgado y sujeto al espíritu de todas las cosas sensibles, desde el primer movimiento saca deleite de sabrosa advertencia y contemplación de Dios.

6. De donde al limpio todo lo alto y lo bajo le hace más bien y le sirve para más limpieza, así como el impuro de lo uno y de lo otro, mediante su impureza, suele sacar mal; mas el que no vence el gozo del apetito, ni gozará de serenidad de gozo ordinario en Dios por medio de sus criaturas. El que no vive ya según el sentido, todas las operaciones de sus sentidos y potencias son enderezadas a divina contemplación, porque, siendo verdad en buena filosofía que cada cosa, según el ser que tiene o vida que vive, es su operación, si el alma vive vida espiritual, mortificada la animal, claro está que sin contradicción, siendo ya todas sus acciones y movimientos espirituales de vida espiritual, ha de ir con todo a Dios. De donde se sigue que este tal, ya limpio de corazón, en todas las cosas halla noticia de Dios gozosa y gustosa, casta, pura, espiritual, alegre y amorosa.

7. De lo dicho infiero la siguiente doctrina, y es: que hasta que el hombre venga a tener tan habituado el sentido en la purgación del gozo sensible, que de primer movimiento saque el provecho que he dicho, de que le envíen las cosas luego a Dios, tiene necesidad de negar su gozo y gusto acerca de ellas para sacar de la vida sensitiva al alma; temiendo que, pues él no es espiritual, sacará, por ventura, del uso de estas cosas más jugo y fuerza para el sentido que para el espíritu, predominando en su operación la fuerza sensual, que hace más sensualidad y la sustenta y cría; porque, como Nuestro Salvador dice (Jn. 3, 6), lo que nace de carne, carne es; y lo que nace del espíritu, espíritu es.

Y esto se mire mucho, porque es así la verdad. Y no se atreva el que no tiene aún mortificado el gusto en las cosas sensibles aprovecharse mucho de la fuerza y operación del sentido acerca de ellas, creyendo que le ayudan al espíritu; porque más crecerán las fuerzas del alma sin estas sensitivas, esto es, apagando el gozo y apetito de ellas, que usando de él en ellas.

8. Pues los bienes de gloria que en la otra vida se siguen por el negamiento de este gozo, no hay necesidad de decirlo; porque, demás que los dotes corporales de gloria, como son agilidad y claridad, serán mucho más excelentes que los de aquellos que no se negaron, así el aumento de la gloria esencial del alma, que responde al amor de Dios por quien negó las dichas cosas sensibles, por cada gozo que negó momentáneo y caduco, como dice San Pablo (2 Cor. 4, 17), inmenso peso de gloria obrará en él eternamente.

Y no quiero ahora referir aquí los demás provechos, así morales como temporales y también espirituales, que se siguen a esta noche de gozo; pues son todos los que en los demás quedan dichos, y con más eminente ser, por ser estos gozos que se niegan más conjuntos al natural, y por eso adquiere este tal más íntima pureza en la negación de ellos.

CAPÍTULO 27

En que se comienza a tratar del cuarto género de bienes que son bienes morales. Dice cuáles sean y en qué manera sea en ellos lícito el gozo de la voluntad.

1. El cuarto género en que se puede gozar la voluntad son bienes morales; y por bienes morales entendemos aquí las virtudes y los hábitos de ellas en cuanto morales, y el ejercicio de cualquiera virtud, y el ejercicio de las obras de misericordia, la guarda de la ley de Dios, y la política, y todo ejercicio de buena índole e inclinación.

2. Y estos bienes morales, cuando se poseen y ejercitan, por ventura merecen más gozo de la voluntad que alguno de esotros tres géneros que quedan dichos. Porque por una de dos causas, o por entrambas juntas, se puede el hombre gozar de sus cosas, conviene a saber: o por lo que ellas son en sí, o por el bien que importan y traen consigo como medio e instrumento.

Y así, hallaremos que la posesión de los tres géneros de bienes ya dichos ningún gozo de la voluntad merecen, pues, como queda dicho, de suyo al hombre ningún bien le hacen ni le tienen en sí, pues son tan caducos y deleznables; antes, como también dijimos, le engendran y acarrean pena y dolor y aflicción de ánimo. Que, aunque algún gozo merezcan por la segunda causa, que es cuando el hombre de ellos se aprovecha para ir a Dios, es tan incierto esto, que, como vemos comúnmente, más se daña el hombre con ellos que se aprovecha.

Pero los bienes morales ya por la primera causa, que es por lo que en sí son y valen, merecen algún gozo de su poseedor; porque consigo traen paz y tranquilidad y recto y ordenado uso de la razón, y operaciones acordadas; que no puede el hombre humanamente en esta vida poseer cosa mejor.

3. Y así, porque las virtudes por sí mismas merecen ser amadas y estimadas, hablando humanamente, bien se puede el hombre gozar de tenerlas en sí y ejercitarlas por lo que en sí son y por lo que de bien humana y temporalmente importan al hombre. Porque de esta manera, y por esto, los filósofos y sabios y antiguos príncipes las estimaron y las alabaron y procuraron tener y ejercitar; y aunque gentiles, y que sólo ponían los ojos en ellas temporalmente por los bienes que temporal y corporal y naturalmente de ellas conocían seguírseles, no sólo alcanzaban por ellas los bienes y nombre temporalmente que pretendían, sino, demás de esto, Dios, que ama todo lo bueno, aun en el bárbaro y gentil, y ninguna cosa impide buena, como dice el Sabio (Sab. 7, 22), les aumentaba la vida, honra y señorío y paz, como hizo en los romanos porque usaban de justas leyes; que casi les sujetó todo el mundo, pagando temporalmente a los que eran por su infidelidad incapaces de premio eterno las buenas costumbres.

Porque ama Dios tanto estos bienes morales, que sólo porque Salomón le pidió sabiduría para mostrar los de su pueblo y poderle gobernar justamente, instruyéndole en buenas costumbres, se lo agradeció mucho el mismo Dios, y le dijo (3 Re. 3, 11-13; 2 Cor. 1, 11-2) que, porque había pedido sabiduría para aquel fin, que él se la daba y más lo que no había pedido, que eran riquezas y honra, de manera que ningún rey en los pasados ni en lo por venir fuese semejante a él.

4. Pero aunque en esta primera manera se deba gozar el cristiano sobre los bienes morales y buenas obras que temporalmente hace, por cuanto causan los bienes temporales que habemos dicho, no debe parar su gozo en esta primera manera, como habemos dicho de los gentiles, cuyos ojos del alma no trascendían más que lo de esta vida mortal, sino que -pues tiene lumbre de fe, en que espera

vida eterna y que sin ésta todo lo de acá y de allá no le valdrá nada- sólo y principalmente debe gozarse en la posesión y ejercicio de estos bienes morales en la segunda manera, que es en cuanto, haciendo las obras por amor de Dios, le adquieren vida eterna.

Y así, sólo debe poner los ojos y el gozo en servir y honrar a Dios con sus buenas costumbres y virtudes, pues que sin este respecto no valen delante de Dios nada las virtudes, como se ve en las diez vírgenes del Evangelio (Mt. 25, 1-13), que todas habían guardado virginidad y hecho buenas obras, y porque las cinco no habían puesto su gozo en la segunda manera -esto es, enderezándole en ellas a Dios-, sino antes le pusieron en la primera manera, gozándose en la posesión de ellas, fueron echadas del cielo sin ningún agradecimiento ni galardón del Esposo. Y también muchos antiguos tuvieron muchas virtudes e hicieron buenas obras, y muchos cristianos el día de hoy las tienen y obran grandes cosas, y no les aprovecharán nada para la vida eterna, porque no pretendieron en ellas la gloria y honra que es de sólo Dios.

Debe, pues, gozarse el cristiano, no en si hace buenas obras y sigue buenas costumbres, sino en si las hace por amor de Dios sólo, sin otro respecto alguno; porque, cuanto son para mayor premio de gloria hechas sólo para servir a Dios, tanto para mayor confusión suya será delante de Dios cuanto más le hubieren movido otros respectos.

5. Para enderezar, pues, el gozo a Dios en los bienes morales ha de advertir el cristiano que el valor de sus buenas obras, ayunos, limosnas, penitencias, (oraciones), etcétera, que no se funda tanto en la cuantidad y cualidad de ellas, sino en el amor de Dios que él lleva en ellas; y que entonces van tanto más calificadas, cuanto con más puro y entero amor de Dios van hechas y menos él quiere interesar acá y allá de ellas, de gozo, gusto, consuelo, alabanza. Y por eso, ni ha de asentar el corazón en el gusto, consuelo y sabor y los demás intereses que suelen traer consigo los buenos ejercicios y obras, sino recoger el gozo a Dios, deseando servirle con ellas y, purgándose y quedándose a oscuras de este gozo, querer que sólo Dios sea el que se goce de ellas y guste de ellas en escondido, sin ninguno otro respecto y jugo que honra y gloria de Dios. Y así recogerá en Dios toda la fuerza de la voluntad acerca de estos bienes morales.

CAPÍTULO 28

De siete daños en que se puede caer poniendo el gozo de la voluntad en los bienes morales.

1. Los daños principales en que puede el hombre caer por el gozo vano de sus buenas obras y costumbres, hallo que son siete, y muy perniciosos, porque son espirituales, (los cuales referiré aquí brevemente).

2. El primer daño es vanidad, soberbia, vanagloria y presunción; porque gozarse de sus obras no puede ser sin estimarlas. Y de ahí nace la jactancia y lo demás, como se dice del fariseo en el Evangelio (Lc. 18, 12), que oraba y se congraciaba con Dios con jactancia de que ayunaba y hacía otras buenas obras.

3. El segundo daño comúnmente va encadenado de éste, y es que juzga a los demás por malos e imperfectos comparativamente, pareciéndole que no hacen ni obran tan bien como él, estimándolos en menos en su corazón, y a veces por la palabra. Y este daño también le tenía el fariseo (Lc. 18, 11), pues en sus oraciones decía: *Gracias te hago que no soy como los demás hombres: robadores, injustos y adúlteros.* De manera que en un solo acto caía en estos dos daños estimándose a sí y despreciando a los demás; como el día de hoy hacen muchos que dicen: "No soy yo como fulano, ni obro esto ni aquello como éste o el otro". Y aún son peores que el fariseo muchos de éstos; pero él no solamente despreció a los demás, sino también señaló parte, diciendo: *Ni soy como este publicano;* mas ellos, no se contentando con eso ni con esotro, llegan a enojarse y a envidiar cuando ven que otros son alabados o que hacen o valen más que ellos.

4. El tercero daño es que, como en las obras miran al gusto, comúnmente no las hacen sino cuando ven que de ellas se les ha de seguir algún gusto y alabanza; y así, como dice Cristo (Mt. 23, 5), todo lo hacen *ut videantur ab hominibus,* y no obran sólo por amor de Dios.

5. El cuarto daño se sigue de éste, y es que no hallarán galardón en Dios, habiéndole ellos querido hallar en esta vida de gozo o consuelo, o de interés de honra o de otra manera, en sus obras; en lo cual dice el Salvador (Mt. 6, 2) que en aquello *recibieron la paga.*

Y así, se quedaron sólo con el trabajo de la obra y confusos sin galardón.

Hay tanta miseria acerca de este daño en los hijos de los hombres, que tengo para mí que las más de las obras que hacen públicas, o son viciosas, o no les valdrán nada, o son imperfectas delante de Dios, por no ir ellos desasidos de estos intereses y respetos humanos. Porque ¿qué otra cosa se puede juzgar de algunas obras y memorias que algunos hacen e instituyen, cuando no las quieren (hacer) sin que vayan envueltas en honra y respetos humanos de la vanidad de la vida, o perpetuando en ellas su nombre, linaje o señorío, hasta poner de esto sus señales (nombres) y blasones en los templos, como si ellos se quisiesen poner allí en lugar de imagen, donde todos hincan la rodilla, en las cuales obras de algunos se puede decir que se adoran a sí más que a Dios? Lo cual es verdad si por aquello las hicieron, y sin ello no las hicieran.

Pero, dejados éstos que son de los peores, ¿cuántos hay que de muchas maneras caen en este daño de sus obras? De los cuales, unos quieren que se las alaben, otros que se las agradezcan; otros las cuentan y gustan que lo sepa fulano y fulano y aun todo el mundo, y a veces quieren que pase la limosna o lo que hacen por terceros porque se sepa más, otros quieren lo uno y lo otro; lo cual es el tañer de la trompeta, que dice el Salvador en el Evangelio (Mt. 6, 2) que hacen los vanos, que por eso no habrán de sus obras galardón de Dios.

6. Deben, pues, éstos para huir este daño, esconder la obra, que sólo Dios la vea, no queriendo que nadie haga caso. Y no sólo la ha de esconder de los demás, más aún de sí mismo, esto es: que ni él se quiera complacer en ella, estimándola como si fuese algo, ni sacar gusto de toda ella; como espiritualmente se entiende aquello que dice Nuestro Señor (Mt. 6, 3): No sepa tu siniestra lo que hace tu diestra, que es como decir: no estimes con el ojo temporal y carnal la obra que haces espiritual. Y de esta manera se recoge la fuerza de la voluntad en Dios y lleva fruto delante de él la obra; de donde no sólo no la perderá sino que será de grande mérito. Y a este propósito se entiende aquella sentencia de Job, cuando dice (31, 26-28): Si yo besé mi mano con mi boca, que es iniquidad y pecado grande, y se gozó en escondido mi corazón. Porque aquí por la "mano" entiende la obra y por la "boca" entiende la voluntad que se complace en ellas. Y porque es, como decimos, complacencia en sí mismo, dice: Si se alegró en escondido mi

corazón, lo cual es grande iniquidad y negación contra Dios; y es como si dijera: que ni tuvo complacencia ni se alegró su corazón en escondido.

7. El quinto daño de estos tales es que no van adelante en el camino de la perfección; porque, estando ellos asidos al gusto y consuelo en el obrar, cuando en sus obras y ejercicios no hallan gusto y consuelo, que es ordinariamente cuando Dios los quiere llevar adelante -dándoles el pan duro, que es el de los perfectos, y quitándolos de la leche de niños, probándolos las fuerzas, y purgándolos el apetito tierno para que puedan gustar el manjar de grandes-, ellos comúnmente desmayan y pierden la perseverancia de que no hallan el dicho sabor en sus obras. Acerca de lo cual se entiende espiritualmente aquello que dice el Sabio (Ecli. 10, 1), y es: Las moscas que se mueren, pierden la suavidad del ungüento; porque cuando se les ofrece a éstos alguna mortificación, mueren a sus buenas obras, dejándolas de hacer, y pierden la perseverancia, en que está la suavidad del espíritu y consuelo interior.

8. El sexto daño de éstos es que comúnmente se engañan teniendo por mejores las cosas y obras de que ellos gustan que aquéllas de que no gustan, y alaban y estiman las unas y desestiman las otras: como quiera que comúnmente aquellas obras en que de suyo el hombre más se mortifica, mayormente cuando no está aprovechado en la perfección, sean mas aceptas y preciosas delante de Dios, por causa de la negación que el hombre en ellas lleva de sí mismo, que aquéllas en que él halla su consuelo, en que muy fácilmente se puede buscar a sí mismo. Y a este propósito dice Miqueas (7, 3) de éstos: Malum manuum suarum dicunt bonum, esto es: Lo que de sus obras es malo, dicen ellos que es bueno. Lo cual les nace de poner ellos el gusto en sus obras, y no en sólo dar gusto a Dios. Y cuánto reine este daño, así en los espirituales como en los hombres comunes, sería prolijo de contar, pues que apenas hallarán uno que puramente se mueva a obrar por Dios sin arrimo de algún interés de consuelo o gusto u otro respeto.

9. El séptimo daño es que, en cuanto el hombre no apaga el gozo vano en las obras morales, está más incapaz para recibir consejo y enseñanza razonable acerca de las obras que debe hacer; porque el hábito de flaqueza que tiene acerca del obrar, con la propiedad del vano gozo le encadena, o para que no tenga el consejo ajeno por mejor, o para que, aunque le tenga por tal, no le quiera seguir, no teniendo en sí ánimo para ella.

Estos aflojan mucho en la caridad para con Dios y el prójimo, porque el amor propio que acerca de sus obras tienen les hace resfriar la caridad.

CAPÍTULO 29

De los provechos que se siguen al alma de apartar el gozo de los bienes morales.

1. Muy grandes son los provechos que se siguen al alma en no querer aplicar vanamente el gozo de la voluntad a este género de bienes.

Porque, cuanto a lo primero, se libra de caer en muchas tentaciones y engaños del demonio, los cuales están encubiertos en el gozo de las tales buenas obras, como lo podemos entender por aquello que se dice en Job (40, 16), es a saber: *Debajo de la sombra duerme, en lo secreto de la pluma y en los lugares húmedos.* Lo cual dice por el demonio, (porque en la humedad del gozo y en lo vano de la caña, esto es, de la obra vana, engaña al alma. Y engañarse por el demonio) en este gozo escondidamente no es maravilla, porque, sin esperar a su sugestión, el mismo gozo vano se es él mismo engaño, mayormente cuando hay alguna jactancia de ellas en el corazón, según lo dice bien Jeremías (49, 16), diciendo: *Arrogantia tua decepit te.* Porque ¿qué mayor engaño que la jactancia? Y de esto se libra el alma purgándose de este gozo.

2. El segundo provecho es que hace las obras más acordadas y cabalmente. A lo cual, si hay pasión de gozo y gusto en ellas, no se da lugar; porque, por medio de esta pasión del gozo, la irascible y concupiscible andan tan sobradas, que no dan lugar al peso de la razón, sino que ordinariamente anda variando en las obras y propósitos, dejando unas y tomando otras, comenzando y dejando sin acabar nada; porque, como obra por el gusto, y éste es variable, y en unos naturales mucho más que en otros, acabándose éste, es acabado el obrar y el propósito, aunque sea cosa importante. De éstos, el gozo de su obra es el ánima y fuerza de ella: apagado el gozo, muere y acaba la obra, y no perseveran. Porque de éstos son de quien dijo Cristo (Lc. 8, 12) que *reciben la palabra con gozo y luego se la quita el demonio, porque no perseveren.* Y es porque no

tenían más fuerza y raíces que el dicho gozo. Quitarles y apartarles, pues, la voluntad de este gozo, es causa de perseverancia y de acertar. Y así, es grande este provecho, como también es grande el daño contrario. El sabio pone sus ojos en la sustancia y provecho de la obra, no en el sabor y placer de ella; y así, no echa lances al aire, y saca de la obra gozo estable sin tributo del sinsabor.

3. El tercero es divino provecho, y es que apagando el gozo vano en estas obras, se hace pobre de espíritu, que es una de las bienaventuranzas que dice el Hijo de Dios (Mt. 5, 3), diciendo: Bienaventurados los pobres de espíritu, porque suyo es el reino de los cielos.

4. El cuarto provecho es que el que negare este gozo, será en el obrar manso, humilde y prudente; porque no obrará impetuosa y aceleradamente, empujado por la concupiscible e irascible del gozo, ni presuntuosamente, afectado por la estimación que tiene de su obra, mediante el gozo de ella; (ni incautamente, cegado por el gozo).

5. El quinto provecho es que se hace agradable a Dios y a los hombres y se libra de la avaricia, y gula, y acedia espiritual, y de la envidia espiritual, y de otros mil vicios.

CAPÍTULO 30

En que se comienza a tratar del quinto género de bienes en

que se puede gozar la voluntad, que son sobrenaturales. Dice cuáles sean, y cómo se distinguen de los espirituales, y cómo se ha de enderezar el gozo de ellos a Dios.

1. Ahora conviene tratar del quinto género de bienes en que el alma puede gozarse, que son sobrenaturales. Por los cuales entendemos aquí todos los dones y gracias dados de Dios, que exceden la facultad y virtud natural, que se llaman gratis datas, como son los dones de sabiduría y ciencia que dio a Salomón, y las gracias que dice san Pablo (1 Cor. 12, 9-10), conviene a saber: fe, gracia de sanidades, operación de milagros, profecía, conocimiento y discreción de espíritus, declaración de las palabras y también don de lenguas.

2. Los cuales bienes, aunque es verdad que también son espirituales, como los del mismo género que habemos de tratar luego, todavía, porque hay mucha diferencia entre ellos, he querido hacer de ellos distinción. Porque el ejercicio de éstos tiene inmediato respecto al provecho de los hombres y para ese provecho y fin los da Dios, como dice san Pablo (1 Cor. 12, 7), que a ninguno se da espíritu sino para provecho de los demás; lo cual se entiende de estas gracias; mas los espirituales, su ejercicio y trato es sólo del alma a Dios y de Dios al alma, en comunicación de entendimiento y voluntad, etc., como diremos después. Y así, hay diferencia en el objeto, pues que de los espirituales sólo es el Criador y el alma, mas de los sobrenaturales es la criatura. Y también difieren en la sustancia, y por consiguiente en la operación, y así también necesariamente en la doctrina.

3. Pero, hablando ahora de los dones y gracias sobrenaturales como aquí las entendemos, digo que, para purgar el gozo vano en ellas, conviene aquí notar dos provechos que hay en este género de bienes, conviene a saber: temporal y espiritual.

El temporal es la sanidad de las enfermedades, recibir vista los ciegos, resucitar los muertos, lanzar los demonios, profetizar lo por venir para que miren por sí, y los demás a este talle.

El espiritual provecho y eterno es ser Dios conocido y servido por estas obras, por el que las obra o por los en quien y delante de quien se obran.

4. Cuanto al primer provecho, que es temporal, las obras y milagros sobrenaturales poco o ningún gozo del alma merecen; porque, excluido el segundo provecho, poco o nada le importan al hombre, pues de suyo no son medio para unir el alma con Dios, si no es la caridad. Y estas obras y gracias sobrenaturales sin estar en gracia y caridad se pueden ejercitar, ahora dando Dios los dones y gracias verdaderamente, como hizo el inicuo profeta Balaam (Nm. 22-24) y a Salomón, ahora obrándolas falsamente por vía del demonio, como Simón Mago (Hch. 8, 9-11), por otros secretos de naturaleza. Las cuales obras y maravillas, si algunas habían de ser al que las obra de algún provecho, eran las verdaderas que son dadas de Dios.

Y éstas, sin el segundo provecho, ya enseña san Pablo (1 Cr. 13, 1-2) lo que valen, diciendo: *Si hablare con lenguas de hombres y de ángeles y no tuviere caridad, hecho soy como el metal o la campana que suena. Y si tuviere profecía y conociere todos los misterios y toda ciencia, y si tuviere toda la fe, tanto que traspase los montes, y no tuviere caridad, nada soy,* etc. De donde Cristo dirá a muchos que habrán estimado sus obras en esta manera, cuando por ellas le pidieren la gloria, diciendo: *Señor, ¿no profetizamos en tu nombre e hicimos muchos milagros?,* les dirá: *Apartaos de mí, obradores de maldad* (Mt. 7, 22-23).

5. Debe, pues, el hombre gozarse, no en si tiene las tales gracias y las ejercita, sino si el segundo fruto espiritual saca de ellas, es a saber: sirviendo a Dios en ellas con verdadera caridad, en que está el fruto de la vida eterna. Que por eso reprehendió Nuestro Salvador (Lc. 10, 20) a los discípulos, que se venían gozando porque lanzaban los demonios, diciendo: *En esto no os queráis gozar porque los demonios se os sujetan, sino porque vuestros nombres están escritos en el libro de la vida.* Que en buena teología es como decir: "Gozaos si están escritos vuestros nombres en el libro de la vida". Donde se entiende que no se debe el hombre gozar sino en ir camino de ella, que es hacer las obras en caridad; porque ¿qué aprovecha y qué vale delante de Dios lo que no es amor de Dios? El cual no es perfecto si no es fuerte y discreto en purgar el gozo de todas las cosas, poniéndole sólo en hacer la voluntad de Dios. Y de esta manera se une la voluntad con Dios por estos bienes sobrenaturales.

CAPÍTULO 31

De los daños que se siguen al alma de poner el gozo de la voluntad en este género de bienes.

1. Tres daños principales me parece que se pueden seguir al alma de poner el gozo en los bienes sobrenaturales, conviene a saber, engañar y ser engañada, detrimento en el alma acerca de la fe, vanagloria o alguna vanidad.

2. Cuanto a lo primero, es cosa muy fácil engañar a los demás y engañarse a sí mismo gozándose en esta manera de obras. Y la razón es porque para conocer estas obras, cuáles sean falsas y

cuáles verdaderas, y cómo y a qué tiempo se han de ejercitar, es menester mucho aviso y mucha luz de Dios, y lo uno y lo otro impide mucho el gozo y la estimación de estas obras. Y esto por dos cosas: lo uno, porque el gozo embota y oscurece el juicio; lo otro, porque con el gozo de aquello no sólo se codicia el hombre a creerlo más presto, mas aún es más empujado a que se obre sin tiempo.

Y dado caso que las virtudes y obras que se ejercitan sean verdaderas, bastan estos dos defectos para engañarse muchas veces en ellas, o no entendiéndolas como se han de entender, o no aprovechándose de ellas y usándolas como y cuando es más conveniente. Porque, aunque es verdad que cuando da Dios estos dones y gracias les da la luz de ellas y el movimiento de cómo y cuando se han de ejercitar, todavía ellos, por la propiedad e imperfección que pueden tener acerca de ellas, pueden errar mucho, no usando de ellas con la perfección que Dios quiere, y cómo y cuando él quiere. Como se lee que quería hacer Balam cuando, contra la voluntad de Dios, se determinó de ir a maldecir al pueblo de Israel; por lo cual, enojándose Dios, le quería matar (Nm. 22, 22-23). Y Santiago y san Juan querían hacer bajar fuego del cielo sobre los samaritanos porque no daban posada a nuestro Salvador; a los cuales él reprehendió por ello (Lc. 9, 54-55).

3. Donde se ve claro cómo a éstos les hacía determinar a hacer (estas obras) alguna pasión de imperfección, envuelta en gozo y estimación de ellas, cuando no convenía. Porque, cuando no hay semejante imperfección, solamente se mueven y determinan a obrar estas virtudes cuando y como Dios les mueve a ello, y hasta entonces no conviene. Que, por eso, se quejaba Dios de ciertos profetas por Jeremías (23, 21), diciendo: No enviaba yo a los profetas, y ellos corrían; no los hablaba yo, y ellos profetizaban. Y adelante dice (23, 32): Engañaron a mi pueblo con su mentira y con sus milagros, como yo no se lo hubiese mandado, ni enviádolos. Y allí también dice (23, 26) de ellos que ven las visiones de su corazón y que ésas dicen; lo cual no pasara así si ellos no tuvieran esta abominable propiedad en estas obras.

4. De donde por estas autoridades se da a entender que el daño de este gozo no solamente llega a usar inicua y perversamente de estas gracias que da Dios, como Balam y los que aquí dice que hacían milagros con que engañaban al pueblo, mas (aún) hasta usarlas sin habérselas Dios dado; como éstos que profetizaban sus

antojos y publicaban la visiones que ellos componían o las que el demonio les representaba. Porque, como el demonio los ve aficionados a estas cosas, dales en esto largo campo y muchas materias, entrometiéndose de muchas maneras, y con esto tienden ellos las velas y cobran desvergonzada osadía, alargándose en estas prodigiosas obras.

5. Y no para sólo en esto, sino que a tanto hace llegar el gozo de estas obras la codicia de ellas, que hace que, si los tales tenían antes pacto oculto con el demonio (porque muchos de éstos por este oculto pacto obran estas cosas), ya vengan a atreverse a hacer con él pacto expreso y manifiesto, sujetándose, por concierto, por discípulos al demonio y allegados suyos. De aquí salen los hechiceros, los encantadores, los mágicos aríolos y brujos.

Y a tanto mal llega el gozo de éstos sobre estas obras, que no sólo (llega) a querer comprar los dones y gracias por dinero, como quería Simón Mago (Hch. 8, 18), para servir al demonio, pero aun procuran haber las cosas sagradas y aun (lo que no se puede decir sin temblar) las divinas, como ya se ha visto haber sido usurpado el tremendo Cuerpo de nuestro Señor Jesucristo para uso de sus maldades y abominaciones. ¡Alargue y muestre Dios aquí su misericordia grande!

6. Y cuán perniciosos sean éstos para sí y perjudiciales para la Cristiandad, cada uno podrá bien claramente entenderlo. Donde es de notar que todos aquellos magos y aríolos que había entre los hijos de Israel, a los cuales Saúl destruyó de la tierra (1 Sm. 28, 3) por querer imitar a los verdaderos profetas de Dios, habían dado en tantas abominaciones y engaños.

7. Debe, pues, el que tuviere la gracia y don sobrenatural, apartar la codicia y gozo del ejercicio de él, descuidando en obrarle; porque Dios, que se le da sobrenaturalmente para utilidad de su Iglesia o de sus miembros, le moverá también sobrenaturalmente cómo y cuándo le deba ejercitar. Que, pues mandaba a sus fieles (Mt. 10, 19) que no tuviesen cuidado de lo que habíande hablar, ni cómo lo habían de hablar, porque era negocio sobrenatural de fe, también querrá que, pues el negocio de estas obras no es menos, se aguarde el hombre a que Dios sea el obrero, moviendo el corazón, pues en su virtud se ha de obrar toda virtud (Sal. 59, 15). Que por eso los discípulos en los Actos de los Apóstoles (4, 29-30), aunque les había infundido estas gracias y dones, hicieron oración a Dios,

rogándole que fuese servido de extender su mano en hacer señales y obras y sanidades por ellos, para introducir en los corazones la fe de nuestro Señor Jesucristo.

8. El segundo daño que puede venir de este primero, es detrimento acerca de la fe; el cual puede ser en dos maneras:

La primera, acerca de los otros; porque, poniéndose a hacer la maravilla o virtud sin tiempo y necesidad, demás de que es tentar a Dios, que es gran pecado, podrá ser no salir con ella y engendrar en los corazones menos crédito y desprecio de la fe. Porque, aunque algunas veces salgan con ello, por quererlo Dios por otras causas y respectos, como la hechicera de Saúl (1 Sm. 28, 12 ss.), si es verdad que era Samuel el que parecía allí, no dejan de errar ellos y ser culpados por usar de estas gracias cuando no conviene.

En la segunda manera puede asimismo recibir detrimento acerca del mérito de la fe, porque haciendo él mucho caso de estos milagros, se desarrima mucho del hábito sustancial de la fe, la cual es hábito oscuro; y así, donde más señales y testimonios concurren, menos merecimiento hay en creer. De donde San Gregorio dice que no tiene merecimiento cuando la razón humana la experimenta.

Y así, estas maravillas nunca Dios las obra, sino cuando meramente son necesarias para creer; que, por eso, porque sus discípulos no careciesen de mérito si tomaran experiencia de su resurrección, antes que se les mostrase, hizo muchas cosas para que sin verle le creyesen; porque a María Magdalena (Mt. 28, 1-8) primero le mostró vacío el sepulcro y después que se lo dijesen los ángeles -porque *la fe es por el oído*, como dice san Pablo (Rm. 10, 17)- y oyéndolo, lo creyese primero que lo viese. Y aunque le vio fue como hombre común, para acabarla de instruir, en la creencia que le faltaba con el calor de su presencia (Jn. 20, 11-18). Y a los discípulos primero se lo envió a decir con las mujeres, después fueron a ver el sepulcro (Mt. 28, 7-8; Jn. 20, 1-10). Y a los que iban a Emaús primero les inflamó el corazón en fe que le viesen, yendo él disimulado con ellos (Lc. 24, 15); (y), finalmente, después los reprehendió a todos (Mc. 16, 14) porque no habían creído a los que les habían dicho su resurrección; y a Santo Tomás (Jn. 20, 29), porque quiso tomar experiencia en sus llagas, cuando le dijo que eran bienaventurados los que no viéndole le creían.

9. Y así, no es de condición de Dios que se hagan milagros, que, como dicen, cuando los hace, a más no poder los hace. Y por eso reprehendía él a los fariseos, porque no daban crédito sino por señales, diciendo: Si no viéredes prodigios y señales, no creéis (Jn. 4, 48). Pierden, pues, mucho acerca de la fe los que aman gozarse en estas obras sobrenaturales.

10. El tercer daño es que comúnmente por el gozo de estas obras caen en vanagloria o en alguna vanidad; porque aun el mismo gozo de estas maravillas, no siendo puramente, como habemos dicho, en Dios y para Dios, es vanidad. Lo cual se ve en haber reprendido Nuestro Señor a los discípulos por haberse gozado de que se les sujetaban los demonios (Lc. 10, 20); el cual gozo, si no fuera vano, no lo reprehendiera.

CAPÍTULO 32

De dos provechos que se sacan en la negación del gozo acerca de las gracias sobrenaturales.

1. Demás de los provechos que el alma consigue en librarse de los dichos tres daños por la privación de este gozo, adquiere dos excelentes provechos.

El primero es engrandecer y ensalzar a Dios; el segundo es ensalzarse el alma a sí misma. Porque de dos maneras es Dios ensalzado en el alma: la primera es apartando el corazón y gozo de la voluntad de todo lo que no es Dios, para ponerlo en él solamente. Lo cual quiso decir David en el verso que habemos alegado al principio de la noche de esta potencia (Sal. 63, 7), es a saber: Allegarse (ha) el hombre al corazón alto, y será Dios ensalzado; porque, levantando el corazón sobre todas las cosas, se ensalza en el alma sobre todas ellas.

2. Y porque de esta manera le pone en Dios solamente, se ensalza y engrandece Dios, manifestando al alma su excelencia y grandeza; porque en este levantamiento de gozo en él, le da Dios testimonio de quien él es. Lo cual no se hace sin vaciar el gozo y consuelo de la voluntad acerca de todas las cosas, como también lo dice por David (Sal. 45, 11), diciendo: Vacad, y ved que yo soy Dios. Y otra vez (Sal. 62, 3) dice: En tierra desierta, seca y sin camino, parecí

delante de ti, para ver tu virtud y tu gloria. Y pues es verdad que se ensalza Dios poniendo el gozo en él, apartado de todas las cosas, mucho más se ensalza apartándole de estas más maravillosas para ponerle sólo en él, pues son de más alta entidad siendo sobrenaturales; y así, dejándolas atrás por poner el gozo sólo en Dios, es atribuir mayor gloria y excelencia a Dios que a ellas; porque cuanto uno más y mayores cosas desprecia por otro, tanto más le estima y engrandece.

3. Demás de esto, es Dios ensalzado en la segunda manera, apartando la voluntad de este género de obras; porque cuanto Dios es más creído y servido sin testimonios y señales, tanto más es del alma ensalzado, pues cree de Dios más que las señales y milagros le pueden dar a entender.

4. El segundo provecho en que se ensalza el alma es porque, apartando la voluntad de todos los testimonios y señales aparentes, se ensalza en fe muy pura, la cual le infunde y aumenta Dios con mucha más intención, y juntamente le aumenta las otras dos virtudes teologales, que son caridad y esperanza; en que goza de divinas y altísimas noticias por medio del oscuro y desnudo hábito de fe; y de grande deleite de amor por medio de la caridad, con que no se goza la voluntad en otra cosa que en Dios vivo; y de satisfacción en la memoria por medio de la esperanza. Todo lo cual es un admirable provecho que esencial y derechamente importa para la unión perfecta del alma con Dios.

CAPÍTULO 33

En que se comienza a tratar del sexto género de bienes de que se puede gozar la voluntad. (Dice cuáles sean y hace la primera división de ellos).

1. Pues el intento que llevamos en esta nuestra obra es encaminar el espíritu por los bienes espirituales hasta la divina unión del alma con Dios, ahora que en este sexto género habemos de tratar de los bienes espirituales, que son los que más sirven para este negocio, convendrá que, así yo como el lector, pongamos aquí con particular advertencia nuestra consideración. Porque es cosa tan cierta y ordinaria, por el poco saber de algunos, servirse de las cosas espirituales sólo para el sentido, dejando al espíritu vacío, que apenas habrá a quien el jugo sensual no estrague buena parte del

espíritu, bebiéndose el agua antes que llegue al espíritu, dejándole seco y vacío.

2. Viniendo, pues, al propósito, digo que por bienes espirituales entiendo todos aquellos que mueven y ayudan para las cosas divinas y el trato del alma con Dios, y las comunicaciones de Dios con el alma.

3. Comenzando, pues, a hacer división por los géneros supremos, digo que los bienes espirituales son en dos maneras: unos, sabrosos, y otros penosos. Y cada uno de estos géneros es también en dos maneras: porque los sabrosos, unos son de cosas claras que distintamente se entienden, y otros, de cosas que no se entienden clara ni distintamente. Los penosos, también algunos son de cosas claras y distintas, y otros, de cosas confusas y oscuras.

4. Todos éstos podemos también distinguir según las potencias del alma; porque unos, por cuanto son inteligencias, pertenecen al entendimiento; otros, por cuanto son afecciones pertenecen a la voluntad, y otros, por cuanto son imaginarios, pertenecen a la memoria.

5. Dejados, pues, para después los bienes penosos, porque pertenecen a la noche pasiva, donde habemos de hablar de ellos, y también los sabrosos que decimos ser de cosas confusas y no distintas para tratar a la postre, por cuanto pertenecen a la noticia general, confusa, amorosa, en que se hace la unión del alma con Dios (lo cual dejamos en el libro segundo, difiriéndolo para tratar a la postre), diremos aquí ahora de aquellos bienes sabrosos que son de cosas claras y distintas.

CAPÍTULO 34

De los bienes espirituales que distintamente pueden caer en el entendimiento y memoria. Dice cómo se ha de haber la voluntad acerca del gozo de ellos.

1. Mucho tuviéramos aquí que hacer con la multitud de las aprehensiones de la memoria y entendimiento, enseñando a la voluntad cómo se había de haber acerca del gozo que puede tener en ellas si no hubiéramos tratado (de ellas) largamente en el

segundo y tercer libro. Pero, porque allí se dijo de la manera que aquellas dos potencias les convenía haberse acerca de ellas para encaminarse a la divina unión, y de la misma manera le conviene a la voluntad haberse en el gozo acerca de ellas, no es necesario referirlas aquí. Porque basta decir que dondequiera que allí dice que aquellas potencias se vacíen de tales y tales aprehensiones, se entienda también que la voluntad también se ha de vaciar del gozo de ellas. Y de la misma manera que queda dicho que la memoria y entendimiento se han de haber acerca de todas aquellas aprehensiones, se ha también de haber la voluntad; que, pues que el entendimiento y las demás potencias no pueden admitir ni negar nada sin que venga en ello la voluntad, claro está que la misma doctrina que sirve para lo uno servirá también para lo otro.

2. Véase allí lo que en esto se requiere, porque en todos aquellos daños caerá si no se sabe enderezar a Dios.

CAPÍTULO 35

De los bienes espirituales sabrosos que distintamente pueden caer en la voluntad. Dice de cuántas maneras sean.

1. A cuatro géneros (de bienes) podemos reducir todos los que distintamente pueden dar gozo a la voluntad, conviene a saber: motivos, provocativos, directivos y perfectivos; de los cuales iremos diciendo por su orden, y primero, de los motivos, que son: imágenes y retratos (de Santos, oratorios y ceremonias.

2. Y cuanto a lo que toca a las imágenes y retratos), puede haber mucha vanidad y gozo vano, porque, siendo ellas tan importantes para el culto divino y tan necesarias para mover la voluntad a devoción, como la aprobación y uso que tiene de ellas nuestra Madre la Iglesia (muestra), (por lo cual siempre conviene que nos aprovechemos de ellas para despertar nuestra tibieza), hay muchas personas que ponen su gozo más en la pintura y ornato de ellas que no en lo que representan.

3. El uso de las imágenes para dos principales fines le ordenó la Iglesia, es a saber: para reverenciar a los Santos en ellas, y para mover la voluntad y despertar la devoción por ellas a ellos; y cuanto sirven de esto son provechosas y el uso de ellas necesario. Y, por

eso, las que más al propio y vivo están sacadas y más mueven la voluntad a devoción, se han de escoger, poniendo los ojos en esto más que en el valor y curiosidad de la hechura y su ornato. Porque hay, como digo, algunas personas que miran más en la curiosidad de la imagen y valor de ella que en lo que representa; y la devoción interior, que espiritualmente han de enderezar al santo invisible, olvidando luego la imagen, que no sirve más que de motivo, la emplean en el ornato y curiosidad exterior, de manera que se agrade y deleite el sentido y se quede el amor y gozo de la voluntad en aquello. Lo cual totalmente impide al verdadero espíritu, que requiere aniquilación del afecto en todas las cosas particulares.

4. Esto se verá bien por el uso abominable que en estos nuestros tiempos usan algunas personas que, no teniendo ellas aborrecido el traje vano del mundo, adornan a las imágenes con el traje que la gente vana por tiempo va inventando para el cumplimiento de sus pasatiempos y vanidades, y del traje que en ellas es reprendido visten las imágenes, cosa que a ellas fue tan aborrecible, y lo es; procurando en esto el demonio y ellos en él canonizar sus vanidades, poniéndolas en los santos, no sin agraviarles mucho. Y de esta manera, la honesta y grave devoción del alma, que de sí echa y arroja toda vanidad y rastro de ella, ya se les queda en poco más que en ornato de muñecas, no sirviéndose algunos de las imágenes más que de unos ídolos en que tienen puesto su gozo. Y así, veréis algunas personas que no se hartan de añadir imagen a imagen, y que no sea sino de tal y tal suerte y (hechura, y que no estén puestas sino de tal o tal manera, de suerte) que deleite al sentido; y la devoción del corazón es muy poca; y tanto asimiento tienen en esto como Micas en sus ídolos o como Labán, que el uno salió de su casa dando voces porque se los llevaban (Jue. 18, 24), y el otro, habiendo ido mucho camino y muy enojado por ellos, trastornó todas las alhajas de Jacob, buscándolos (Gn. 31, 34).

5. La persona devota de veras en lo invisible principalmente pone su devoción, y pocas imágenes ha menester y de pocas usa, y de aquéllas que más se conforman con lo divino que con lo humano, conformándolas a ellas y a sí en ellas con el traje del otro siglo y su condición, y no con éste, porque no solamente no le mueve el apetito la figura de este siglo, pero aun no se acuerda por ella de él, teniendo delante los ojos cosa que a él se parezca. Ni (en) esas de que usa tiene asido el corazón, porque, si se las quitan, se pena muy poco; porque la viva imagen busca dentro de sí, que es Cristo

crucificado, en el cual antes gusta de que todo se lo quiten y que todo le falte.

Hasta los motivos y medios que llegan más a Dios, quitándoselos, queda quieto. Porque mayor perfección del alma es estar con tranquilidad y gozo en la privación de estos motivos que en la posesión con apetito y asimiento de ellos. Que, aunque es bueno gustar de tener aquellas imágenes que ayuden al alma a más devoción (por lo cual se ha de escoger la que más mueve), pero no es perfección estar tan asida a ellas que con propiedad las posea, de manera que, si se las quitaren, se entristezca.

6. Tenga por cierto el alma que, cuanto más asida con propiedad estuviere a la imagen o motivo, tanto menos subirá a Dios su devoción y oración; aunque es verdad que, por estar unas más al propio que otras y excitar más la devoción unas que otras, conviene aficionarse más a unas que a otras por esta causa sólo y no con la propiedad y asimiento que tengo dicho, de manera que lo que ha de llevar el espíritu volando por allí a Dios, olvidando luego eso y esotro, se lo coma todo el sentido, estando todo engolfado en el gozo de los instrumentos, que, habiéndome de servir sólo para ayuda de esto, ya por mi imperfección me sirve para estorbo, y no menos que el asimiento y propiedad de otra cualquiera cosa.

7. Pero ya que en esto de las imágenes tengas alguna réplica, por no tener tú bien entendida la desnudez y pobreza del espíritu que requiere la perfección, a lo menos no la podrás tener en la imperfección que comúnmente tienen en los rosarios; pues apenas hallarás quien no tenga alguna flaqueza en ellos, queriendo que sea de esta hechura más que de aquélla, o de este color y metal más que de aquél, o de este ornato o de estotro; no importando más el uno que el otro para que Dios oiga mejor lo que se reza por éste que por aquél; (y no) antes aquella (oración) que va con sencillo y verdadero corazón, no mirando más que a agradar a Dios no dándose nada más por este rosario que por aquél, si no fuese de indulgencias.

8. Es nuestra vana codicia de suerte y condición, que en todas las cosas quiere hacer asiento; y es como la carcoma, que roe lo sano, y en las cosas buenas y malas hace su oficio. Porque ¿qué otra cosa es gustar tú de traer el rosario curioso y querer que sea antes de esta manera que de aquélla, sino tener puesto tu gozo en el instrumento, y querer escoger antes (esta) imagen que la otra, no

mirando si te despertará más el amor, sino en si es más preciosa y curiosa? Si tú empleases el apetito y gozo sólo en amar a Dios, no se te daría nada por eso ni por esotro. Y es lástima ver algunas personas espirituales tan asidas al modo y hechura de estos instrumentos, teniendo en ellos el asimiento y propiedad (igual) que en otras alhajas temporales.

CAPÍTULO 36

En que prosigue de las imágenes, y dice de la ignorancia que acerca de ellas tienen algunas personas.

1. Mucho había de decir de la rudeza que muchas personas tienen acerca de las imágenes; porque llega la bobería a tanto, que algunas ponen más confianza en unas imágenes que en otras, entendiendo que les oirá Dios más por ésta que por aquélla, representando ambas una misma cosa, como dos de Cristo o dos de Nuestra Señora. Y esto es porque tiene más afición a la una hechura que a la otra, en lo cual va envuelta gran rudeza acerca del trato con Dios y culto y honra que se le debe, el cual sólo mira la fe y pureza de corazón del que ora. Porque el hacer Dios a veces más mercedes por medio de una imagen que de otra de aquel mismo género, no es porque haya más en una que en otra para ese efecto, aunque en la hechura tenga mucha diferencia, sino porque las personas despiertan más su devoción por medio de una que de otra; que si la misma devoción tuviesen por la una que por la otra, y aun sin la una y sin la otra, las mismas mercedes recibirían de Dios.

2. De donde la causa por que Dios despierta milagros y hace mercedes por medio de algunas imágenes más que por otras, no es para que estimen más aquéllas que las otras, sino que para que con aquella novedad se despierte más la devoción dormida y afecto de los fieles a oración. Y de aquí es que, como entonces y por medio de aquella imagen se enciende la devoción y se continúa la oración (que lo uno y lo otro es medio para que oiga Dios y conceda lo que se le pide), entonces, y por medio de aquella imagen, por la oración y afecto continúe Dios las mercedes y milagros en aquella imagen; que cierto está que no los hace Dios por la imagen, pues en sí no es más que pintura, sino por la devoción y fe que se tiene con el santo que representa. Y así, si la misma devoción tuvieses tú y fe en Nuestra Señora delante de esta su imagen que delante de

aquélla, que representa la misma y aun sin ella, como habemos dicho, las mismas mercedes recibirías. Que, aun por experiencia se ve que, si Dios hace algunas mercedes y obra milagros, ordinariamente los hace por medio de algunas imágenes no muy bien talladas ni curiosamente pintadas o figuradas, porque los fieles no atribuyan algo de esto a la figura o pintura.

3. Y muchas veces suele nuestro Señor obrar estas mercedes por medio de aquellas imágenes que están más apartadas y solitarias. Lo uno, porque con aquel movimiento de ir a ellas crezca más el afecto y sea más intenso el acto. Lo otro, porque se aparten del ruido y gente a orar, como lo hacía el Señor (Mt. 14, 23; Lc. 6, 12). Por lo cual, el que hace la romería, hace bien de hacerla cuando no va otra gente, aunque sea tiempo extraordinario; y, cuando va mucha turba, nunca yo se lo aconsejaría, porque, ordinariamente, vuelven más distraídos que fueron. Y muchos las toman y hacen más por recreación que por devoción.

De manera que, como haya devoción y fe, cualquiera imagen bastará; mas si no la hay, ninguna bastará. Que harta viva imagen era nuestro Salvador en el mundo y, con todo, los que no tenían fe, aunque más andaban con él y veían sus obras maravillosas, no se aprovechaban. Y ésa era la causa por que en su tierra no hacía muchas virtudes, como dice el evangelista (Mt. 13, 58; Lc. 4, 24).

4. También quiero aquí decir algunos efectos sobrenaturales que causan a veces algunas imágenes en personas particulares, y es que a algunas imágenes da Dios espíritu particular en ellas, de manera que queda fijada en la mente la figura de la imagen y devoción que causó, trayéndola como presente; y cuando de repente de ella se acuerda, le hace el mismo espíritu que cuando la vio, a veces menos y aun a veces más; y en otra imagen, aunque sea de más perfecta hechura, no hallará aquel espíritu.

5. También muchas personas tienen devoción más en una hechura que en otras, y en algunas no será más que afición y gusto natural, así como a uno contentará más un rostro de una persona que de otra, y se aficionará más a ella naturalmente, y la traerá más presente en su imaginación, aunque no sea tan hermosa como las otras, porque se inclina su natural a aquella manera de forma y figura. Y así pensarán algunas personas que la afición que tienen a tal o tal imagen es devoción, y no será quizá más que afición y gusto natural. Otras veces acaece que, mirando una imagen, la

vean moverse, o hacer semblantes y muestras, y dar a entender cosas, o hablar. Esta manera y la de los afectos sobrenaturales que aquí decimos de las imágenes, aunque es verdad que muchas veces son verdaderos afectos y buenos, causando Dios aquello, o para aumentar la devoción, o para que el alma tenga algún arrimo a que ande asida por ser algo flaca y no se distraiga, muchas veces lo hace el demonio para engañar y dañar. Por tanto, para todo daremos doctrina en el capítulo siguiente.

CAPÍTULO 37

De cómo se ha de encaminar a Dios el gozo de la voluntad por el objeto de las imágenes, de manera que no yerre (ni se impida por ellas).

1. Así como las imágenes son de gran provecho para acordarse de Dios y de los santos y mover la voluntad a devoción usando de ellas (por vía ordinaria), como conviene, así también serán para errar mucho si, cuando acaecen cosas sobrenaturales acerca de ellas, no supiese el alma haberse como conviene para ir a Dios. Porque uno de los medios con que el demonio coge a las almas incautas con facilidad y las impide el camino de la verdad del espíritu, es por cosas sobrenaturales y extraordinarias, de que hace muestra por las imágenes, ahora en las materiales y corpóreas que usa la Iglesia, ahora en las que él suele fijar en la fantasía debajo de tal o tal santo o imagen suya, transfigurándose en ángel de luz para engañar (2 Cor. 11, 14). Porque el astuto demonio, en esos mismos medios que tenemos para remediarnos y ayudarnos, se procura disimular para cogernos más incautos; por lo cual, el alma buena siempre en lo bueno se ha de recelar más, porque lo malo ello trae consigo el testimonio de sí.

2. Por tanto, para evitar todos los daños que al alma pueden tocar en este caso, que son: o ser impedida de volar a Dios, o usar con bajo estilo e ignorantemente de las imágenes, o ser engañado natural o sobrenaturalmente por ellas (las cuales cosas son las que arriba habemos tocado) y también para purificar el gozo de la voluntad en ellas y enderezar por ellas el alma a Dios, que es el intento que en el uso de ellas tiene la Iglesia, sola una advertencia

quiero poner que bastará para todo, y es que, pues las imágenes nos sirven para motivo de las cosas invisibles, que en ellas solamente procuremos el motivo y afección y gozo de la voluntad en lo vivo que representan.

Por tanto, tenga el fiel este cuidado, que en viendo la imagen no quiera embeber el sentido en ella, ahora sea corporal la imagen, ahora imaginaria; ahora de hermosa hechura, ahora de rico atavío; ahora le haga devoción sensitiva, ahora espiritual; ahora le haga muestras sobrenaturales. No haciendo caso de nada de estos accidentes, no repare más en ella, sino luego levante de ahí la mente a lo que representa, poniendo el jugo y gozo de la voluntad en Dios con la oración y devoción de su espíritu, o en el santo que invoca, porque lo que se ha de llevar lo vivo y el espíritu no se lo lleve lo pintado y el sentido. De esta manera no será engañado, porque no hará caso de lo que la imagen le dijere, ni ocupará el sentido ni el espíritu que no vaya libremente a Dios, ni pondrá más confianza en una imagen que en otra. Y la que sobrenaturalmente le diese devoción, se la dará más copiosamente, pues que luego va a Dios con el afecto; porque Dios, siempre que hace esas y otras mercedes, las hace inclinando el afecto del gozo de la voluntad a lo invisible, y así quiere que lo hagamos, aniquilando la fuerza y jugo de las potencias acerca de todas las cosas visibles y sensibles.

CAPÍTULO 38

Que prosigue en los bienes motivos. Dice de los oratorios y lugares dedicados para oración.

1. Paréceme que ya queda dado a entender cómo en estos accidentes de las imágenes puede tener el espiritual tanta imperfección, y por ventura más peligrosa, poniendo su gusto y gozo en ellas, componiendo como en las demás cosas corporales y temporales. Y digo que más, por ventura, porque con decir: cosas santas son, se aseguran más y no temen la propiedad y asimiento natural. Y así, se engañan a veces harto, pensando que ya están llenos de devoción porque se sienten tener el gusto en estas cosas santas, y, por ventura, no es más que condición y apetito natural, que, como se ponen en otras cosas, se ponen en aquello.

2. De aquí es, porque comencemos a tratar de los oratorios, que algunas personas no se hartan de añadir unas y otras imágenes a su oratorio, gustando del orden y atavío con que las ponen, a fin que su oratorio esté bien adornado y parezca bien. Y a Dios no le quieren más así que así, mas antes menos, pues el gusto que ponen en aquellos ornatos pintados quitan a lo vivo, como habemos dicho. Que, aunque es verdad que todo ornato y atavío y reverencia que se puede hacer a las imágenes es muy poco, por lo cual los que las tienen con poca decencia y reverencia son dignos de mucha reprehensión, junto con los que hacen algunas tan mal talladas, que antes quitan la devoción que la añaden, por lo cual habían de impedir algunos oficiales que en esta arte son cortos y toscos, pero ¿qué tiene esto que ver con la propiedad y asimiento y apetito que tú tienes en estos ornatos y atavíos exteriores, cuando de tal manera te engolfan el sentido, que te impiden mucho el corazón de ir a Dios y amarle y olvidarte de todas las cosas por su amor? Que si a esto faltas por esotro, no sólo no te lo agradecerá, mas te castigará, por no haber buscado en todas las cosas su gusto más que el tuyo.

Lo cual podrás bien entender en aquella fiesta que hicieron a Su Majestad cuando entró en Jerusalén, recibiéndole con tantos cantares y ramos (Mt. 21, 9) y lloraba el Señor (Lc. 19, 41); porque, teniendo ellos su corazón muy lejos de él, le hacían pago con aquellas señales y ornatos exteriores. En lo cual podemos decir que más se hacían fiesta a sí mismos que a Dios, como acaece a muchos el día de hoy, que, cuando hay alguna solemne fiesta en alguna parte, más se suelen alegrar por lo que ellos se han de holgar en ella, ahora por ver o ser vistos, ahora por comer, ahora por otros sus respectos, que por agradar a Dios. En las cuales inclinaciones e intenciones ningún gusto dan a Dios, mayormente los mismos que celebran las fiestas cuando inventan para interponer en ellas cosas ridículas e indevotas para incitar a risa la gente, con que más se distraen; y otros ponen cosas que agraden más a la gente que la muevan a devoción.

3. Pues ¿qué diré de otros intentos que tienen algunos de intereses en las fiestas que celebran? Los cuales si tienen más el ojo y codicia a esto que al servicio de Dios, ellos se lo saben, y Dios, que lo ve. Pero en las unas maneras y en las otras, cuando así pasa, crean que más se hacen a sí la fiesta que a Dios; porque por lo que su gusto o el de los hombres hacen, no lo toma Dios a su cuenta, antes muchos se estarán holgando de los que comunican en las

fiestas de Dios, y Dios se estará con ellos enojando; como lo hizo con los hijos de Israel cuando hacían fiesta cantando y bailando a su ídolo, pensando que hacían fiesta a Dios, de los cuales mató muchos millares (Ex. 32, 7-28); o como con los sacerdotes Nadab y Abiú hijos de Aarón, a quien mató Dios con los incensarios en las manos porque ofrecían fuego ajeno (Lv. 10, 1-2); o como al que entró en las bodas mal ataviado y compuesto, al cual mandó el rey echar en las tinieblas exteriores atado de pies y manos (Mt. 22, 12-13). En lo cual se conoce cuán mal sufre Dios en las juntas que se hacen para su servicio estos desacatos.

Porque ¡cuántas fiestas, Dios mío, os hacen los hijos de los hombres en que se lleva más el demonio que Vos! Y el demonio gusta de ellas, porque en ellas, como el tratante, hace él su feria. ¡Y cuántas veces diréis Vos en ellas: Este pueblo con los labios me honra sólo, mas su corazón está lejos de mí, porque me sirve sin causa! (Mt. 15, 8).

Porque la causa por que Dios ha de ser servido es sólo por ser él quien es, y no interponiendo otros fines. Y así, no sirviéndole sólo por quien él es, es servirle sin causa final de Dios.

4. Pues, volviendo a los oratorios, digo que algunas personas los atavían más por su gusto que por el de Dios. Y algunos hacen tan poco caso de la devoción de ellos, que no los tienen en más que sus camariles profanos, y aun algunos no en tanto, pues tienen más gusto en lo profano que en lo divino.

5. Pero dejemos ahora esto y digamos todavía de los que hilan más delgado, es a saber, de los que se tienen por gente devota. Porque muchos de éstos de tal manera dan en tener asido el apetito y gusto a su oratorio y ornato de él, que todo lo (que) habían de emplear en oración de Dios y recogimiento interior se les va en esto. Y no echan de ver que, no ordenando esto para el recogimiento interior y paz del alma, se distraen tanto en ello como en las demás cosas, y se inquietarán en el tal gusto a cada paso, y más si se lo quisiesen quitar.

CAPÍTULO 39

De cómo se ha de usar de los oratorios y templos, encaminando el espíritu a Dios (por ellos).

1. Para encaminar a Dios el espíritu en este género, conviene advertir que a los principiantes bien se les permite y aun les conviene tener algún gusto y jugo sensible acerca de las imágenes, oratorios y otras cosas devotas visibles, por cuanto aún no tienen destetado y desarrimado el paladar de las cosas del siglo, porque con este gusto dejen el otro; como al niño que, por desembarazarle la mano de una cosa, se la ocupan con otra por que no llore dejándole las manos vacías.

Pero para ir adelante también se ha de desnudar el espiritual de todos esos gustos y apetitos en que la voluntad puede gozarse; porque el puro espíritu muy poco se ata a nada de esos objetos, sino sólo en recogimiento interior y trato mental con Dios; que, aunque se aprovecha de las imágenes y oratorios, es muy de paso, y luego para su espíritu en Dios, olvidado de todo lo sensible.

2. Por tanto, aunque es mejor orar donde más decencia hubiere, con todo, no obstante esto, aquel lugar se ha de escoger donde menos se embarazare el sentido y el espíritu de ir a Dios. En lo cual nos conviene tomar aquello que responde nuestro Salvador a la mujer samaritana, cuando le preguntó que cuál era más acomodado lugar para orar, el templo o el monte; le respondió que no estaba la verdadera oración aneja al monte ni al templo, sino que los adoradores de que se agradaba el Padre son los que le adoran en espíritu y verdad (Jn. 4, 23-24).

De donde, aunque los templos y lugares apacibles son dedicados y acomodados a oración, porque el templo no se ha de usar para otra cosa, todavía para negocio de trato tan interior como este que se hace con Dios, aquel lugar se debe escoger que menos ocupe y lleve tras sí el sentido. Y así no ha de ser lugar ameno y deleitable al sentido, como suelen procurar algunos, porque, en vez de recoger a Dios el espíritu, no pare en recreación y gusto y sabor del sentido. Y por eso es bueno lugar solitario, y aun áspero, para que el espíritu sólida y derechamente suba a Dios, no impedido ni detenido en las cosas visibles; aunque alguna vez ayudan a levantar el espíritu, mas esto es olvidándolas luego y quedándose en Dios. Por lo cual nuestro Salvador escogía lugares solitarios para orar (Mt. 14, 24), y aquéllos que no ocupasen mucho los sentidos, para darnos ejemplo, sino que levantasen el alma a Dios, como eran los montes (Lc. 6, 12; 19, 28), (que se levantan de la tierra, y ordinariamente son pelados de sensitiva recreación).

3. De donde el verdadero espiritual nunca se ata ni mira en que el lugar para orar sea de tal o tal comodidad, porque esto todavía es estar atado al sentido; sino sólo al recogimiento interior, en olvido de eso y de esotro, escogiendo para esto el lugar más libre de objetos y jugos sensibles, sacando la advertencia de todo eso para poder gozarse más a solas de criaturas con su Dios. Porque es cosa notable ver algunos espirituales que todo se les va en componer oratorios y acomodar lugares agradables a su condición o inclinación; y del recogimiento interior, que es el que hace al caso, hacen menos caudal y tienen muy poco de él; porque, si le tuviesen, no podrían tener gusto en aquellos modos y maneras, antes les cansarían.

CAPÍTULO 40

Que prosigue encaminando el espíritu al recogimiento interior acerca de lo dicho.

1. La causa, pues, por que algunos espirituales nunca acaban de entrar en los gozos verdaderos del espíritu, es porque nunca acaban ellos de alzar el apetito del gozo de estas cosas exteriores y visibles. Adviertan estos tales que, aunque el lugar decente y dedicado para oración es el templo y oratorio visible, y la imagen para motivo, que no ha de ser de manera que se emplee el jugo y sabor del alma en el templo visible y motivo, y se olvide de orar en el templo vivo, que es el recogimiento interior del alma. Porque para advertirnos esto, dijo el Apóstol (1 Cor. 3, 6; 6, 19): Mirad, que vuestros cuerpos son templos vivos del Espíritu Santo, que mora en vosotros. Y a esta consideración nos envía la autoridad que habemos alegado de Cristo (Jn. 4, 24), es a saber: a los verdaderos adoradores conviene adorar en espíritu y verdad. Porque muy poco caso hace Dios de tus oratorios y lugares acomodados si, por tener el apetito y gusto asido a ellos, tienes algo menos de desnudez interior, que es la pobreza espiritual en negación de todas las cosas que puedes poseer.

2. Debes, pues, para purgar la voluntad del gozo y apetito vano en esto y enderezarlo a Dios en tu oración, sólo mirar que tu

conciencia esté pura y tu voluntad entera en Dios, y la mente puesta de veras en él; y, como he dicho, escoger el lugar más apartado y solitario que pudieres, y convertir todo el gozo de la voluntad en invocar y glorificar a Dios; y de esotros gustillos del exterior no hagas caso, antes los procures negar. Porque, si se hace el alma al sabor de la devoción sensible, nunca atinará a pasar a la fuerza del deleite del espíritu, que se halla en la desnudez espiritual mediante el recogimiento interior.

CAPÍTULO 41

De algunos daños en que caen los que se dan al gusto sensible de las cosas y lugares devotos de la manera que se ha dicho.

1. Muchos daños se le siguen, así acerca de lo interior como del exterior, al espiritual por quererse andar al sabor sensitivo acerca de las dichas cosas. Porque, acerca del espíritu, nunca llegará al recogimiento interior del espíritu, que consiste en pasar de todo eso, y hacer olvidar al alma todos esos sabores sensibles, y entrar en lo vivo del recogimiento del alma, y adquirir las virtudes con fuerza. Cuanto a lo exterior, le causa no acomodarse a orar en todos lugares, sino en los que son a su gusto; y así, muchas veces faltará a la oración, pues, como dicen, no está hecho más que al libro de su aldea.

2. Demás de esto, este apetito les causa muchas variedades, porque de éstos son los que nunca perseveran en un lugar, ni a veces en un estado, sino que ahora los veréis en un lugar, ahora en otro; ahora tomar una ermita, ahora otra; (ahora componer un oratorio, ahora otro).

Y de éstos son también aquellos que se les acaba la vida en mudanzas de estados y modos de vivir; que, como sólo tienen aquel hervor y gozo sensible acerca de las cosas espirituales, y nunca se han hecho fuerza para llegar al recogimiento espiritual por la negación de su voluntad y sujeción en sufrirse en desacomodamientos, todas las veces que ven un lugar devoto a su parecer, o alguna manera de vida, o estado que cuadre con su condición e inclinación, luego se van tras él y dejan el que tenían. Y como se movieron por aquel gusto sensible, de aquí es que presto buscan otra cosa, porque el gusto sensible no es constante, porque falta muy presto.

CAPÍTULO 42

De tres diferencias de lugares devotos y cómo se ha de haber acerca de ellos la voluntad.

1. Tres maneras de lugares hallo por medio de los cuales suele Dios mover la voluntad a devoción.

La primera es algunas disposiciones de tierras y sitios, que con la agradable apariencia de sus diferencias, ahora en disposición de tierra, ahora de árboles, ahora de solitaria quietud, naturalmente despiertan la devoción. Y de esto es cosa provechosa usar, cuando luego enderezan a Dios la voluntad en olvido de los dichos lugares, así como para ir al fin conviene no detenerse en el medio y motivo más de lo que basta. Porque, si procuran recrear el apetito y sacar jugo sensitivo, antes hallarán sequedad de espíritu y distracción espiritual; porque la satisfacción y jugo espiritual no se halla sino en el recogimiento interior.

2. Por tanto, estando en el tal lugar, olvidados del lugar han de procurar estar en su interior con Dios, como si no estuviesen en el tal lugar; porque si se andan al sabor y gusto del lugar, de aquí para allí, más es buscar recreación sensitiva e inestabilidad de ánimo que sosiego espiritual.

Así lo hacían los anacoretas y otros santos ermitaños, que en los anchísimos y graciosísimos desiertos escogían el menor lugar que les podía bastar, edificando estrechísimas celdas y cuevas y encerrándose allí; donde san Benito estuvo tres años, y otro, que fue san Simón, se ató con una cuerda para no tomar más ni andar más que lo que alcanzase; y de esta manera muchos, que nunca acabaríamos de contar. Porque entendían muy bien aquellos santos que si no apagaban el apetito y codicia de hallar gusto y sabor espiritual, no podían venir a ser espirituales.

3. La segunda manera es más particular, porque es de algunos lugares, (no me da más) esos desiertos que otros cualesquiera, donde Dios suele hacer algunas mercedes espirituales muy

sabrosas a algunas particulares personas; de manera que ordinariamente queda inclinado el corazón de aquella persona, que recibió allí aquella merced, a aquel lugar donde la recibió, y le dan algunas veces algunos grandes deseos y ansias de ir a aquel lugar. Aunque cuando van no hallan como antes, porque no está en su mano; porque estas mercedes hácelas Dios cuando y como y donde quiere, sin estar asido a lugar ni a tiempo, ni a albedrío de a quien las hace.

Pero todavía es bueno ir, como vaya desnudo del apetito de propiedad, a orar allí algunas veces, por tres cosas: la primera, porque, aunque, como decimos, Dios no está atenido a lugar, parece quiso allí Dios ser alabado de aquella alma, haciéndola allí aquella merced. La segunda, porque más se acuerda el alma de agradecer a Dios lo que allí recibió. La tercera, porque todavía se despierta mucho más la devoción allí con aquella memoria.

4. Por estas cosas debe ir, y no por pensar que está Dios atado a hacerle allí mercedes, de manera que no pueda donde quiera, porque más decente lugar es el alma y más propio para Dios que ningún lugar corporal. De esta manera leemos en la sagrada Escritura que hizo Abraham un altar en el mismo lugar donde le apareció Dios, e invocó allí su santo nombre, y que después, viniendo de Egipto, volvió por el mismo camino donde había aparecídole Dios, y volvió a invocar a Dios allí en el mismo altar que había edificado (Gn. 12, 8, y 13, 4). También Jacob señaló el lugar donde le apareció Dios estribando en aquella escala, levantando allí una piedra ungida con óleo (Gn. 28, 13-18). Y Agar puso nombre al lugar donde le apareció el ángel, estimando mucho aquel lugar, diciendo: Por cierto que aquí he visto las espaldas del que me ve (Gn. 16, 3).

5. La tercera manera es algunos lugares particulares que elige Dios para ser allí invocado, así como el monte Sinaí, donde dio Dios la ley a Moisés (Ex. 24, 12), y el lugar que señaló a Abraham para que sacrificase a su hijo (Gn. 22, 2), y también el monte Horeb, donde apareció a nuestro padre Elías (3 Re. 19, 8), (y el lugar que dedicó san Miguel para su servicio, que es el monte Gargano, apareciendo al obispo sipontino, y diciendo que él era guarda de aquel lugar, para que allí se dedicase a Dios un oratorio en memoria de los ángeles; y la gloriosa Virgen escogió en Roma, con singular señal de nieve, lugar para el templo que quiso edificase Patricio, de su nombre).

6. La causa por que Dios escoja estos lugares más que otros para ser alabado, él sólo lo sabe. Lo que a nosotros conviene saber es que todo es para nuestro provecho y para oír nuestras oraciones en ellos y doquiera que con entera fe le rogáremos; aunque en los que están dedicados a su servicio hay mucha más ocasión de ser oídos en ellos, por tenerlos la Iglesia señalados y dedicados para esto.

CAPÍTULO 43

Que trata de los motivos para orar que usan muchas personas, que son mucha variedad de ceremonias.

1. Los gozos inútiles y la propiedad imperfecta que acerca de las cosas que habemos dicho muchas personas tienen, por ventura son algo tolerables por ir ellas en ello algo inocentemente; del grande arrimo que algunos tienen a muchas maneras de ceremonias introducidas por gente poco ilustrada y falta en la sencillez de la fe, es insufrible.

Dejemos ahora aquellas que en sí llevan envueltos algunos nombres extraordinarios o términos que no significan nada, y otras cosas no sacras, que gente necia y de alma ruda y sospechosa suele interponer en sus oraciones, que, por ser claramente malas y en que hay pecado y en muchas de ellas pacto oculto con el demonio, con las cuales provocan a Dios a ira y no a misericordia, las dejo aquí de tratar.

2. Pero de aquellas sólo quiero decir de que, por no tener en sí esas maneras sospechosas entrepuestas, muchas personas el día de hoy con devoción indiscreta usan, poniendo tanta eficacia y fe en aquellos modos y maneras con que quieren cumplir sus devociones y oraciones, que entienden que si un punto faltan y salen de aquellos límites, no aprovecha ni la oirá Dios, poniendo más fiducia en aquellos modos y maneras que en lo vivo de la oración, no sin gran desacato y agravio de Dios; así como que sea la misa con tantas candelas y no más ni menos: y que la diga sacerdote de tal o tal suerte; y que sea a tal hora y no antes ni después; y que sea después de tal día, no antes (ni después); y que las oraciones y estaciones sean tantas y tales y a tales tiempos, y con tales y tales ceremonias, y no antes ni después, ni de otra manera; y que la

persona que las hiciere tenga tales partes y tales propiedades. Y piensan que, si falta algo de lo que ellos llevan propuesto, no se hace nada. (Y otras mil cosas que se ofrecen y usan).

3. Y lo que es peor (e intolerable) es que algunos quieren sentir algún efecto en sí, o cumplirse lo que piden, o saber que se cumple al fin de aquellas sus oraciones ceremoniáticas; que no es menos que tentar a Dios y enojarle gravemente; tanto, que algunas veces da licencia al demonio para que los engañe, haciéndolos sentir y entender cosas harto ajenas del provecho de su alma, mereciéndolo ellos por la propiedad que llevan en sus oraciones, no deseando más que se haga lo que Dios quiere que lo que ellos pretenden. Y así, porque no ponen toda su confianza en Dios, nada les sucede bien.

CAPÍTULO 44

De cómo se ha de enderezar a Dios el gozo y fuerza de la voluntad por estas devociones.

1. Sepan, pues, éstos que cuanta más fiducia hacen de estas cosas y ceremonias, tanta menor confianza tienen en Dios, y no alcanzarán de Dios lo que desean. Hay algunos que más oran por su pretensión que por la honra de Dios; que, aunque ellos suponen que, si Dios se ha de servir, se haga, y si no, no, todavía por la propiedad y vano gozo que en ello llevan, multiplican demasiados ruegos por aquello, que sería mejor mudarlos en cosas de más importancia para ellos, como es el limpiar de veras sus conciencias y entender de hecho en cosas de su salvación, posponiendo muy atrás todas esotras peticiones suyas que no son esto. Y de esta manera, alcanzando esto que más les importa, alcanzarían también todo lo que de esotro les estuviere bien, aunque no se lo pidiesen, mucho mejor y antes que si toda la fuerza pusiesen en aquello.

2. Porque así lo tiene prometido el Señor por el evangelista (Mt. 6, 33), diciendo: *Pretended primero y principalmente el reino de Dios y su justicia, y todas esotras cosas se os añadirán;* porque ésta es la pretensión y petición que es más a su gusto. Y para alcanzar las peticiones que tenemos en nuestro corazón, no hay mejor medio que poner la fuerza de nuestra oración en aquella cosa que es más gusto de Dios; porque entonces no sólo dará lo que le pedimos, que

es la salvación, sino aun lo que él ve que nos conviene y nos es bueno, aunque no se lo pidamos, según lo da bien a entender David en un salmo (144, 18), diciendo: *Cerca está el Señor de los que le llaman en la verdad,* que le piden las cosas que son de más altas veras, como son las de la salvación; porque de éstos dice luego (Sal. 144, 19): *La voluntad de los que le temen cumplirá, y sus ruegos oirá, y salvarlos ha. Porque es Dios guarda de los que bien le quieren.* Y así, este estar tan cerca que aquí dice David, no es otra cosa que estar a satisfacerlos y concederlos aun lo que no les pasa por pensamiento pedir. Porque así leemos (2 Par. 1, 11-12) que, porque Salomón acertó a pedir a Dios una cosa que le dio gusto, que era sabiduría para acertar a regir justamente a su pueblo, le respondió Dios diciendo: *Porque te agradó más que otra cosa alguna la sabiduría, y ni pediste la victoria con muerte de tus enemigos, ni riqueza, ni larga vida, yo te doy no sólo la sabiduría que pides para regir justamente mi pueblo, mas aun lo que no me has pedido te daré, que es riquezas, y sustancia, y gloria, de manera que antes ni después de ti haya rey a ti semejante.* Y así lo hizo, pacificándole también sus enemigos, de manera que, pagándole tributo todos en derredor, no le perturbasen. Lo mismo leemos en el Génesis (21, 13), donde, prometiendo Dios a Abraham de multiplicar la generación del hijo legítimo como las estrellas del cielo, según él se lo había pedido, le dijo: *También multiplicaré al hijo de la esclava, porque es tu hijo.*

3. De esta manera, pues, se han de enderezar a Dios las fuerzas de la voluntad y el gozo de ella en las peticiones, no curando de estribar en las invenciones de ceremonias que no usa ni tiene aprobadas la Iglesia católica, dejando el modo y manera de decir la misa al sacerdote, que allí la Iglesia tiene en su lugar, que él tiene orden de ella cómo lo ha de hacer. Y no quieran ellos usar nuevos modos, como si supiesen más que el Espíritu Santo y su Iglesia. Que si por esa sencillez no los oyere Dios, crean que no lo oirá aunque más invenciones hagan. Porque Dios es de manera que, si le llevan por bien y a su condición, harán de él cuanto quisieren; mas si va sobre interés, no hay hablarle.

4. Y en las demás ceremonias acerca del rezar y otras devociones, no quieran arrimar la voluntad a otras ceremonias y modos de oraciones de las que nos enseñó Cristo (Mt. 6, 9-13; Lc. 11, 1-2); que claro está que, cuando sus discípulos le rogaron que los enseñase a orar, les diría todo lo que hace al caso para que nos oyese el Padre Eterno, como el que tan bien conocía su condición y

sólo les enseñó aquellas siete peticiones del Pater noster, en que se incluyen todas nuestras necesidades espirituales y temporales, y no les dijo otras muchas maneras de palabras y ceremonias, antes, en otra parte, les dijo que cuando oraban no quisiesen hablar mucho, porque bien sabía nuestro Padre celestial lo que nos convenía (Mt. 6, 7-8). Sólo encargó, con muchos encarecimientos, que perseverásemos en oración, es a saber, en la del Pater noster, diciendo en otra parte que conviene siempre orar y nunca faltar (Lc. 18, 1). Mas no enseñó variedades de peticiones, sino que éstas se repitiesen muchas veces y con fervor y con cuidado; porque, como digo, en éstas se encierra todo lo que es voluntad de Dios y todo lo que nos conviene. Que, por eso, cuando Su Majestad acudió tres veces al Padre Eterno, todas tres veces oró con la misma palabra del Pater noster, como dicen los Evangelistas, diciendo: Padre, si no puede ser sino que tengo de beber este cáliz, hágase tu voluntad (Mt. 26, 39).

Y las ceremonias con que él nos enseñó a orar sólo es una de dos: o que sea en el escondrijo de nuestro retrete, donde sin bullicio y sin dar cuenta a nadie lo podemos hacer con más entero y puro corazón, según él dijo, diciendo: Cuando tú orares, entra en tu retrete y, cerrada la puerta, ora (Mt. 6, 6); o, si no, a los desiertos solitarios, como él lo hacía, y en el mejor y más quieto tiempo de la noche (Lc. 6, 12). Y así, no hay para qué señalar limitado tiempo ni días limitados, ni señalar éstos más que aquéllos para nuestras devociones, ni hay para qué otros modos ni retruécanos de palabras ni oraciones, sino sólo las que usa la Iglesia y como las usa, porque todas se reducen a las que habemos dicho del Pater noster.

5. Y no condeno por eso, sino antes apruebo, algunos días que algunas personas a veces proponen de hacer devociones, como en ayunar y otras semejantes; sino el estribo que llevan en sus limitados modos y ceremonias con que las hacen. Como dijo Judit (8, 11-12) a los de Betulia, que los reprehendió porque habían limitado a Dios el tiempo que esperaban de Dios misericordias, diciendo: ¿Vosotros ponéis a Dios tiempo de sus misericordias? No es, dice, esto para mover a Dios a clemencia, sino para despertar su ira.

CAPÍTULO 45

En que se trata del segundo género de bienes distintos en que se puede gozar vanamente la voluntad.

1. La segunda manera de bienes distintos sabrosos en que vanamente se puede gozar la voluntad, son los que provocan o persuaden a servir a Dios, que llamamos provocativos. Estos son los predicadores, de los cuales podríamos hablar de dos maneras, es a saber: cuanto a lo que toca a los mismos predicadores y cuanto a los oyentes. Porque a los unos y a los otros no falta que advertir cómo han de guiar a Dios el gozo de su voluntad, así los unos como los otros, acerca de este ejercicio.

2. Cuanto a lo primero, el predicador, para aprovechar al pueblo y no embarazarse a sí mismo con vano gozo y presunción, conviénele advertir que aquel ejercicio más es espiritual que vocal; porque, aunque se ejercita con palabras de fuera, su fuerza y eficacia no la tiene sino del espíritu interior. De donde, por más alta que sea la doctrina que predica y por más esmerada la retórica y subido el estilo con que va vestida, no hace de suyo ordinariamente más provecho que tuviere de espíritu. Porque, aunque es verdad que la palabra de Dios de suyo es eficaz, según aquello de David (Sal. 67, 34) que dice, que *él dará a su voz, voz de virtud,* pero también el fuego tiene virtud de quemar, y no quemará cuando en el sujeto no hay disposición.

3. Y para que la doctrina pegue su fuerza, dos disposiciones ha de haber: una del que predica y otra del que oye; porque ordinariamente es el provecho como hay la disposición de parte del que enseña. Que por eso se dice que, cual es el maestro, tal suele ser el discípulo.

Porque, cuando en los Actos de los Apóstoles aquellos siete hijos de aquel príncipe de los sacerdotes de los judíos acostumbraban a conjurar los demonios con la misma forma que san Pablo, se embraveció el demonio contra ellos, diciendo: *A Jesús confieso yo y a Pablo conozco; pero vosotros ¿quién sois?* (19, 15) y, embistiendo en ellos, los desnudó y llagó. Lo cual no fue sino porque ellos no tenían la disposición que convenía, y no porque Cristo no quisiese que en su nombre no lo hiciesen; porque una vez hallaron los Apóstoles a uno que no era discípulo echando un demonio en nombre de Cristo, y se lo estorbaron, y el Señor se lo reprehendió, (diciendo): No se lo estorbéis, porque ninguno podré decir mal de mí en breve espacio si en mi nombre hubiese hecho alguna virtud (Mc. 9, 38). Pero tiene ojeriza con los que, enseñando ellos la ley de Dios, no la guardan, y predicando ellos buen espíritu, no le tienen. Que por eso dice por san Pablo (Rm. 2, 21): Tú enseñas a otros, y no te enseñas a ti. Tú que predicas qué no hurten, hurtas. Y por David (Sal. 49, 16-17) dice el Espíritu Santo: Al pecador dijo Dios: ¿Por qué platicas tú mis justicias y tomas mi ley con tu boca, y tú has aborrecido la disciplina y echado mis palabras a las espaldas? En lo cual se da a entender que tampoco les dará espíritu para que hagan fruto.

4. Que comúnmente vemos que, cuanto acá podemos juzgar, cuanto el predicador es de mejor vida, mayor es el fruto que hace por bajo que sea su estilo, y poca su retórica, y su doctrina común, porque del espíritu vivo se pega el calor; pero el otro muy poco provecho hará, aunque más subido sea su estilo y doctrina. Porque, aunque es verdad que el buen estilo y acciones y subida doctrina y buen lenguaje mueven y hacen efecto acompañado de buen espíritu; pero sin él, aunque da sabor y gusto el sermón al sentido y al entendimiento, muy poco o nada de jugo pega a la voluntad; porque comúnmente se queda tan floja y remisa como antes para obrar, aunque haya dicho maravillosas cosas maravillosamente dichas, que sólo sirven para deleitar el oído, como una música concertada o sonido de campanas; mas el espíritu, como digo, no sale de sus quicios más que antes, no teniendo la voz virtud para resucitar al muerto de su sepultura.

5. Poco importa oír una música mejor que otra sonar si no me mueve (ésta) más que aquélla a hacer obras, porque, aunque hayan dicho maravillas, luego se olvidan, como no pegaron fuego en la voluntad. Porque, demás de que de suyo no hace mucho fruto aquella presa que hace el sentido en el gusto de la tal doctrina, impide que no pase al espíritu, quedándose sólo en estimación del modo y accidentes con que va dicha, alabando al predicador en esto o aquello y por esto siguiéndole, más que por la enmienda que de ahí saca.

Esta doctrina da muy bien a entender san Pablo a los de Corinto (1 Cor. 2, 1-4), diciendo: Yo, hermanos, cuando vine a vosotros, no vine predicando a Cristo con alteza de doctrina y sabiduría, y mis palabras y mi predicación no eran retórica de humana sabiduría, sino en manifestación del espíritu y de la verdad. Que, aunque la intención del Apóstol y la mía aquí no es condenar el buen estilo y retórica y buen término, porque antes hace mucho al caso al predicador, como también a todos los negocios; pues el buen término y estilo aun las cosas caídas y estragadas levanta y reedifica, así como el mal término a las buenas estraga y pierde.

FIN DE LA OBRA